Alexander Rieckhoff, Stefan Ummenhofer
Giftpilz

Zu diesem Buch

Nach einem Zusammenbruch bekommt Hubertus Hummel eine Kur in einer Schwarzwaldklinik verschrieben. Von der strengen Diät und den psychotherapeutischen Sitzungen ist der hypochondrisch veranlagte Studienrat jedoch wenig begeistert. Die Aufmerksamkeit, die seine Noch-Ehefrau und seine Freundin ihm entgegenbringen, genießt er hingegen sehr. Mit der verordneten Ruhe ist es aber bald vorbei: Als ein Mitpatient an einer Pilzvergiftung stirbt, erwacht sein detektivischer Spürsinn. Hummel glaubt nämlich nicht, dass es sich dabei um einen Unglücksfall handelt. Zusammen mit seinem Freund, dem Journalisten Klaus Riesle, versucht er die Hintergründe des Todesfalls zu ergründen und gerät schon bald in einen Sumpf aus Ärztepfusch und Erpressung.

Alexander Rieckhoff, geboren 1969 und aufgewachsen in Villingen, studierte Geschichte und Politikwissenschaft in Konstanz und Rom und ist zurzeit als Fernsehredakteur beim ZDF in Mainz beschäftigt. Er lebt mit seiner Familie in der Nähe von Mainz.

Stefan Ummenhofer, geboren 1969 und aufgewachsen in Villingen und Schwenningen, studierte Politikwissenschaft und Geschichte in Freiburg, Wien und Bonn. Er ist als Journalist für Zeitungen sowie die dpa tätig und lebt mit seiner Familie bei Freiburg.
Gemeinsam haben die Autoren mehrere erfolgreiche Schwarzwald-Krimis geschrieben, zuletzt »Honigsüßer Tod« und »Giftpilz«.

Alexander Rieckhoff
Stefan Ummenhofer

Giftpilz

Ein Fall für Hubertus Hummel

Piper München Zürich

Mehr über unsere Autoren und Bücher:
www.piper.de

Von Alexander Rieckhoff und Stefan Ummenhofer liegen bei Piper vor:
Honigsüßer Tod
Giftpilz

Originalausgabe
Oktober 2010
© 2010 Piper Verlag GmbH, München
Umschlag: semper smile, München
Umschlagmotiv: Dagmar Morath / buchcover.com
Satz: Kösel, Krugzell
Papier: Munken Print von Arctic Paper Munkedals AB, Schweden
Druck und Bindung: CPI – Clausen & Bosse, Leck
Printed in Germany   ISBN 978-3-492-25940-8

INHALT

1. Wiederbelebung 7
2. Dreibettzimmer 11
3. Katheter 17
4. Nordic Walking 23
5. Gruppentherapie 33
6. Kehrwoche 36
7. Vierzehnhundert Kalorien 41
8. Der neue Mieter 47
9. Unter dem Leintuch 52
10. Chefarztbehandlung 56
11. Ein verfolgter Kommissar 59
12. Mundschutz und Kniebundhose 65
13. Würstchen mit Reizmagen 76
14. Der Aufmacher 84
15. Der Maître 90
16. Der Eindringling 93
17. Vom Essen desertiert 101
18. Umgekehrte Verfolgungsjagd 105
19. In den Pilzen 111
20. Der Fall Thomsen 120
21. Die Küchenzeugen 125
22. Fernblick 132
23. Schwarzwaldfrisch 144
24. Fahrtenbuch 150

25.	Das Rendezvous	160
26.	Der Obduktionsbericht	169
27.	Doppelvernehmung	175
28.	Soleklinik	180
29.	Kupplungsprobleme	188
30.	Überraschung!	192
31.	Der Schnüffler	198
32.	Tauschbörse	207
33.	Der Bruder	213
34.	Hinter dem Paravent	231
35.	Abschied	246

1. WIEDERBELEBUNG

Sosehr Hubertus sich auch bemühte, er konnte sich nicht bewegen. Da war nur dieses taube Gefühl in seinen Gliedmaßen, das Pelzige auf seiner Haut, die von einem kalten Schweißfilm überzogen war. Sein Schädel dröhnte, er musste auf den Hinterkopf gestürzt sein. Und dieser Schmerz in der Brust ... Ein Überfall? In der beschaulichen Villinger Südstadt, an einem strahlenden Herbsttag?

Oberstudienrat Hubertus Hummel lag mit dem Rücken im Gras seines Gartens in der Vom-Stein-Straße und starrte in den tiefblauen Schwarzwaldhimmel. Lediglich der kräftige Ast einer Buche mit ihren rötlich-braunen Blättern ragte in sein Sichtfeld. Ein Stillleben, hätten nicht leichte Windstöße immer wieder dafür gesorgt, dass die Blätter auf und ab wippten und sanft raschelten.

Hubertus hatte keine Ahnung, wie lange er schon so lag. Es mochten wenige Minuten oder gar Sekunden gewesen sein, doch ihm kam es vor wie eine halbe Ewigkeit. Vage konnte er sich erinnern, dass er vor dem Sturz bei der Gartenarbeit gewesen war. Er hatte die Hecken geschnitten, Blätter zusammengerecht, den Rasenmäher aus der Garage auf die Wiese getragen. Zum Mähen selbst war er wohl nicht mehr gekommen.

Er registrierte, dass sein Kopf in einer Lache lag. Wasser? An diesem trockenen Tag? Nein. Die Wahrheit war offenbar so einfach wie unangenehm: Blut!

Je länger Hubertus in dieser starren Position lag, umso mehr steigerte sich seine Besorgnis. Mehrfach schon hatte er versucht, seine Lippen zu bewegen. Er konzentrierte sich auf das Wort »Hilfe«. Doch sosehr er sich auch anstrengte, kein einziger Buchstabe, nicht einmal irgendein Laut wollte über seine Lippen.

Wie schwer war er verletzt? Lebensgefährlich? Vielleicht war er ja sogar schon tot? Womöglich würde gleich ein Film vor seinen Augen ablaufen, wie es bei Nahtod-Erfahrungen offenbar der Fall war. Na dann: Film ab! Die unbeschwerte Kindheit in dem beschaulichen Schwarzwaldstädtchen, seine bewegten Jahre an der Uni in Freiburg, seine Liebe zu Elke, die Hochzeit. Die Geburt seiner Tochter Martina. Die Rückkehr nach Villingen. Die spannende Zeit mit seinem besten Freund, dem Lokaljournalisten Klaus Riesle, mit dem er immer wieder seine Nase in knifflige Kriminalfälle gesteckt hatte. Seine anstrengenden, aber auch erfüllenden Jahre als Lehrer am Romäus-Gymnasium. Sein fastnächtliches und heimatkundliches Engagement. Dann die Krisen mit Elke, die Geburt des Enkels Maximilian und zuletzt die schöne, aber offenbar viel zu kurze Zeit mit seiner neuen Freundin Carolin.

Der Film stoppte. Was würde er darum geben, jetzt, in diesem endlos wirkenden Moment, Carolin zu sehen? Oder Maximilian? Oder wenigstens Elke?

Doch stattdessen tauchte ein anderes Gesicht über ihm auf. Die markante gebogene Nase, die aus seiner momentanen Perspektive noch größer wirkte, war ihm wohlbekannt. Ebenso wie die zurückgestrichenen halblangen braunen Haare und diese Gutmenschen-Augen, die ihn entsetzt musterten. Der Anblick löste in ihm Erleichterung und Unruhe aus. Erleichterung, weil ihm endlich jemand zu Hilfe gekommen war, und Unruhe, weil Hubertus sich so ziemlich jeden anderen Menschen lieber als Ersthelfer gewünscht hätte als seinen nervtötenden Nachbarn und Lehrerkollegen Pergel-Bülow, der gerade immer wieder seinen Namen rief. Vielmehr dessen Koseform, die Hummel hasste und die er ihm streng untersagt hatte. Doch jetzt konnte er sich kaum dagegen wehren.

»Huby, Huby – mein Freund, was ist geschehen?«, rief Pergel-Bülow. Normalerweise fiel es ihm schwer, seine Stimme zu erheben, doch für seine Verhältnisse erzielte er eine beachtliche Lautstärke. Pergel-Bülow war eher der sanfte Typ. Was unter anderem daran lag, dass er sich gemeinsam mit seiner Frau Regine und Hummels künftiger Exgattin Elke schon seit etlichen Jahren in der esoterischen Szene der Stadt bewegte. Vor allem aber nervte Hummel, dass das Ehepaar seine penetrante Nächstenliebe bei jeder Gelegenheit zur Schau stellte – vor allem bei ihm.

Klaus-Dieter Pergel-Bülow hatte gerade seine nachmittägliche Meditation im Kreise seiner Gartenpflanzen begonnen, als er das Stöhnen vernommen hatte. So erklärte er es jedenfalls wortreich Hubertus. Zwischendurch flüsterte Pergel-Bülow immer wieder: »Alles wird gut … Alles wird gut …« Hummel überlegte für ein paar Millisekunden, ob Sterben nicht doch die bessere Alternative wäre. Doch natürlich gewann die Panik in ihm die Oberhand, und er ergab sich in die Rolle des Pergel-Bülow'schen Opfers.

Als ehemaliger Rettungsassistent bei den Maltesern hätte sich Hubertus auch nach all den Jahren einen Einsatz als Ersthelfer zugetraut. Doch wie war es um Pergel-Bülows Erste-Hilfe-Kenntnisse bestellt? Hummel wusste, dass dieser unzählige Seminare in ayurvedischer Ernährung, Rückführungen in frühere Leben und Partnerschafts-Wochenenden, um die weibliche Seite in sich zu entdecken, belegt hatte. Doch mit keiner dieser Weiterbildungen war in der akuten Notsituation viel anzufangen …

Immerhin: Der Nachbar brachte Hummel unter weiteren Mutmachfloskeln in eine stabile Seitenlage und wies seine mittlerweile herangetrippelte Frau an, den Rettungsdienst zu benachrichtigen. Na endlich!

Doch dann ging es ans Eingemachte. Hummels üppige Figur, die er selbst als »stattlich« bezeichnete, bereitete Pergel-Bülow ganz offenbar gewisse Schwierigkeiten. Er tastete nach dem Puls: am linken Arm, dann am rechten Arm, sogar an den Beinen und der Halsschlagader suchte er. Doch die Suche war wohl vergeblich. Mit einem Blick auf Hummels schmerzenden Brustkorb schien der Nachbar feststellen zu wollen, ob sich da überhaupt noch etwas hob. Das offenbar negative Resultat seiner Analyse bewegte Pergel-Bülow dazu, möglichst rasch zu handeln.

Zu Hummels Entsetzen öffnete sich über seinem Gesicht Pergels Mund. Wie ein Saugnapf umhüllten die leicht wulstigen Lippen Hubertus' Nase. Der war nun so hellwach und klar bei Sinnen, dass er einen letzten Entschluss fasste: So würdelos durfte er nicht sterben. Er nahm also all seine Kraft zusammen und versuchte, einen Schrei loszulassen. Das, was aus Hubertus' Mund kam, als der Ersthelfer den ersten Atemstoß in die Nase abgegeben hatte, war immerhin ein Röcheln.

Nun müsste doch selbst ein Pergel-Bülow kapieren, dass Hummel noch lebte!

Offenbar nicht, denn der drückte seine Hand noch fester auf Hubertus' Mund. Nein, der Nachbar war wirklich kein Großmeister der Ersten Hilfe.

Mit letzter Kraft presste Hummel ein Wimmern hervor.

Pergel-Bülow hörte es und sah erleichtert aus, ja, fast ein wenig stolz.

Dem Mann, dem die Rettungssanitäter mit Martinshorn und Blaulicht zur Hilfe eilten, schien es sehr schlecht zu gehen. »Bewusstlose Person im Garten«, hatte die Leitstelle gefunkt.

Als die Sanitäter aus dem Fahrzeug stiegen und sich über den Mann in der grünen Gartenschürze beugten, murmelte der bloß: »Keine Küsse von … Pergel-Bülow!« Dann lächelte er sanft, fast etwas entrückt, und schloss die Augen. Die Sanitäter konnten Pergel-Bülow gerade noch rechtzeitig davon abbringen, den Nachbarn erneut zu reanimieren. »Der Patient atmet doch!«, rief der Fahrer des Rettungswagens.

Zehn Minuten später hatten die Sanitäter Hummel nach Eintreffen des Notarztes und der Stillung der Blutung am Kopf eine Infusion angelegt und ihn auf einer Trage in den Krankenwagen geschoben. Pergel-Bülow glühte immer noch vor unbändigem Stolz, war er doch felsenfest davon überzeugt, Hubertus gerettet zu haben. »Das war doch gar nichts Besonderes«, sagte er, ohne dass die Sanitäter ihn danach gefragt oder ihm wenigstens einen Pokal mit der Aufschrift »Lebensretter« überreicht hätten. »Du schaffst es, Hubertus«, rief er dem Nachbarn euphorisch hinterher.

2. DREIBETTZIMMER

Hummel musste lange geschlafen haben. Als er aufwachte, schimmerte bereits ein goldener Sichelmond über den Wipfeln der Schwarzwaldtannen. Vom Fenster des Krankenzimmers aus wanderte sein Blick auf die Gesichter seiner lieben Verwandten. Martina wippte seinen Enkel Maximilian auf dem Arm. Hubertus' Eltern saßen am Kopfende des Krankenbettes. Zur Linken befand sich seine Nochehefrau Elke, die ihn anlächelte. Zur Rechten seine Freundin Carolin, die sogar strahlte. So viel Eintracht! Stand es wirklich schon so schlecht um ihn? Aus den Augenwinkeln sah Hubertus schemenhaft zwei weitere Betten. Und einen weiteren Menschen neben Elke: Pergel-Bülow – den stolzen Retter. Nicht schon wieder! Hubertus floh zurück ins Land der Träume.

Der erste Sinn, der sich bei Hummel zurückmeldete, war der Geruchssinn. Sollte er tatsächlich im Jenseits aufgewacht sein, dann war Gott ein Anatolier. Denn das, was in seine Nase stieg, war zweifellos der Geruch von türkischem Essen. Ob es Börek, Kebap oder Pide war, konnte er nicht genau sagen, zumal die Lider seiner Augen wie mit einer Heißklebepistole miteinander verbunden schienen. Dafür rührte sich sein Magen, der gewaltig zu rumoren begann.

Als sich dann auch das Gehör zurückmeldete, wusste er augenblicklich, dass er nicht im anatolischen Himmel war. Denn das Kauderwelsch, das immer deutlicher seine Gehörgänge flutete, war ein Mischmasch aus türkischem Akzent und Schwarzwälder Dialekt.

»Papa, musch du esse! Mama hät Börek g'macht. Musch du wieder zu Kräfte komme'«, sagte jemand.

Hummel blinzelte zögerlich und schlug die Augen auf. Keine Spur mehr von seiner Familie, dafür hatte sich eine andere in beachtlicher Größe um das Bett seines Zimmernachbarn geschart. Hubertus konnte nicht ausmachen, wer zur Kinder-, Enkel- oder Geschwisterfraktion gehörte. Es waren so viele, dass vermutlich auch noch Cousins und Cousinen gekommen waren. Und alle redeten gewaltig durcheinander und bemühten sich nach Kräften, dem Familienoberhaupt nach seinem Herzinfarkt beizustehen.

Als der schmächtige Mann entdeckte, dass sein Zimmernachbar aufgewacht war, hoffte er, einen dankbaren Abnehmer für das viele Essen gefunden zu haben.

»Meine Frau macht beschte Börek von de ganze Schwarzwalde – weisch?«

Zum ersten Mal seit dem Vorfall im Garten kam ein leises Lächeln über Hummels Lippen. Zum einen darüber, dass er offensichtlich noch am Leben war, zum anderen über das türkische Schwarzwälderisch oder schwarzwälderische Türkisch.

»Ha, jetzt lasset Sie den Mann doch erscht emol in Ruh

wach werde«, kam es schroff von der anderen Seite des Betts. »Sie sehet doch, dass er noch ganz benomme isch. Do isch des deftige ausländische Esse erscht mol nit 's Richtige. Vielleicht e Zwiebäckle für de A'fang?« Der Mann zeigte auf eine halbleere orangefarbene Packung mit dem strahlenden blonden Jungen auf seinem Nachttisch. »Soll i nach de Schweschter klingle?«

Mit Mühe und unter stechenden Kopfschmerzen wandte Hubertus sein Gesicht nach rechts. Dort saß ein Mann um die siebzig, körperlich in etwa das Gegenteil des Bettnachbarn zur Linken. Recht korpulent, Stirnglatze mit Haarkranz. Gerötete Wangen, die entweder auf einen Naturburschen oder auf Bluthochdruck schließen ließen.

»Ihne isch's geschtern aber gar nit guet gange'«, meinte er mit weit aufgerissenen Augen und tiefen Stirnfalten, so als wollte er die Dramatik seiner Erzählung mit einem grimmigen Minenspiel unterstreichen. »Sie sin wohl em Tod grad no mol so vom Schipple g'schprunge.«

Hubertus bemühte sich, eine Frage zu stellen. Doch ehe er den ersten Ton überhaupt herausbrachte, hatte der Bettnachbar schon das Thema gewechselt. Es ging zwar immer noch um medizinische Belange, aber nicht mehr um Hummel.

»Bei mir isch's jo so ähnlich g'wese. Mei Frau hät mich halbtot uf em Speicher g'funde. I kann Ihne sage ...«

Also doch Bluthochdruck, dachte sich Hubertus.

»Die Weißkittel hän mir de Stecker zoge. Wobei des au Pfuscher sin – wie überall!«

Hubertus dröhnte der Schädel. Er war kurz vor einer erneuten Ohnmacht. Zum einen war es warm und stickig in dem kleinen Zimmer, was vermutlich auch an den schätzungsweise fünfzehn Besuchern lag. Auch die anfangs verlockenden Gewürze von Kreuzkümmel und Knoblauch sorgten mittlerweile für leichte Übelkeit. Zum anderen fühlte er sich von den Wortschwällen überrollt.

»Fascht en Herzinfarkt! Sofort hän sie mich vu Schönwald do her ins Krankenhaus brocht ...«

Hubertus fielen die Augenlider halb zu, was den schwatzenden Bettnachbarn aber nicht vom Weiterreden abhielt. Im Gegenteil: Er wurde noch lauter.

»En Katheter hän sie mir g'macht. Do hän sie mir so lange Röhrle in d' Leischte neig'schobbe bis zum Herz hin. Ratsch, ratsch, ratsch, hät's g'macht. I kann Ihne sage, de blanke Horror. Zumal, wenn mer's so schlecht macht wie seller Versager von Arzt ...«

Die Erzählungen des kernigen, aber offenbar auch etwas hypochondrisch veranlagten Schwarzwälders regten Hubertus derart auf, dass das Messgerät neben seinem Bett einen Ruhepuls von fünfundneunzig anzeigte. Er fühlte, wie es in seiner Brust vibrierte und sein Herz immer wieder Sprünge machte.

Ganz ruhig, dachte sich Hubertus. Er war also in der kardiologischen Abteilung, vermutlich im Zentralklinikum Villingen-Schwenningen. Opfer eines Verbrechens war er offenbar nicht geworden.

Hatte er womöglich einen Herzinfarkt erlitten? Wie sollte es dann weitergehen? Und wieso lag er eigentlich in einem Dreibettzimmer? Hatte er als Privatpatient nicht Anspruch auf ein Einzelzimmer?

»Bypass oder nit, des isch hier die Frage«, dröhnte der Bettnachbar. »Bei mir habet sie zum Glück nur d' Herzkranzgefäße g'weitet. Und wisset Sie ...«

Panisch überlegte Hubertus, wie er sich aus dieser Situation befreien konnte.

»Falls die Ihne übrigens e Kur verschreibet: Passet Sie bloß uf. Ohnehin kann mer selle Weißkittel nit traue ...«

Das war wohl das Stichwort. In diesem Moment öffnete sich die Tür, und ein halbes Dutzend weiß gekleideter Personen betrat das Patientenzimmer.

»Hier geht's ja zu wie auf einem Basar. Darf ich die Herrschaften mal kurz nach draußen bitten? Wir machen jetzt Visite«, sagte ein untersetzter Mann mit akkuratem Seitenscheitel und umgehängtem Stethoskop. Von Statur und Erscheinung her ein Napoleon-Typ, klein und forsch. Seine rechte Hand hatte er allerdings nicht im Schlitz des Kittels, sondern lässig in der Seitentasche verstaut.

Hatte man als Privatpatient nicht auch den Anspruch, als Erster dran zu sein? Offenbar nicht, denn die Herren wandten sich dem nervigen Bettnachbarn zu. Sie tauschten sich in einer von Fachbegriffen gespickten Sprache aus, da war von »pektanginösen Beschwerden« die Rede und von einer »Claudicatio intermittens«, was, wie Hummel wusste, der lateinische Name für die sogenannte Schaufensterkrankheit war. Offenbar hatten entweder die Diagnose oder das Arztgeschwader den Bettnachbarn eingeschüchtert. Jedenfalls war endlich das eingetreten, was Hubertus die ganze Zeit gehofft hatte: Er hielt den Mund!

Als der Chefarzt sich ihm zuwandte, kam sich Hummel vor wie ein Angeklagter, der auf sein Urteil wartete. Bitte nicht die Todesstrafe …

Dann beugte der Napoleon-Verschnitt den Kopf nach vorne, sodass er über die Gläser der Lesebrille hinweg Hubertus mustern konnte.

»Es tut uns sehr leid, Herr …?«

»Hummel«, half der Stationsarzt aus.

Hubertus spürte einen dicken Kloß im Hals.

»Herr Hummel, ich bin Professor Brückner. Ich bedaure es sehr, dass Sie als Privatpatient mit einem Dreibettzimmer vorliebnehmen müssen. Aber wir sind momentan hoffnungslos überfüllt. Der gute Ruf der Klinik, Sie verstehen …« Der Chefarzt tätschelte ihm die Hand.

Hummel atmete erst mal erleichtert auf. Doch kein Todesurteil? Freispruch gar?

»Wir werden Sie noch ein paar Tage bei uns behalten. Sie werden natürlich so bald wie möglich in ein Einzelzimmer verlegt. Wenn es geht, noch heute.«

Einige Tage hierbehalten? Verlegen? Hatten die Größeres mit ihm vor?

»Was hab ich denn nun?«, erkundigte er sich.

Wieder hatte der Stationsarzt seinen Einsatz. Keine Urteilsverkündung, sondern eher eine Grabrede. Und zwar eine, die weniger für ihn als für die anderen Ärzte bestimmt war. Es wurde nicht mit ihm, sondern über ihn gesprochen.

»Der siebenundvierzigjährige Patient wurde gestern notfallmäßig eingeliefert. Er hatte im Garten eine Synkope erlitten. Als Ursache gehen wir von einer instabilen Angina pectoris aus. Als Folge der Synkope erlitt er eine Commotio cerebri. Beim Eintreffen des Notarztes waren bereits insuffiziente Reanimationsbemühungen durchgeführt worden. Im Notarztwagen kam es zu einer selbstlimitierenden supraventrikulären Tachykardie, welche auf Metoprolol prompt in einen Sinusrhythmus konvertierte. Es ist von einem metabolischen Syndrom mit den kardiovaskulären Risikofaktoren einer Hypercholesterinämie, eines latenten arteriellen Hypertonus und einer Adipositas Grad II auszugehen. Im Labor fiel eine erhöhte Gamma-GT von 107 auf. Für heute Mittag ist eine Koronarangiografie geplant.«

»Jesses nei!«, entfuhr es Hummel. »Könnten Sie mir das bitte in meiner Sprache erklären?«

Angina pectoris, das hatte er verstanden. Immerhin. Daher die Schmerzen in der Brust. Und Commotio cerebri war eine Gehirnerschütterung! Dem Latinum sei Dank.

»Ah, Sie sind Lehrer?«, bemerkte Professor Brückner, der offenbar nicht auf Zwischenfragen eingestellt war. »Habe ich mir gedacht.«

»Der Troponinwert ist zwar laut Labor negativ«, fuhr der Stationsarzt unbeirrt mit seinem Vortrag fort. »Aber das

EKG deutet darauf hin, dass eine gestörte Durchblutung der Herzkranzgefäße vorliegt.«

»Also, heute Nachmittag werden wir eine Angiografie bei Ihnen vornehmen. Der Stationsarzt wird Sie dann über alles Weitere aufklären«, sagte Professor Brückner und tätschelte ihm nochmals flüchtig den Arm. »Keine Sorge, Ihnen steht ja eine Chefarztbehandlung zu. Da kann nichts passieren. In der Zwischenzeit werden wir noch die Patientenfürsprecherin vorbeischicken. Die wird Sie über alle Annehmlichkeiten unseres Hauses aufklären: Bademantel, Minibar, Kuchenservice.«

3. KATHETER

Immer wieder starrte Hummel auf das gewaltige Röntgengerät, das wie ein Damoklesschwert drohend über ihm hing. Und dann diese schrecklichen Geräusche: das Ratschen, wenn der OP-Pfleger die sterilen Handschuhe abstreifte und neue aufzog. Und das ständige Piepsen des EKG-Geräts. Immerhin konnte er so wenigstens selbst kontrollieren, ob er noch am Leben war.

»Achtung, jetzt kribbelt's«, warnte der Pfleger und rieb ihn großflächig mit Desinfektionsmittel ein.

Ein zweiter Pfleger kam hinzu. Gemeinsam bedeckten sie den vollständig entkleideten Hummel von Brust bis Oberschenkel mit dem sterilen OP-Tuch.

»Alles klar?«, fragte der eine.

Hummel blinzelte verkniffen und deutete ein Nicken an. Zum Glück waren die beiden keine ehemaligen Schüler von ihm …

Die Pritsche war hart. Er fühlte sich wie kurz vor der

Schlachtung. Gleich würde es Schinkenspeck geben. Es fehlte nur noch die Betäubungspistole.

Hubertus musste mit ansehen, wie einer der Pfleger das sterile OP-Werkzeug auf den Rolltisch legte. In Plastik verpackte Drähte, mit denen der Arzt gleich in seinen Körper eindringen wollte. Wäre es doch schon vorbei!

Doch der Chefarzt ließ auf sich warten. Stattdessen führten die Pfleger Männergespräche, während sie weitere Vorbereitungen für den Eingriff trafen.

»Hab gestern die kleine blonde Schwesternschülerin von der Geburtsstation angebaggert. Du weißt schon. Die mit den Sommersprossen und dem Piercing.«

»Eine echte Granate. Und, wie ist's gelaufen?«

»Spitzenmäßig, sage ich dir.«

Hubertus schaute ungeduldig auf die Uhr über dem großen Monitor. Sie hätte gut in einen alten Hauptbahnhof gepasst. Nur Zeiger für Stunden und Minuten, nicht für die Sekunden. Dadurch hatte man das Gefühl, dass die Zeit noch langsamer verrann. Und der Minutenzeiger wollte einfach nicht umspringen.

Gut eine halbe Stunde lag Hubertus auf der Pritsche und wartete auf den Arzt. Und mit jeder weiteren Minute, die der lahme Zeiger umsprang, wurde er unruhiger. Er unterdrückte den Drang, vom OP-Tisch zu springen und durch die Flure in Richtung Ausgang zu rennen.

Kurz bevor die OP-Pfleger fast alle Schwesternschülerinnen und ihr »Anbaggerpotenzial« durchdekliniert hatten, tauchte endlich Professor Brückner mit einem Kollegen auf.

»Das ist Oberarzt Doktor Bünzli. Herr ...?«

Diesmal genügte ein Blick auf den Monitor, auf dem bereits der Schriftzug »Untersuchung H. Hummel« inklusive Datum und Uhrzeit aufleuchtete.

»Genau, Herr Hummel: Wir machen diese Untersuchung im Dreamteam. Sie dreamen, wir teamen.«

Der Chefarzt grinste Bünzli an, der etwas nervös zu sein schien.

Was heißt eigentlich Witzbold auf Englisch?, fragte sich Hummel.

»Grüezi wohl«, begrüßte ihn der Oberarzt in mittelstarkem Schweizer Akzent. Seine Augenlider zuckten leicht, dennoch setzte er noch einen drauf. »Wir hätten da zwei Träume für Sie im Angebot: Schweizer Bergwiese mit Kuh. Oder Palmenstrand mit Kokosnüssen. Welchen hätten Sie denn gern?«

Hummel schwieg pikiert.

»Als Alternativtraum hätten wir noch den Partner nach Wahl ...«

Partner nach Wahl ... Jesses nei, war er plötzlich müde. Mit den Gedanken bei Carolin und Elke schlief er ein.

Das »Teamen« bedeutete, dass der Chefarzt sich wieder wichtigeren Dingen in seinem Büro widmete, während Bünzli die eigentliche Chefarztbehandlung durchführte.

Das Problem war nur, dass der Schweizer mit seinen dicken Metzgerfingern über so wenig handwerkliches Geschick verfügte wie eine Kantinenköchin nach einer kurzen Einführung in Sachen Katheter.

Fachlich war er durchaus gebildet und für die Arbeit im Labor wie geschaffen. Für medizinische Eingriffe am menschlichen Objekt hatte er allerdings zwei linke Hände. Jede Herzkatheteruntersuchung trieb seinen eigenen Puls weit nach oben.

Da war es wohl besser, den Patienten im Glauben zu lassen, der Professor – und nicht er – würde den Eingriff durchführen. Dieser Mann vor ihm zählte ohnehin zu der Kategorie Patient, denen man lieber weniger als zu viel sagte. Bünzli hatte noch einen Blick auf die Akte geworfen. Lehrer, Ende vierzig. Lehrer, oje. Wussten immer alles besser – und klappte mal eine Kleinigkeit nicht, so stand sofort der Anwalt parat. Wobei in seinem Fall die nicht ganz unberechtigte Befürchtung bestand, dass mehr als eine Kleinigkeit schiefgehen könnte.

Also los! Bünzli tastete mit seinen wulstigen Fingern an Hummels Leiste herum.

»Ja, wo isch denn das Äderli?«, murmelte er.

Er versuchte den Zugang zu legen. Einmal, zweimal.

Die Pfleger warfen sich amüsierte Blicke zu. »Hagottzack, isch des en Schinkchre«, entfuhr es ihm nach dem dritten vergeblichen Versuch.

Dass der Schinken in dem Moment aufwachte, jagte dem Oberarzt einen ziemlichen Schrecken ein.

»Schin...ken...?«, stammelte Hubertus.

»Überprüfen Sie sofort den Zugang für das Schlafmittel«, befahl Bünzli barsch.

Bevor Hummel überlegen konnte, wo eigentlich der Chefarzt abgeblieben war, schlief er wieder ein.

Beim vierten Versuch spürte Bünzli endlich keinen Widerstand mehr. Der Katheter war drin.

»So, jetzt lueget mer mol inni«, sagte Bünzli und ließ sich von einer Schwester die Stirn abwischen. Die Zugangsschleuse war gelegt.

Nun bloß den richtigen Weg nehmen, sagte er sich, während er den Katheter weiter in den Körper einführte. Als er nach ein paar ungelenken Manövern endlich mit der Katheterspitze im Herzen angekommen war, beobachtete Bünzli besorgt die Sprünge, die das Patientenherz auf dem EKG anzeigte. Vor allem, als er an den Herzwänden entlangfuhr, nahmen die Rhythmusstörungen zu.

»Jetzt das Kontrastmittel verabreichen«, forderte er einen der OP-Pfleger auf, der mit einer Art Spritzenpistole das Mittel über einen Schlauch in den Körper beförderte.

Für Bünzlis Verhältnisse lief der Rest der Untersuchung reibungslos. Jetzt noch ein ordentlicher Druckverband an der Leiste, aber das würden ja zum Glück die Pfleger erledigen.

Als Hubertus Hummel erneut aufwachte, stand gerade rechtzeitig wieder der Chefarzt in grüner OP-Kleidung vor ihm.

»Es ist alles gut verlaufen. Haben Sie gut gedreamt? Wir haben jedenfalls hervorragend geteamt. Gleich holt Sie der Stationspfleger ab und bringt Sie auf Ihr Zimmer.«

Hubertus hatte tatsächlich etwas geträumt. Allerdings weder von Kuhglocken noch von Kokospalmen. Er war beim Einkauf in seiner Stammmetzgerei gewesen. Dort hatte hatte ihm der Metzger Schwarzwälder Kirschwasser eingeflößt und zwischen abgehangenem Schinken und Salami eine Herzkatheteruntersuchung an ihm durchgeführt. Es war schrecklich gewesen!

»Ich schaue heute Abend noch mal bei Ihnen rein. Dann besprechen wir auch den Befund«, erklärte Brückner, bevor er das Zimmer verließ.

Hummel war eigentlich immer der Überzeugung gewesen, eine Schwarzwälder Rossnatur zu haben und mindestens so alt wie sein Großvater zu werden – sechsundneunzig Jahre. Und zwar bei genauso guter Gesundheit und bei normalem Lebenswandel. Normal hatte für seinen Großvater geheißen, immer einen gesunden Appetit auf Deftiges zu haben, schon mal gerne einen über den Durst zu trinken und »Stumpen« zu rauchen. Das mussten die guten Gene sein, hatte Hummel beschlossen und sich sogar vorgenommen, die Hundert vollzumachen.

»Herr ... hm«, begann der Chefarzt am Abend die Befundbesprechung. »Ich will nicht lange um den heißen Brei herumreden. Sehr positiv ist, dass wir bei Ihnen keine Herz-

21

kranzgefäße weiten mussten. Das bedeutet auch, dass Sie nicht akut herzinfarktgefährdet sind.«

Hummel schnaufte tief durch.

»Schön, dann kann ich ja heute Abend nach Hause.« Er fühlte sich schlagartig viel besser.

»Nun mal langsam, Herr …«

»Hummel. Ist aber auch egal.«

»Sie sollten das nicht auf die leichte Schulter nehmen. Immerhin haben wir beim Herzkatheter festgestellt, dass Sie einige Engstellen in den Herzkranzgefäßen aufweisen. Das wundert mich nicht bei Ihrem Beruf. Lehrer sind heutzutage unglaublichem Stress ausgesetzt. Ich will Ihnen ja nicht zu nahe treten: Aber Sie machen auf mich den Eindruck, enorm unter Strom zu stehen.«

»Der Eindruck täuscht«, erwiderte Hummel trotzig.

»Einige Engstellen in den Herzkranzgefäßen? Könnten Sie das bitte konkret erläutern?«

»Momentan ist die Durchblutung gewährleistet. Wir sollten aber schauen, dass sich die Herzkranzgefäße nicht weiter verengen. Wir wollen Sie doch nicht noch mal auf dem Kathetertisch haben. Aber dafür sollten Sie darüber nachdenken, ob Sie Ihr Leben nicht etwas umstellen. Mehr Sport, fettarme Ernährung, vor allem weniger Alkohol. Sie haben eine höhere Gamma-GT als unsere komplette Ärzteschaft am Zentralklinikum zusammen.«

Es hatte den Anschein, als musterte der Professor demonstrativ Hummels Bauch, der sich unter der weißen Decke mehr als sonst zu wölben schien.

»Herr … Wir schicken Sie zu einer Anschlussheilbehandlung in eine psychosomatische Klinik. Sie werden sehen: Das wird Ihnen guttun.«

4. NORDIC WALKING

»Und beim Schwung nach hinten die Hand öffnen!«

Hubertus kämpfte verzweifelt mit seinen Nordic-Walking-Stöcken, um den Anordnungen der Sportlehrerin Folge zu leisten.

»Kein Problem, Hubertus – das wird schon noch.«

Hummel nickte mit zusammengebissenen Zähnen und schaute sich dann ängstlich um, ob ihn beim Marsch durch den Ort jemand erkannte. Nicht einmal zwanzig Kilometer war Königsfeld von Villingen entfernt – die Gefahr daher latent. Und dass einer seiner Schüler ihn dabei beobachtete, wie er im Gänsemarsch mit anderen Rehawalkern durch das Örtchen tölpelte – das musste nun wirklich nicht sein.

Ohnehin gab es genügend Gerüchte, nachdem er krankgeschrieben worden und deshalb nicht mehr im Romäus-Gymnasium aufgetaucht war. Seine Freundin Carolin, die an derselben Schule unterrichtete, hatte ihm alles haarklein erzählt. Die einen Schüler hatten etwas von einem Selbstmordversuch zu berichten gewusst, wegen dem »der Hummel« längere Zeit nicht mehr kommen würde. »Der muss jetzt erst mal in die Klapse.«

Andere, unter ihnen sogar Kollegen, hatten kolportiert, Hubertus werde an eine andere Schule versetzt, weil die unbotmäßige außereheliche Beziehung mit Carolin nun bis zum Schulamt gedrungen sei. Hier war Pergel-Bülow wieder einmal in die Bresche gesprungen und hatte die Sache klargestellt. Im Lehrer- ebenso wie im Klassenzimmer. Zum Thema Zivilcourage hatte er im Gemeinschaftskundeunterricht – in aller Bescheidenheit – die Rettung des Nachbarn und Kollegen in epischer Breite behandelt, freilich ohne sich

23

selbst übermäßig ins Rampenlicht zu stellen – das war zumindest seine Auffassung.

Lustlos schlurfte Hubertus in der halbwegs unauffälligen Mitte der Truppe durch die Straßen in Richtung Königsfelder Kurpark – neugierig und mitunter auch leicht spöttisch begafft von einigen Passanten. Dabei war Königsfeld einer der wichtigsten Kurorte im Schwarzwald, weshalb solche Szenen eigentlich nichts Besonderes waren.

»Stöcke nicht zu weit vorne aufsetzen«, mahnte ihn die durchtrainierte Blondine, die die Gruppe beaufsichtigte. Allmählich verließ Hubertus jeglicher Mut. Der Reißverschluss seines bestimmt fünfzehn Jahre alten Trainingsanzugs spannte noch mehr als zu Beginn der anderthalbstündigen Tortur, die mit einer theoretischen Einweisung begonnen hatte.

Das mit dem Trainingsanzug würde sich in nächster Zeit allerdings wohl ändern, denn die Schufte hatten ihn auf eintausendvierhundert Kalorien am Tag gesetzt.

»Hän ihr d' Schi underwegs verlore?«, spottete ein älterer Mann. Hubertus kramte nach einer schlagfertigen Antwort, in der das Alter des Spötters Hauptbestandteil gewesen wäre, ließ sich aber vom beschwichtigenden Blick der Sportlehrerin davon abbringen.

»Sich hier zum Idioten zu machen und ausgelacht zu werden ist aber auch nicht im Sinn einer psychosomatischen Reha, oder?«, beschwerte sich der hagere Mann, der hinter Hubertus lief.

»Das ist alles eine Frage des Selbstbewusstseins«, antwortete Birgit, die Walkinglehrerin. »So toll, wie ihr das schon macht, habt ihr auch allerlei Grund dazu. Sehr gut, Hubertus. Prima, Dietrich.«

»Hoffentlich haben wir's dann bald«, knurrte Dietrich, dessen hervorstechendstes Merkmal neben seiner Gesichtsblässe und seinem Reizhusten eine Narbe am Kinn war.

Dabei hatte er nur eine ganz kleine Runde mitgedreht – fünf Minuten maximal. Eine Aktion des guten Willens sozusagen.

»Bringt ja doch nichts«, meinte Narben-Dietrich, wie Hubertus ihn getauft hatte. Kurzatmig kroch der Mittfünfziger am Ende des Feldes hinterher und wirkte noch weniger ambitioniert als Hubertus. Der schloss ihn deshalb gleich ins Herz.

»Optimismus! Optimismus!«, krähte die immerfröhliche Anführerin. »Bei mir ging's am Anfang deutlich schlechter als bei euch jetzt. Und jetzt hat eure Birgit eine Nordic-Walking-Schule.«

Fast alle duzten sich. Die Physiotherapeuten und Sportlehrerinnen, die Massagefraktion und die Patienten. Ärzte wurden hingegen gesiezt. Hubertus mochte es nicht, mit Wildfremden per Du zu sein. In der Villinger Narrozunft mochte das noch eher angehen als hier, wo die einzige Gemeinsamkeit ein ähnliches Leiden war.

Hubertus hatte eine »Anschlussheilbehandlung« von zunächst drei Wochen bewilligt bekommen. Die Kur war zu seinem Leidwesen stationär, das abendliche Heimfahren aus »medizinisch-psychosomatisch-diätetischen Gründen« verboten. Überhaupt solle er sich vorstellen, er sei Hunderte Kilometer von zu Hause weg, um ganz abschalten zu können, hatten sie ihm gesagt.

Bereits am ersten Abend war Hummel kurz davor gewesen, zu desertieren, um wenigstens die Nacht in seinem eigenen Bett zu verbringen – oder in dem von Carolin. Allerdings wäre das der strengen Dame an der Pforte wohl aufgefallen, weshalb er zum Entschluss gelangt war, nicht gleich anfangs durch übergroße Bockigkeit aufzufallen.

Die hatte er schon bei der Eingangsuntersuchung gezeigt. Der neuralgische Punkt war das Wiegen gewesen. Der Moment der Wahrheit – nach mehr als fünf Jahren.

»Ist das wirklich nötig?«, hatte er gefragt. »Ich weiß, dass ich ein paar Kilo zu viel habe. Aber in der Hauptsache geht's doch um mein Herz.«

Jegliche Renitenz war jedoch vergebens gewesen. Hinterher hatte Hummel sogar bereut, so zickig gewesen zu sein, denn im Vergleich zu den anderen Bediensteten hatte sich der knorrige Arzt durch einen trockenen Humor ausgezeichnet.

»Und jetzt bitte noch mal ohne Anhänger vorfahren«, hatte er bemerkt, nachdem sich Hubertus endlich schnaufend auf das Ding gestellt hatte.

Hummel hatte ihn nur erstaunt angeglotzt.

»Nur ein Spaß«, winkte der Arzt ab. »Aber ihr BMI ist bei fast 35.«

»BMI? Herr Doktor, reden Sie doch einfach Klartext mit mir.«

Das ließ der sich nicht zweimal sagen: »Sie sind zu fett.«

Hummel schluckte trocken. Vermutlich ließ sich nicht jeder Patient in einer psychosomatischen Reha so etwas sagen, ohne anschließend Selbstmordgedanken zu hegen. Immerhin hatte er sein Hauptvorurteil über Bord werfen müssen: Seine Mitpatienten waren keineswegs alles hoffnungslose Fälle, deretwegen man die Brücken im Klinikumfeld absichern musste, damit sie sich nicht hinunterstürzten. Die meisten machten eigentlich einen recht auskömmlichen Eindruck.

Er schluckte noch einmal und meinte dann beleidigt: »Also, wie viel wiege ich?« Gemeinerweise konnte nämlich nur der Arzt die Digitalzahl auf der Waage ablesen.

Wenn ich über hundert wiege, bin ich wirklich ein Psychosozialfall, dachte sich Hummel. Um nach einem weiteren Gedanken geistig zu ergänzen: Verflixt. Es *sind* über hundert. So viel waren es doch schon beim letzten ärztlichen Wiegen.

Seitdem hatte er allein schon deshalb nicht abgenommen,

weil er von einer Ehekrise in die nächste geschlittert war. Und bei Krisen, so lautete die alte Hummel'sche Regel, wurde gegessen – ohne Rücksicht auf Verluste. Beziehungsweise Zugewinne bei den Kilos.

Vielleicht hatte er durch den Stress in letzter Zeit aber doch etwas abgenommen. Und durch die vermehrte Gartenarbeit. Und die Hausarbeit, die an ihm hängen blieb, seit seine Frau Elke ausgezogen war. Sie wohnte mittlerweile in einer Art WG zusammen mit anderen ehemaligen Mitgliedern der Sekte »Kinder der Sonne«, der Elke kurzzeitig angehört hatte. Hummels neue Freundin Carolin lebte nach wie vor in ihrer kleinen Wohnung in St. Georgen. Für einen Einzug bei Hubertus war es noch zu früh – und außerdem hätte Martina, Hummels Tochter, für diesen Fall wohl umgehend eine Bombe unter dem ehemaligen Ehebett deponiert. Sie konnte Carolin nicht ausstehen.

Der Arzt, der sich als Dr. Auberle vorgestellt hatte (» wobei Sie den Dr. vergessen können«), murmelte: »Sie sind drüber …«

Schicksalsergeben nickte Hummel. »Und konkret? Hundertzwei? Hundertdrei?«

Der Arzt stieß ein trockenes, kehliges Lachen aus. Vermutlich war er Raucher. »Humor ist schon mal eine gute Eigenschaft, um bald wieder ganz auf dem Damm zu sein.«

Oh, oh. Hummel wurde leicht panisch. Über hundertdrei? Deutlich über hundertdrei?

»Hundertzwanzig Komma zwei«, gab Auberle die schreckliche Wahrheit preis.

»Jesses nei!«

Hummel war so niedergeschlagen, dass er während der nächsten zwei Stunden nur noch apathisch nickte. Beim Rat des Arztes, sein Leben von Grund auf zu ändern, bei der Weiterleitung an die Diätassistentin und zu all dem, was sie mit ihm vorhatten. Er wehrte sich auch nicht mehr – nicht

gegen das therapeutisch begleitete Essen mit der Ernährungs-
beraterin, nicht gegen das umfassende Sportprogramm,
nicht gegen die Entspannungstherapie, die von Atemgymnastik über Qi Gong bis hin zur progressiven Muskelent-
spannung nach Jacobson reichte, und auch nicht gegen die
psychologischen Einzel- und Gruppensitzungen.

Einer der größten Vorteile war das Einzelzimmer, befand
Hummel. In den knapp drei Wochen bis zum Einrücken in
die Königsfelder Rehaklinik war seine größte Sorge gewesen,
dass man ihn in ein Doppelzimmer mit jemandem zusam-
menpferchen würde, der Dauerschnarcher, Schmutzfink,
Selbstmörder, Hypochonder oder gar Psychopath war.

» Vielleicht gibt's da ja sogar Drei- oder Vierbettzimmer «,
hatte ihn seine Tochter Martina beunruhigt – sie war die
Einzige gewesen, die ihn nicht mit Samthandschuhen ange-
fasst hatte.

» Wir müssen Gespräche führen «, hatte ihn hingegen Elke
beschworen. Sich den Schatten der Vergangenheit stellen.
Verdrängtes emporbefördern. Ihre Ehe analysieren. Gemeinsam meditieren. Nur so könne er wirklich ganzheitlich
gesunden – an Leib und Seele.

Vielleicht hatte die Aussicht darauf den letzten Ausschlag
gegeben, dass Hummel wirklich nicht noch in letzter Sekunde
gekniffen hatte, sondern tatsächlich an jenem schönen Früh-
herbstmorgen zur Königsfelder Klinik gefahren war.

Sein Zimmer war, na ja, zweckmäßig eingerichtet: Bett,
Dusche, WC, Tischchen, Stuhl. Sogar einen Fernseher gab es.
Doch dann die grauenvolle Entdeckung: Das Gerät war
nicht freigeschaltet, die Scheibe blieb matt. Aus therapeuti-
schen Gründen. Seine Versuche, das zu ändern, waren von
keinerlei Erfolg gekrönt gewesen. » Ich bin Lehrer. Ich muss
wissen, was draußen in der Welt passiert «, war sein Argu-
ment gewesen. Leider hatte es nichts genützt.

Abendessen gab es zwischen siebzehn Uhr dreißig und neunzehn Uhr: fettarmer Käse, Schwarzbrot, Graubrot, Tee, Mineralwasser. »Das gleiche Essen wie in Alcatraz«, hatte Hummel zu seinem Tischnachbarn gesagt.

Der ältere Mann im grauen Trainingsanzug, der sich ihm schlecht gelaunt als Gerd Zuckschwerdt vorgestellt hatte, schaute desinteressiert, hob verständnislos die Schultern und widmete sich weiter seinem Graubrot. Offenbar war auch er auf Diät.

»Das Gefängnis auf dieser Insel in dem Clint-Eastwood-Film?«, mischte sich Dietrich ein, der Mann mit der Narbe. Hummel nickte. Wenigstens einer, der einigermaßen auf seiner Wellenlänge war.

Der Mann mit der Narbe war der Einzige, von dem er sich ganz gerne duzen ließ. Und der Einzige, dem man zuhören konnte, wenn er sich über seinen Krankheitsverlauf ausließ. Die Auslassungen waren nämlich meist kurz und bündig – allein schon wegen der Atemnot, die ihn regelmäßig überkam. Hummel hatte erfahren, dass Dietrich an einem unheilbaren Lungenemphysem litt. »Noch sechs Monate, meint der Doc.« Dann gab Dietrich wieder seinen trockenen Husten von sich und zeigte mit seiner rechten Hand eine Kopf-ab-Bewegung.

Beim Gedanken daran blieb Hummel das ohnehin schon karge Essen fast im Hals stecken. Schon bewundernswert, wie dieser Mann sich in sein Schicksal ergab. Im Vergleich dazu ging es ihm ja noch prächtig. Er hatte gewissermaßen einen Warnschuss bekommen, um sein Leben zu ändern – auch wenn dies nicht so einfach sein würde. Hoffentlich hatten sich die Ärzte bei Dietrich geirrt: Wenn es gar keine Chance gab, hätte man ihn doch sicher schon zum Sterben nach Hause entlassen.

Der Vierertisch – außer Dietrich, Hummel und Zuckschwerdt gehörte noch ein fideler Sachse um die sechzig dazu – schwieg vor sich hin.

29

»Gebb'n Se mir och 'ne Möhre?«, fragte der Sachse schließlich.

»Gelbe Rübe! Gelbe Rübe heißt das hier«, belehrte ihn Hubertus Hummel, worauf eine Diskussion am Tisch entbrannte, bei der die anderen beiden sich als »Karotten«-Befürworter erwiesen.

Hummel schüttelte den Kopf. Schlimm genug, dass er das Zeug dauernd in sich hineinstopfen musste, da es eines der wenigen Nahrungsmittel war, das ihm in beliebiger Menge erlaubt war.

»Mahlzeit!«, ertönte es plötzlich, und Hubertus erhielt einen Schlag auf die Schulter, dass sich seine Herzkranzgefäße meldeten.

Klaus Riesle! Sein Freund, Lokaljournalist und Mann ohne Manieren.

»Ich dachte mir, ich schaue mal vorbei, ehe du vor Langeweile eingehst«, tönte der drahtige Redakteur, der wie immer Jeanshose und -jacke trug. »War gar nicht leicht, dich in dem Laden hier aufzustöbern.«

»Entschuldigung, aber wir haben gerade Essenszeit«, bemerkte eine Schwester, die den unangemeldeten Besuch verscheuchen wollte.

»Nee, danke – für mich nichts«, parierte der Journalist mit Blick auf Hummels Portion. »Und das nennt ihr hier Essen? Das ist ja erschütternd!«

»Sie müssen jetzt wirklich gehen«, meinte die Schwester und wurde allmählich unwirsch. »Das ist eine Rehaklinik – und Besuch sollte vorher angemeldet werden.«

»Alcatraz …«, wiederholte Dietrich bestätigend, nickte Hummel zu, hustete und schlurfte nach draußen.

»Oder Altenheim«, meinte Riesle.

»Und? Schon einen Kurschatten gefunden?«, frotzelte er einige Minuten später im Aufenthaltsraum.

»Noch nicht mal die Benutzung des Fernsehers haben sie mir erlaubt«, schimpfte Hummel.

»Oje, du Ärmster! Ich komme aber sobald wie möglich wieder bei dir vorbei, versprochen. Nächstes Mal bringe ich Elke mit. Die hat nämlich vorher bei mir angerufen und wollte dich auch mal besuchen.«

Hummel fielen mit Grausen die »guten Gespräche« ein, die Elke so am Herzen lagen, auf die er selbst aber am liebsten verzichtet hätte.

»Caro war auch schon da. Habt ihr eigentlich Kontakt?«, erkundigte er sich und versuchte, das Thema zu wechseln.

Bereits am frühen Nachmittag war Carolin nämlich als erster Überraschungsbesuch dieses Tages in der Klinik vorbeigekommen. Hubertus hatte sie zu einem Spaziergang überredet. Schön war es gewesen, fast schon romantisch.

Über die bloße Schwärmerei waren sie in ihrer Beziehung mittlerweile hinaus. Carolin schien einerseits mit einem baldigen Zusammenziehen zu liebäugeln. Andererseits hütete sie sich, dies offen anzusprechen. Hummel ahnte es mehr zwischen den Zeilen. Er wusste auch, dass sie sich durchaus vorstellen konnte, Mutter zu werden. Denn ihre biologische Uhr tickte nicht nur dezent, sie hämmerte wie auf einen Amboss.

Riesle zuckte mit den Schultern. »Ich stamme noch aus einer Zeit, in der Elke deine Frau war. Für deine Neue bin ich nicht zuständig.«

Vermutlich hatte Hubertus' Tochter Martina ihn mit diesem Anti-Carolin-Virus angesteckt.

»Ach, noch was, hätte ich fast vergessen«, meinte Riesle nun. »Ein Mitbringsel.« Er zog ein Herrenmagazin, auf dessen Cover eine ziemlich nackte Brünette posierte, aus der Tasche und überreichte es Hummel – nicht ohne es demonstrativ herumzuzeigen.

Dem war das – wie von Riesle beabsichtigt – überaus peinlich. »Hör auf mit dem Quatsch.« Vorsichtig deponierte er es im Papierkorb des Aufenthaltsraumes, was nun Riesle nicht gefiel, der es wieder herausholte und wie eine Monstranz vor sich hertrug.

Eine halbe Stunde später – Hummel hatte sich gerade von seinem Freund verabschiedet – folgte die nächste Überraschung. Elke stürmte an der Rezeption vorbei und fiel ihm in die Arme. Auch sie war den Ermahnungen der Pförtnerin gegenüber, dass jetzt eigentlich schon keine Besuchszeit mehr sei, nicht gerade aufgeschlossen. »Entschuldigung, aber das ist mein Mann!«

Schon zückte sie ihren Ausweis zum Beweis ihrer Identität, klärte die Pförtnerin über ihre eigene »in ausreichendem Maße« aktive und passive therapeutische Erfahrung auf und bestand darauf, dass sie ihrem Gatten jetzt zur Seite stehen müsse.

Hubertus war das Ganze etwas unangenehm, zumal ihm Riesle zum Abschied das Herrenmagazin wieder in die Hand gedrückt hatte, das Elke nun verständnislos musterte.

Dann ließ die Nochgattin sich haarklein den Verlauf der psychologischen Einzelgespräche schildern, von denen Hubertus bereits zwei hinter sich gebracht hatte. Er hatte die Fragen des Therapeuten als überaus anmaßend und indiskret empfunden und keinerlei Interesse verspürt, über die Häufigkeit seines Geschlechtsverkehrs sowie sein »Erregungspotenzial« Auskunft zu geben.

»Das ist aber wichtig, Huby«, meinte Elke und begründete das mit irgendeinem esoterischen Unsinn. Und sosehr er sich im ersten Moment über den Besuch gefreut hatte, sosehr er tatsächlich noch an Elke hing und ihre Besorgnis zu schätzen wusste: Nach Feierabend noch tiefenpsychologische Gesprächsüberstunden zu machen war das Letzte, was ihm derzeit vorschwebte.

Doch Elke interessierte sich für alles und ließ sich diesen

und jenen Patienten vorstellen, der gerade ihren Weg kreuzte, als sie in der Lobby herumliefen. Sie empfahl Hubertus Seidenmalerei zur Entspannung und wollte bei einem vorbeikommenden Arzt sicherstellen, dass auch Reiki angewandt wurde, weil die Kraftübertragungen durch das Kronenchakra bei Hubertus zweifelsohne eine Beschleunigung des Heilungsprozesses garantieren würden.

»Ich versuche bald wiederzukommen, Huby«, sagte sie zum Abschied. Erst als sie weg war, fiel Hubertus ein, dass er nicht mit einem Satz danach gefragt hatte, wie es ihr eigentlich ging.

5. GRUPPENTHERAPIE

Morgens um sieben war die Welt noch in Ordnung, aber wenige Minuten danach ertönte der Wecker. Er kam in Form von Schwester Svetlana, einer korpulenten Endvierzigerin mit unverkennbar slawischem Einschlag: »Aufstähn, jungär Mann!«, krähte sie, nachdem sie gegen die Zimmertür geklopft hatte. »Alles gutt?«

»Alles suppärr«, konterte Hubertus, der auch ohne Fernseher als Einschlafhilfe erstaunlich gut geschlummert hatte.

So »suppärr« lief es allerdings in den nächsten Stunden nicht. An das etwas monotone Frühstück – das gleiche Graubrot, das gleiche Schwarzbrot, der gleiche Tee, der gleiche Käse wie beim Abendessen – hatte er sich zwar fast schon gewöhnt. Und der Termin bei Auberle, dem knochentrockenen Arzt von der Eingangsuntersuchung, gestaltete sich auch noch ganz positiv, denn das EKG war einigermaßen in Ordnung.

Nach Fango und Elektrotherapie allerdings stand erstmals

33

eine Gruppentherapie auf dem Programm. Und die erwies sich als Musterbeispiel aus dem Horrorkabinett der Hummel'schen Vorurteile. Das fing schon mit der Leiterin an, der Psychologin Irene Bertsche-Hundammer, einer blassen Frau, die sich das Geld für den Friseurbesuch offenbar lieber sparte. Sie war gänzlich ungeschminkt, trug eine Brille und sprach sehr langsam und sehr umständlich in einem nervigen Sozialpädagoginnenjargon.

Von den anderen sieben Klienten kannte er außer dem fidelen Sachsen lediglich ein paar Gesichter vom Sehen.

Irene Bertsche-Hundammer, die gleich mit allen per Du war, verlangte allen Ernstes, sie sollten sich zunächst Wollknäuel zuwerfen, das nach und nach alle Teilnehmer miteinander verbinden und die Kontaktängste abbauen sollte. Immer wieder ermahnte sie die Gruppe: »Ihr solltet bitte immer sagen, was ihr gerade fühlt.«

Als sich schließlich alle hinknieten, um Vordermann und Vorderfrau an die Fußknöchel zu greifen, war es um Hubertus' Fassung beinahe geschehen. Alle acht plus Psychotherapeutin robbten schließlich über den Boden wie eine Raupe.

»Und, was macht das mit euch?«, erkundigte sich Irene währenddessen.

Der fidele Sachse hielt das Ganze offenbar für einen einzigen großen Kindergeburtstag und sang dazu die »Polonäse Blankenese« (»Und Erwin fasst der Heidi von hinten an die … Schulter«), bis er freundlich zum Schweigen gebracht wurde. Eine andere Teilnehmerin in einem fürchterlich bunten Trainingsanzug hatte offenbar schon mehr Rehaerfahrung. Zumindest hatte sie den vorgeschriebenen Jargon verinnerlicht und meinte, sie fühle sich als Teil einer großen Einheit, was ihr sehr wichtig sei. Die anderen schwiegen entweder oder nickten vorsichtig.

»Und du, Hubertus?«, wollte Bertsche-Hundammer wissen.

Hubertus grummelte irgendetwas vor sich hin.

Gleich gab ihm Irene verbale Hilfestellung. Er dürfe hier ganz offen sein, denn er befinde sich unter Freunden und müsse alle Hemmungen abbauen.

Schlagartig war Hubertus klar, an wen ihn das Ganze überdeutlich erinnerte: an Pergel-Bülow natürlich. Seinen unsäglichen Lebensretter.

Dennoch brauchte er eine weitere Raupenrunde und eine weitere Ansprache der Therapeutin, um endlich seinen Gefühlen freien Lauf lassen zu können.

»Ich finde es schrecklich!«, brach es aus ihm heraus. »Meine Nachbarn benehmen sich so ähnlich, meine Frau hat Verständnis für alles und jeden, und ich hatte gehofft, hier von solchem Schnickschnack verschont zu werden.«

Er ließ die Knöchel der Vorderfrau los und erhob sich schnaufend. »Ich steige aus dieser Raupe aus.«

Die Therapeutin blieb erstaunlich gelassen. »Du, das ist deine eigene Entscheidung, die ich voll respektiere«, sagte sie.

»Ich gehe dann mal raus«, meinte Hubertus.

»Du, das ist etwas schwierig. Ob du aufhören möchtest, ist deine eigene Entscheidung. Ob du aber die Gruppe verlassen kannst, um nach draußen zu gehen, sollte schon die Gruppe entscheiden.«

Hubertus starrte sie mit offenem Mund an. Die anderen schwiegen vor sich hin, meist mit betretenem Gesichtsausdruck. Der Sachse grinste infantil.

Dann fiel Hubertus doch noch etwas ein. Er sei herzkrank und solle sich nicht aufregen. »Aus diesem Grund fände ich es verdammt noch mal gut, wenn ich endlich hier rauskönnte!« Die mit Kinderbildern bemalten gelben Wände wackelten fast beim letzten Halbsatz. Beim nächsten übrigens nicht minder, in dem das Wort »Irrenhaus« vorkam.

Anscheinend war er nicht der erste Querulant, mit dem

Irene Bertsche-Hundammer zu tun hatte. Gänzlich unbeeindruckt suchte sie nach einem Kompromiss: Hubertus sollte nach zehn Minuten wieder hereinkommen und sagen, wie es ihm dann gehe. »Kannst du dich in diesem Arrangement wiederfinden?«

Hubertus nickte fassungslos, weil ihm klar wurde, dass jede weitere Aufregung tatsächlich Gift für sein Herz gewesen wäre.

Er trottete also nach draußen und ging nach einer Weile auf sein Zimmer. Die nächste Anwendung – Rotlichtbestrahlung – war in fünfundzwanzig Minuten. Da blieb noch Zeit für ein kurzes Nickerchen. So oder so: Die Gruppentherapie war ab sofort gestrichen.

6. KEHRWOCHE

Klaus Riesle schreckte auf dem Sofa hoch: Er hatte gehörig verschlafen. Und das sollte bei ihm schon etwas heißen, denn der Arbeitstag des Lokaljournalisten begann für gewöhnlich erst gegen halb zehn. Das Display seines DVD-Rekorders zeigte bereits zehn Uhr zweiundvierzig an. Die morgendliche Konferenz hatte er somit verpasst. Der Fernseher lief noch immer. Eine blonde, offenbar geliftete Frau bot in einem operettenhaften Singsang »wunderschön ornamentierte Kerzen zum Selbstgestalten« an. Welchen Sender hatte er da bloß geschaut, ehe er eingeschlafen war?

»Das Zeug da nehm ich nicht mal geschenkt«, murmelte Riesle.

Ohnehin hätte er in seiner Bude derzeit eh keinen Platz für Kerzen gehabt. Der Wohnzimmertisch war belegt mit halbvollen Chipstüten, Flaschen und Gläsern. Ein Geruch von abgestandenem Bier durchdrang das ungelüftete Apartment. Riesle überlegte, wann er den Tisch das letzte Mal abgeräumt hatte. Die Pizza konnte er noch zuordnen – das war vor vier Tagen gewesen, während er das Länderspiel geschaut hatte. Der letzte Abwasch musste Wochen her sein. Als er in die Küchennische ging, um sich einen Kaffee zu machen, hatte er Schwierigkeiten, noch eine unbenutzte Tasse zu finden. Er musste dringend aufräumen – aber jetzt war er leider in Eile. Er fluchte, als er in eine Aluschachtel mit Resten des Gerichts N 3 (Gebackenes Schweinefleisch mit süß-saurer Sauce) trat. Chinesisch, indisch, italienisch, thailändisch – die multikulturelle Gesellschaft in ihrer kulinarischen Bringdienstform gab sich auf den siebenunddreißig Quadratmetern ein breites Stelldichein.

Warum war er den gesamten Abend über nicht zum Aufräumen gekommen? Antriebsarm – so fühlte sich Riesle in letzter Zeit. Die Spürnase des einst so quirligen Journalisten schien ihn zunehmend im Stich zu lassen. Das merkte man nicht nur beim Gang durch die Wohnung, sondern auch beim Blick in den Schwarzwälder Kurier. Die letzte richtige Exklusivgeschichte, die er aufgetan hatte, lag deutlich vor der letzten Wohnungsreinigung. Früher hatte er dreimal pro Woche eigene Aufmacher angeschleppt – vornehmlich aus dem Bereich der Kriminalität, in dem der Schwarzwald-Baar-Kreis mehr zu bieten hatte, als der unbedarfte Urlauber glauben mochte.

Dass Riesle diesbezüglich etwas erlahmt war, lag auch daran, dass er seines Apparats, mit dem er über mehrere Jahre hinweg den Polizeifunk abgehört hatte, beraubt worden war. So empfand er es wenigstens. In Wirklichkeit hatte Hauptkommissar Claas Thomsen, dieser unsägliche norddeutsche Miesepeter, bei Riesles Chefredakteur interveniert, nachdem er Wind davon bekommen hatte, dass der Journalist mithilfe des Geräts stets einer der Ersten am Tatort war.

Riesle hatte den Apparat also zähneknirschend bei der Polizei abgeliefert und sich bislang nicht getraut, ihn durch einen Nachbau zu ersetzen. Dabei hatte der Chef in letzter Zeit mehrfach »spannende Storys« angemahnt, was ziemlich unfair war, da er ihm seine Arbeitsgrundlage entzogen hatte.

Zehn Uhr vierundfünfzig war es, als Riesle seine Messiewohnung verließ. In den zwölf Minuten seit dem Aufwachen hatte er sein Handy eingeschaltet, zwei Anrufe des Kollegen Eckner (»Kommst du heute? Kommst du überhaupt noch mal?«) auf der Mailbox abgehört, den Fernseher ausgestellt, war in seine Jeanshose und Jeansjacke geschlüpft, hatte den chinesischen Teil der Essensreste beseitigt und sich gefragt, ob er sich eine Putzfrau anschaffen sollte.

Eine solche hätte allerdings gegen seinen Entschluss verstoßen, keine Frau mehr im Haus haben zu wollen. Und außerdem hätte ihn der regelmäßige Besuch einer Putzfrau unter den ständigen Druck des Aufräumens gesetzt. Denn so konnte er seine Wohnung einer Fremden nicht präsentieren.

Oder sollte er einfach ausziehen? Die Wohnung in der Villinger Wöschhalde, in die er nach der Trennung von seiner Freundin vor drei Jahren gezogen war, stand unter keinem guten Stern. Keine Frauen, kaum Exklusivstorys, und dank seiner multikulturellen, aber einseitigen Ernährung wölbte sich mittlerweile ein kleiner Bauch am einst so drahtigen Riesle-Körper, was natürlich auch mit seinen Trinkgewohnheiten zu tun haben konnte.

Mit einer neuen Wohnung würde man auch ein neues Leben beginnen, sinnierte er. Allem Anfang wohnt ein Zauber inne, hätte sein Kumpel Hubertus gesagt. Vielleicht war ein Umzug wirklich nicht das Schlechteste.

Als er durch das Treppenhaus gen Ausgang schlurfte, wurden seine Umzugsüberlegungen beschleunigt – durch eine kleine Frau mit einer blau-weiß gepunkteten Schürze.

Oh nein, Frau Gartmann!

» Aha «, sagte die triumphierend und stellte sich ihm in den Weg, sofern das mit ihren ein Meter achtundfünfzig überhaupt ging. Die Gartmann war die eine Hälfte des Hausmeister-Ehepaars – die unangenehmere. Denn während der Gatte im Normalfall den Mund hielt und bei technischen oder handwerklichen Problemen mit anpackte, war seine Frau eine Hexe alten Schlages: Stets auf der Suche nach Fehlern, die sie dem Mieter unter die Nase reiben konnte – seien es ein paar Schuhe vor der Tür, ein nicht geleerter Briefkasten oder Lärm, der auch nur eine Minute außerhalb der in der Hausordnung festgelegten Uhrzeiten stattfand. In diesem Falle schien es aber auch schon zu genügen, um fünf vor elf nicht bei der Arbeit, sondern im Hausgang erwischt zu werden.

Die Gartmann war zudem völlig distanzlos: Mit nur etwa zehn Zentimeter Abstand stand sie vor seiner Nase. Plus die fünfzehn Zentimeter, die sie kleiner war als er.

» Guten Morgen «, meinte Riesle mechanisch, ehe ihm einfiel: Auf Körper- und Zahnpflege hatte er maximal eine der nunmehr dreizehn Minuten seit dem Aufwachen verwendet – bei näherer Überlegung für die Zahnpflege sogar null Minuten.

Sie wies ihn schneidend auf etwas anderes hin. » Was hän mir für e Woch? «

Riesles Verstand kam zwar erst langsam in Gang, aber ihm war dennoch klar, dass die richtige Antwort sicher nicht » die dritte Septemberwoche « lautete. Die Frage war wohl eher rhetorischer Natur.

Sie wiederholte: » Was hän mir für e Woch? «

Riesle glotzte sie träge an, zuckte mit den Schultern und drängte sich rechts an ihr vorbei in Richtung Haustür.

Doch die Gartmann war flink. Sie überholte ihn und baute sich ein paar Stufen weiter unten auf.

» So goht des nit weiter «, schimpfte sie. Ehe Riesle nachfragen oder sich aus dem Staub machen konnte, wirbelte sie herum zur Pinnwand, auf der die Hausordnung angebracht war, und wiederholte zum dritten Mal: »Was hän mir für e Woch?«

Diesmal gab es die Antwort gleich dazu, denn neben der Hausordnung befand sich ein Kalender, auf dem die verschiedenen Namen eingetragen waren: »Kehrwoch! Kehrwoch, Herr Riesle!« Triumphierend fuhr ihr Zeigefinger zum aktuellen Datum, wo er tatsächlich *Riesle* lesen konnte.

Siegesgewiss wartete die Gartmann nun auf eine Entschuldigung. Aber da konnte sie lange warten. Schließlich war es zehn Uhr sechsundfünfzig und er eminent spät dran, wie er der Gartmann kurz und knapp erklärte.

»So goht des nit, Herr Riesle«, schimpfte sie wieder. »Sie g'höre zu de unzuverlässige Mieter. Und zu dene, die bis spät nachts de Fernseher mit voller Lautstärke laufe lasse. Des hab i Ihne aber scho zigmol g'sagt.«

»Ja, ja«, sagte Riesle in gelangweiltem Tonfall und schlängelte sich jetzt links an der Gartmann vorbei, um ruckartig die Haustür zu öffnen. Kehrwoche. Meine Güte! Willkommen im 21. Jahrhundert.

»Herr Riesle, des muss besser werde. Mir sin e a'ständig's Haus mit a'ständige Mietern. Und heut zieht en neuer Herr nebe Ihne ei. I möcht nit, dass do gleich Klage komme.«

Riesle hatte die gläserne Haustür nun in der Hand und spielte mit dem Gedanken, sie gegen die Gartmann zu knallen. Das hätte aber alleine schon deshalb nicht funktioniert, weil die Tür fürchterlich langsam schloss. Und so sagte er: »Da kann ich Sie beruhigen: Ich habe von Ihnen und diesem Spießerhaus die Nase voll. Ich ziehe aus!«

Doch so, wie die Gartmann weiterschimpfte, schien sie ihm gar nicht zugehört zu haben.

7. VIERZEHNHUNDERT KALORIEN

»Gemüse-Quark-Knöpfle-Auflauf« hieß Hubertus' heutiges Mittagessen – so stand es jedenfalls auf der großen Tafel am Eingang zum Reharestaurant. Nichts gegen Gemüse und Nudeln. Aber ohne Fleischbeilage wirkte das Ganze so ... so unvollendet.

Mehr noch als die anstrengende Therapie störte Hummel sein schier unstillbarer Hunger. Wie sollte er das bloß noch mehrere Wochen durchhalten? Vierzehnhundert Kalorien pro Tag, so ein Quatsch. Allzu sehr gegen seine Natur anzukämpfen hatte sicher auch keinen Sinn. Vielleicht würde er dadurch noch depressiv, und das begünstigte dann wieder andere Krankheiten ... Er musste mit der Diätassistentin darüber reden.

Hubertus' Enthusiasmus und seine bedingungslose Bereitschaft, alles für seine Genesung zu tun, hatten schon einigermaßen gelitten. Zumindest jetzt, zur Essenszeit.

Dies verstärkte sich, als er die Größe der Portionen sah. Vier Gabeln, maximal fünf, schätzte Hummel und machte sich an die Arbeit. Zuvor hatte es eine dünne Gemüsesuppe gegeben – und Hubertus hatte sich wieder geärgert. Die anderen, die nicht auf Diät waren, konnten sich an einer Champignoncremesuppe laben. Es war einfach ungerecht.

Sein Tischgenosse Zuckschwerdt schien keinen besonders großen Appetit zu haben, obwohl – wie Hubertus fand – der Auflauf nicht einmal schlecht schmeckte. Nur halt gewohnt salzarm ... Die Portionen waren aber wirklich ein schlechter Witz. Sie erinnerten an ein Nobelrestaurant – jedoch nur von der Menge her. Und trotzdem stocherte Zuckschwerdt in seinem Auflauf herum, als ginge es nur darum, diesen von einer Seite des Tellers auf die andere zu verschieben. Zweimal

41

fragte Hubertus ihn, ob er schon fertig sei, um sich flugs der Reste annehmen zu können. Beim zweiten Mal reagierte der alte Zuckschwerdt recht ungehalten.

Narben-Dietrich war erst gar nicht zum Mittagessen erschienen.

»Och, der lässt sich mittags oft des Essen ufs Zimmerschen bringen«, meinte der Sachse schmatzend. »Is jo leider körperlich nich so gut beisamm.«

Hubertus hoffte, dass Dietrich bald wieder auftauchte. Sollte er sich tatsächlich mit jemandem während der Reha anfreunden, dann mit ihm. Das versprach auch weniger Probleme als eine weibliche Bekanntschaft. Carolin konnte recht eifersüchtig sein. Auch Elke war ihr ein größerer Dorn im Auge.

Um vierzehn Uhr ging's weiter mit Atemgymnastik und EKG-überwachtem Ergometertraining. Wieder so ein Programmpunkt, der ihn das Schlimmste befürchten ließ. Und dann auch noch mit halbleerem Magen …

Ob gelbe Rüben, Karotten oder gar Möhren: Hummel schaffte im Verlauf des Nachmittags mindestens ein Dutzend. Immer wieder schlich er ins Restaurant, wo auf mehreren großen Tellern Rohkost auslag. Das orangefarbene Gemüse schien für ihn mittlerweile lebensrettenden Status zu besitzen. Selbst beim Ergometertraining nagte er an einer Karotte, ehe Dr. Auberle dem ein Ende bereitete.

Hummel entgegnete, er werde bei Amnesty International vorsprechen und sich über die Leute beschweren, die ihn auf vierzehnhundert Kalorien gesetzt hätten, denn für ihn komme das einer Folter gleich.

Auberle meinte, Ärzte und Folterknechte hätten nun mal viel gemeinsam – gerade vom Charakter her.

Im Gegensatz zu Auberle konnten die meisten Mitpatienten mit Hummels brummeliger, eher genervter Art nur wenig anfangen. Mit Ausnahme von Narben-Dietrich. Der nannte ihn mittlerweile »Bugs Bunny« – und er durfte das.

Zum Abendessen vertilgte Bugs Bunny vier weitere Karotten – natürlich neben der ihm zugedachten üblichen Grau- und Schwarzbrotkombination. Eine fünfte Karotte nahm er sich mit aufs Zimmer.

Als Hubertus die Zimmertür aufschloss, bemerkte er, dass jemand einen Brief unter dem Türschlitz hindurchgeschoben hatte. Er war überrascht und erfreut zugleich. Ein Brief? Von Carolin? Er trug weder Marke noch Absender.

Hubertus legte sich aufs Bett und öffnete das unbeschriftete Kuvert. Ihm wurde schnell klar, dass es sich um keinen Liebesbrief handelte. Zwar zeigte das beigelegte Foto eindeutig ihn und seine aktuelle Gefährtin in inniger Umarmung, ja Liebkosung. Dort, in dem Wäldchen, in dem es zum Golf- und Countryclub ging. Kein Zweifel: Das Foto musste gestern beim Spaziergang entstanden sein.

Carolin hätte ihm wohl aber kaum einen Zettel mit ausgeschnittenen, aufgeklebten Zeitungsbuchstaben geschickt …

Als erstes fiel sein Blick auf die Zahl 50000. Dann auf die Buchstaben EURO. »Jesses, nei! 50000 Euro? Was soll das denn?«, rief Hubertus. Sein Herz begann unregelmäßig zu pochen. Er legte die Karotte auf den Nachttisch.

»Sehr geehrter Herr Hummel, Sie sollten sich lieber mit Ihrer Ehefrau amüsieren«, lautete der erste Satz.

Hummel schluckte. Wie war das denn gemeint?

»Die Kurtaxe für Ehebruch beträgt 50000 Euro. Andernfalls bekommt Ihre Frau *dieses* Foto.«

Hummel blickte fassungslos auf das zehn mal fünfzehn Zentimeter große Bild. Aus welcher Entfernung das wohl aufgenommen worden war? Er musste mal seinen Journalistenfreund Riesle fragen – der kannte sich mit so etwas aus.

»Wir melden uns wieder. Bleiben Sie ruhig. Und: *Keine Polizei,* sonst gibt es Probleme«, endete der Brief.

Hummel legte ihn zur Seite. 50 000 Euro? Für wen hielten diese Schurken ihn denn? Für den Besitzer der Klinik?

Wild gingen seine Gedanken durcheinander. Er schwankte zwischen dem Entsetzen darüber, beobachtet worden zu sein (und es vielleicht immer noch zu werden), und angestrengtem Grübeln. War ihm jemand oder etwas während Carolins Besuch aufgefallen? Natürlich nicht, außer dass sich die Küsse nach der Abstinenz noch besser angefühlt hatten.

Aber wie konnten die Erpresser wissen, dass Hubertus verheiratet war?

Richtig, Elke hatte ihn ja gestern besucht und dabei lautstark erwähnt, dass sie seine Ehefrau sei. So ziemlich jeder im Foyer der Klinik hätte das hören können.

Hubertus schüttelte den Kopf. Was waren denn das für dilettantische Ganoven? Für einen Betrag von 50 000 Euro konnte man doch eigentlich erwarten, dass die Erpresser sich richtig über ihn informierten. Mal abgesehen davon, dass bei genauerer Beobachtung jedwede Erwartungen, er schwimme in Geld, sofort zerstoben wären. Gut, sein Privatleben war schon geordneter gewesen. Aber eigentlich war doch alles klar: Mit Elke war er noch verheiratet, lebte aber von ihr getrennt – in beiderseitigem Einvernehmen. Und mit Carolin war er liiert, auch wenn seiner Tochter Martina und möglicherweise auch Riesle das nicht passen mochte. Sollten sich doch die Herren Erpresser jemand anderen suchen. Elke würde wohl kaum in Ohnmacht fallen, wenn ihr dieses Foto zugespielt würde.

Hummel ärgerte sich jetzt fast mehr über die Unprofessionalität der Erpresser, als dass er Angst hatte.

Er beschloss, noch mal etwas frische Schwarzwaldluft zu schnuppern und über alles nachzudenken. Wie sollte er sich verhalten? Einfach abwarten, bis die Erpresser sich wieder meldeten? Oder sich vielleicht öffentlich mit Freundin und

Frau zeigen, am besten noch mit beiden harmonisch bei einem Spaziergang untergehakt, um diesen dämlichen Verbrechern klarzumachen, dass es bei ihm nichts zu erpressen gab? Andererseits würde es schwierig werden, Elke und vor allem Carolin zu einem derartigen Treffen zu überreden. Und unter welchem Vorwand?

Als Hummel den Supermarkt sah, vergaß er augenblicklich jegliche guten Vorsätze. Das Geschäft hatte noch fünfzehn Minuten geöffnet. Das reichte, um einmal quer durch die Süßwaren- und Knabberzeugabteilung zu fräsen. Hummel erwog schon, sich mit seiner Einkaufstüte voller Chips, Keksen, Nougatschokolade und Gummibärchen in gebückter Haltung an der Pforte vorbeizuschleichen. Vermutlich wäre es ihm aber kaum gelungen, den Proviant unbemerkt in die Klinik zu schmuggeln. Und allenfalls die Cola light hätte eine Kontrolle passiert.

Seine Wahl fiel schließlich auf ein entlegenes Bänkchen im Kurpark. Kaum dass Hummel sich dort niedergelassen hatte, überkam ihn eine Fressattacke, wie er sie vermutlich seit seiner Jugend nicht mehr gehabt hatte. Er machte sich abwechselnd über Salziges und Süßes her und warf hinterher die kaum erwähnenswerten Reste in einen Papierkorb neben der Bank.

Als er wieder die Klinik betrat, fühlte er sich in doppelter Hinsicht schlecht. Zum einen nagte es an ihm, dass er so schamlos die Kontrolle über sich verloren hatte. Zum anderen erinnerte ihn sein Magen an einen mit der Luftpumpe aufgeblasenen Ballon.

Erstaunlicherweise war er offenbar nicht der Einzige, dem es schlecht ging. Auf dem Flur vor seinem Zimmer traf Hummel gleich drei Mitpatienten, die über heftige Magenkrämpfe, Erbrechen und Durchfall klagten.

Hubertus war in solchen Dingen sehr empfindlich. Er fühlte sich an eine Kreuzfahrt auf dem Atlantik mit vielen

Seekranken erinnert, die er vor ein paar Jahren mal mit Elke unternommen hatte.

Da kam auch schon ein weiterer Patient, der – des Sprechens nicht mehr fähig – an ihm vorbei in sein Zimmer stolperte. Unschöne Geräusche aus dem Bad drangen durch die geschlossene Tür.

Hummel hatte es schon befürchtet: Kaum zurück in seinem Zimmer, stellte sich auch bei ihm eine heftige Übelkeit ein. Kam das von der Fressattacke, oder war es die Psyche, die ihm einen Streich spielte? Dann war da dieser kalte Schweiß auf seiner Haut. Hubertus legte den Erpresserbrief beiseite, versuchte sich zu entspannen und trotzdem einen klaren Gedanken zu fassen. Vermutlich war es die Kombination aus zu viel Süßem, Salzigem und natürlich den zahllosen Karotten. Andererseits brachte die Erpressung wohl eine gewisse psychische Belastung mit sich.

Hubertus winkelte die Beine an und hoffte, damit seinem Bauch Erleichterung zu verschaffen. Nachdem er sich hingelegt hatte, ging es ihm jedoch noch schlechter, und er bekam das Gefühl, als fahre er auf seinem Bett Karussell. Seine Gedanken bewegten sich ebenfalls im Kreis.

Aus dem Bauchgrimmen wurde rasch ein Stechen. Hubertus schaffte es gerade noch rechtzeitig ins Bad, wo auch er sich übergeben musste. Er verspürte einen heftigen Schmerz im Oberbauch. Mittlerweile wusste er, dass dies ein Alarmzeichen sein konnte.

Herzinfarkt … Herzinfarkt …, pochte es in seinem Kopf.

Der Ärger über die Rehamaßnahmen, das große Fressen im Park und nun der Erpresserbrief – vielleicht war das schon zu viel für sein lädiertes Herz gewesen. Hubertus wurde schwarz vor Augen.

In verschiedenen Zimmern der Tannenklinik suchten Patienten in der folgenden Nacht vermehrt die Toilette auf, kämpften mit Magen und Darm. Am schlimmsten hatte es Narben-Dietrich erwischt. Er lag völlig wehrlos in seinem Zimmer, von Krämpfen geschüttelt und unfähig, Hilfe zu holen. Seine Kurzatmigkeit war noch schlimmer geworden, der Magen rebellierte erst kurz und ging dann in einen kompletten Streik über. Auch wenn er sich in den letzten Monaten schon mit seinem Schicksal abgefunden hatte, überkam ihn nun Todesangst. »Ich darf noch nicht sterben«, stöhnte er und versuchte, irgendwie zum Alarmknopf zu gelangen. Es blieb ihm kaum mehr Zeit.

8. DER NEUE MIETER

Hauptkommissar Claas Thomsen nahm erleichtert den Lampenschirm in die Hand und rieb ihn sorgfältig mit Sagrotan ab. Der Schmutz, der sich auf den drei Kilometern Umzugsstrecke angesammelt hatte, sollte keinesfalls in die neue Wohnung gelangen. Deshalb war er auch kategorisch dagegen gewesen, eine Transportfirma mit seinem Umzug zu beauftragen. Thomsen hätte es nicht ausgehalten, wenn Möbelpacker mit ihren verdreckten Fingern und schwarzem Schmutz unter den Nägeln seine persönlichen Sachen berührt hätten. Womöglich wären sie mit ihren ungeputzten Schuhen in seiner neuen Wohnung herumgelaufen.

Stattdessen führte er den Umzug ganz alleine durch. Auch wenn das sehr mühselig war. Freunde hatte er keine, und auch seine Kollegen hatte er nicht um Mithilfe gebeten. Schon gar nicht Winterhalter, seinen nach Stall riechenden Kollegen und Nebenerwerbslandwirt. Der hätte wahrscheinlich noch Kuhmist in seinem neuen Domizil verteilt.

Der Umzug war generalstabsmäßig durchgeplant. Den

geliehenen Möbeltransporter hatte Thomsen vor dem Einsatz einer ausgiebigen Desinfektion unterzogen. Die bisherigen Nachbarn hatten ihn dabei argwöhnisch beäugt. Auch als er in den weißen Overall mit Kapuze geschlupft war – eigens für den Umzug hatte er sich ein ganzes Sortiment davon in der Kriminaltechnik besorgt. Ein ausgiebiges, stundenlanges Duschritual würde ihm dann am Abend letzte Gewissheit bringen, dass er frei von Keimen war.

Thomsen war es schon lange egal, was andere Leute über ihn dachten. Die alte Nachbarschaft hatte ihn auf dem Kieker gehabt. Spätestens, seit er jegliche Teilnahme an gemeinschaftlichen Unternehmungen abgelehnt hatte. Grillen im Hof! Auf einem Holzkohlegrill, der wahrscheinlich schon Jahre nicht mehr geschrubbt worden war! Und womöglich hätten noch Kinder dabei johlend herumgetobt. Die waren ohnehin Keimüberträger Nummer eins. Sie wuschen sich nie die Hände und wollten immer alles und jeden anfassen.

Die neue Hausmeisterin war ihm da auf Anhieb sympathisch gewesen. Partys und Grillen seien streng untersagt. Kinder gehörten auf die ausgewiesenen Spielplätze. Mittags- und Nachtruhe seien strikt einzuhalten. Sie machte einen guten Eindruck auf ihn, hatte trockene und – wie es schien – gewaschene Hände. Und sie hatte bereits vor der Unterzeichnung des Mietvertrags auf die »Kehrwoch'« verwiesen.

»Kehrwoche?«, hatte Thomsen verdutzt gefragt.

»Sie sin wohl nit vu do? Des isch bei uns so üblich. Jede Woch muss einer vu de Mieter de Hausgang kehre und sauber mache. Aber nit mit so em bissle Wasser. Do muss mer e scharfes Reinigungsmitttel nehme. Im Hausgang, do git's jo immer en Haufe Dreck und Bakterie.«

Thomsen hätte die Hausmeisterin am liebsten umarmt. Monatelang hatte er nach einem Haus gesucht, in dem Sauberkeit eine wichtige Bürgerpflicht war. Die meisten Makler hatten von ihrem zu vermittelnden Objekt als porentief rein gesprochen – aber nur wenigen konnte man diesbezüglich wirklich trauen.

Er lief hinter der Hausmeisterin her und beobachtete aufmerksam den Boden des Hausflurs. Zu früh gefreut! Hier bestand eindeutig Nachbesserungsbedarf.

Die Hausmeisterin spürte den beunruhigten Blick: »Jo, momentan isch de betreffende Mieter leider e paar Dag mit seiner Pflicht im Rückstand.« Sie strich sich über die Schürze und musterte den neuen Mieter in seinem doch eher ungewöhnlichen Kriminaltechniker-Ganzkörper-Overall. »Aber de Herr isch eigentlich de einzige Problemfall – und der will eh auszieh.«

Thomsen nickte zufrieden. »Bitte bleiben Sie draußen«, sagte er routinemäßig zu der Hausmeisterin, als sie die Tür zu seiner neuen Wohnung aufgeschlossen hatte. Dann fiel ihm auf, dass es sich hier ja gar nicht um einen Tatort handelte. Egal. Beziehungsweise: umso besser. Denn wenn die von ihm bestellte Reinigungsfirma wirklich ganze Arbeit geleistet hatte, würde ab jetzt niemand mehr mit Straßenschuhen diese Schwelle überschreiten. Thomsen streifte sich weiße Plastiküberzieher über die Schuhe, seine Adleraugen scannten sorgfältig die Diele und das dahinter liegende helle Wohnzimmer. Er fand keinen Grund zur Beanstandung.

Drei Stunden später war das Ein-Mann-Umzugsunternehmen beendet. Zum Glück beschränkte sich seine Habe auf einige wenige und noch dazu leichte Dinge: In den letzten acht Jahren war er selbst sieben Mal umgezogen – und einmal seine Frau, nämlich zu ihrer Mutter. Wenn er sich recht entsann – und er hatte ein legendär gutes Gedächtnis –, dann war das an einem Pfingstsonntag in der gemeinsamen Kieler Wohnung gewesen, an dem er sie zum dritten Mal gefragt hatte: »Hast du eigentlich heute schon geduscht?«

Sie war nicht zurückgekommen, hatte sich seit dem Vollzug der Scheidung nicht ein einziges Mal mehr gemeldet.

Thomsen hatte sich längst eingestanden, dass er beziehungsunfähig war. Er lebte für seinen Beruf, eine Frau störte da nur. Seine Zwänge versuchte er vor sich selbst damit zu erklären, dass bei beinahe jedem Genie die eine oder andere Abweichung von der Norm mit der besonderen Leistungsfähigkeit einherging. Und da waren seine Phobien und sein Sauberkeitswahn doch eher an der unteren Skala angesiedelt – verglichen beispielsweise mit van Gogh oder Klaus Kinski.

Er setzte sich in den Sessel, den er eigens anlässlich des Umzugs neu erworben hatte, und starrte auf das Regal, das zahlreiche Akten und Fachbücher enthielt. Thomsen atmete tief durch. Er würde erst einmal duschen, sobald er das Bad grundgesäubert hatte. Da konnte ihm die Reinigungsfirma lange versichern, er könne nun sogar problemlos aus dem Abflusssieb der Dusche essen.

Von wegen!

Thomsen bewaffnete sich also mit einem – selbstverständlich ebenfalls neuen – Putzeimer, füllte ihn mit Wasser und träufelte das stärkste Desinfektionsmittel, das es auf dem Markt gab, in einer Überdosis hinein.

Plötzlich klingelte es an der Tür.

Das brachte Thomsen aus dem Konzept. Kollege Winterhalter? Der hätte vorher angerufen.

Die Sekretärin? Die erst recht.

Die Zeugen Jehovas? Die Tür blieb zu.

Wieder klingelte es. Lauter, dringlicher. Und: Es klingelte so, als ob die Person vor seiner Wohnung stand – und nicht draußen vor der Haustür.

Die Hausmeisterin? Thomsen ging – den Wassereimer in der Hand – in die Diele, bückte sich, kniff die Augen zusammen und versuchte durch den schmalen Spalt am Boden der

Wohnungstür zu schauen, doch er konnte nichts erkennen. Er ärgerte sich, dass er in eine Wohnung ohne Türspion gezogen war.

Wieder klingelte es.

»Ja?«, rief Thomsen energisch.

Keine Antwort. Und wieder das Klingeln.

Unverschämtheit! Was konnte denn so dringend sein? Stand er im Halteverbot? Blockierte die Rettungsausfahrt? Sicher nicht.

Noch ein Klingeln.

Thomsen riss die Tür auf.

»Aaaah!«, schrie er dann und ließ den Eimer fallen, sodass die Diele und ein Teil des Hausflurs eine Sonderwäsche bekamen.

»Aaaah!«, schrie auch der Mann, der ihm gegenüberstand, und ließ die volle Rotweinflasche fallen, die er in der Hand gehabt hatte. Diese zersprang, und der Wein ergoss sich zu einem guten Teil auf den Teppichboden in Thomsens Flur.

Sämtliche jemals von ihm verhafteten Mörder und dazu noch seine Exfrau hätte Thomsen eher ertragen als seinen neuen Wohnungsnachbarn, der gekommen war, um ihn nach einem Korkenzieher zu fragen, den er in seinem Wohnungschaos nicht mehr fand: sein Intimfeind, der Journalist Klaus Riesle.

9. UNTER DEM LEINTUCH

Drei Uhr zweiundvierzig war es – das erkannte Hummel auf den dritten Blick in Richtung Wecker. Noch immer war ihm übel. Angesichts des nunmehr vierten Toilettengangs der Nacht hielt Hubertus es für durchaus angemessen, wirklich einmal den Alarmknopf zu drücken.

Zurück aus dem Bad, musterte er den Erpresserbrief, der für zusätzliche Flauheit im Magen sorgte. Er ließ sich zurück ins Kissen fallen.

Das Personal hatte es nicht eilig. Ungeduldig klingelte er nochmals. Vielleicht waren diese roten Knöpfe nur Attrappen? Gaukelten eine Sicherheit vor, die es nicht gab?

Nach dem dritten Klingeln erhob sich Hubertus schnaufend aus seinem Bett. Skandal! Er würde sich allein auf den Weg zum medizinischen Personal machen. Zumindest die Pforte würde ja wohl besetzt sein.

Er zog sich den Bademantel über und trat auf den Flur. Der rote Teppich dämpfte die Schritte seines Körpers. Als Hummel die Treppe erreichte, sah er auf der anderen Seite des Flurs im gedämpften Licht des Ganges eine Trage, auf der irgendetwas lag, das mit einem Tuch zugedeckt war.

Hubertus schnaufte schwer.

Die Tür des Zimmers, vor dem die Trage stand, war halb offen, von drinnen hörte er gedämpfte Stimmen. Hielt sich das Personal hier zu einem Schwatz auf, statt sich um ihn zu kümmern?

Plötzlich wurde Hummel von einer rätselhaften Unruhe ergriffen. Immer noch sein Magen? Nein, wusste er, als er direkt vor der Trage stand. Und er wusste noch etwas – die Konturen verrieten es ganz deutlich: Auf dieser Trage, nur notdürftig bedeckt mit einem weißen Leintuch, lag ein

Mensch. Ein dünner Mensch, so weit er den sich unter dem Stoff abzeichnenden Körper zu erahnen glaubte.

Immer noch wurde im Zimmer geflüstert.

Tu es nicht, sagte eine innere Stimme zu Hummel. Doch die innere Stimme war zu langsam. Er hob das Tuch an, obwohl er wusste, in welchem Zustand diese Person sein musste: In einem verdammt toten …

Unter dem Leintuch lag Narben-Dietrich! Sein Gesichtsausdruck deutete auf einen qualvollen Tod hin. Die Züge waren verzerrt, beinahe entstellt. Hummel brauchte einige Sekunden, um Herr seiner Sinne zu werden. Sekunden, in denen die Unterhaltung im Zimmer verstummte und Svetlana sowie Dr. Hilbert, der Privatassistent des Chefarztes, aus der Tür traten. Sie starrten ihn an.

»Nix supärr«, murmelte Hummel matt, blickte Svetlana an und senkte das Tuch.

»Cherr Chummel!«, sagte Svetlana.

Dr. Hilbert, ein schmächtiger Mittdreißiger mit schwarzer Designerbrille, schaute ihn aufmerksam an. »Was machen Sie denn hier?« Er sprach in einem leisen, fast singenden Tonfall.

Hummel zuckte hilflos mit den Schultern, blickte auf den nunmehr wieder zugedeckten Toten und stellte die unsinnigste Frage seit Jahren: »Was hat er?«

»Er ist tott«, erläuterte Svetlana.

»Die Lunge?«, flüsterte Hubertus. So schnell war das also gegangen?

Hilbert schüttelte langsam den Kopf. »Das ist nach dem jetzigen Kenntnisstand nicht zu beantworten – abgesehen davon, dass ich selbstverständlich der ärztlichen Schweigepflicht unterliege. Nur so viel: Ich habe eben die Leichenschau durchgeführt und den Totenschein ausgefüllt. Er kommt in die Gerichtsmedizin.«

»Ist viel los – heute Nacht sind viele Leite krank geworden«, meinte Svetlana. »Sind wir zu allen Patienten gegangen, um zu gucken. Wärren wir auch bald zu Ihnen gekommen.«

»Vielleicht zu spät!« Es kam wieder Leben in Hummel. »Ich habe ein halbes Dutzend Mal geklingelt, ohne dass jemand kam.«

Plötzlich sackten ihm die Beine weg, und er fand sich sitzend auf dem Teppich vor der Trage wieder, ehe sich Arzt und Krankenschwester um ihn kümmerten.

Wumm. Wumm.

»Alles gutt?«

Wumm. Wumm.

Ein Stein. Nein – ein Felsblock musste es sein, den man ihm unablässig gegen den Kopf schlug.

»Alles supärr?«

Hummel schielte nach der schlimmsten Nacht seit Langem wieder nach dem Wecker. Fünf nach sieben.

Wumm.

»Nix supärr!«, rief er dann.

Immerhin unterblieb nun das Hämmern gegen die Tür. »Sie wach?«

Hummel nickte. Das half nur wenig.

Wumm.

»Ja«, rief er schnell. »Alles gut. Alles wach.«

»Geht besser?«

»Ja. Geht gut.«

Das genügte Svetlana. Sie ging zum nächsten Patienten, um ihr unbarmherziges Weckwerk fortzusetzen.

Eigentlich ging es ihm überhaupt nicht gut. Zwar hatten ihn die Paspertintropfen gegen Übelkeit, die sie ihm verabreicht hatten, vor weiteren Zwischenfällen bewahrt, aber Magen und Darm fühlten sich vollständig leer und ausgemergelt an. Die Zunge klebte am Gaumen. Durst!

Allerdings war er nicht mutig genug, gleich wieder etwas zu sich zu nehmen. Auch die Frühstücksverlockung hielt sich erst mal in Grenzen. Ihm war nicht nach Essen – weder nach Graubrot noch nach Karotte.

Zunächst hatte Hummel die Heißhungerattacke für seine schlimme Nacht verantwortlich gemacht. Doch in Anbetracht der vielen Krankheitsfälle musste wohl wirklich ein Magen-Darm-Virus umgehen.

Er warf einen Blick auf den Plan. Der Tag begann mit der Gruppentherapie.

Bloß nicht, dachte sich Hummel und mummelte sich ins Bett ein. Zunächst, um nachzudenken, doch schon fünf Sekunden später, um den verlorenen Schlaf nachzuholen.

Um zehn nach acht wachte er wieder auf und fühlte sich zumindest ausgeschlafener.

Er riskierte nun sogar einen kräftigen Schluck aus der Mineralwasserflasche, zog seinen Trainingsanzug an, putzte die Zähne, blickte aus dem Fenster, genoss mit halb zugekniffenen Augen das Schwarzwaldpanorama und beschloss dann, vorsichtig nach unten zu gehen.

Um halb neun war eine Zwischenuntersuchung beim Chefarzt anberaumt. Konnte nicht schaden, dort vorbeizuschauen. Vielleicht wusste der ja, was ihm fehlte.

Ohnehin ungewöhnlich, dass Svetlana oder eine ihrer Kolleginnen nicht noch einmal nach ihm geschaut hatte. Schließlich hatte er bereits den ersten Termin des Tages verpasst.

10. CHEFARZTBEHANDLUNG

Privatassistent Dr. Hilbert befand sich in einer Art Dauer-konferenz mit seinem Chef. Seitdem dieser morgens in der Klinik eingetroffen war, herrschte ziemliche Aufregung wegen des Toten.

Professor Krieg hätte die Leiche am liebsten selbst unter-sucht, doch die war schon Richtung Gerichtsmedizin unter-wegs. Hilbert, der seinem Chef in schon fast devoter Weise ergeben war, schien deshalb etwas frustriert, denn eigentlich hatte er auf ein Lob für sein entschlossenes Handeln speku-liert. Schließlich hatte er dem »Herrnprofessor« auf diese Weise einige Arbeit erspart.

Hummel hörte nur Bruchstücke des Gesprächs, während er matt auf dem Wartestühlchen saß und eigentlich nur da-rauf wartete, dass er als Nächster das Zeitliche segnen würde.

»Vergiftung« war das Wort, das die beiden Ärzte auf der anderen Seite der Tür am zweithäufigsten benutzten. Das häufigste war »Herrprofessor« – in einem Wort gesprochen. Hilbert garnierte jeden Satz damit. »Natürlich, Herrprofes-sor«, habe er dafür gesorgt, dass sich die Kunde vom Exitus nicht im gesamten Haus verbreite. »Leider, Herrprofessor«, müsse er hier eine Einschränkung in Bezug auf den Patienten Hummel machen, der im Übrigen draußen warte. »Gerne, Herrprofessor«, werde er sich darum kümmern, dass das Ergebnis der Obduktion möglichst schnell dem »Herrnpro-fessor« zur Kenntnis gebracht werde.

Der Chefarzt, dem Hubertus nun erstmals begegnete, war eine elegante Erscheinung. Er schaltete sich erst ein, nach-dem Hilbert den Patienten ausgiebig untersucht hatte. Pro-fessor Krieg war durchaus charismatisch. Unter dem Arztkittel trug er einen Anzug mit grauer Seidenkrawatte. Der Farbton seiner grauen Schläfen korrespondierte perfekt mit dem des Binders. Fast schämte sich Hummel, dass er hier in einem profanen Trainingsanzug angeschlurft kam. Zumindest ein Jackett hätte sich angeboten.

Professor Krieg hatte einen Schnauzbart, eine Brille und eine sonore Stimme. Dass er standesbewusst war, merkte Hummel nicht zuletzt daran, wie er mit der Krankenschwester umging, die es wagte, ihn kurz zu stören. Nicht herrisch, nicht unhöflich, aber schon so, dass keine Zweifel aufkommen konnten, wer hier Chef war und wer in der Hierarchie weiter unten stand.

Hummel wurde distanziert, aber durchaus freundlich behandelt.

Symptome Durchfall, Schwindel, Bauchschmerz, Koliken?

Es sei leider nicht auszuschließen, dass sich ein Virus in die Tannenklinik eingeschlichen oder man es mit einer Vergiftung zu tun habe, klärte ihn Professor Krieg auf. Aber es bestehe keinerlei akute Gefahr.

Na ja, besagte Hubertus' Blick, der bei aller Ehrfurcht so skeptisch war, dass es selbst Krieg merkte. Keine Gefahr? Das nach einem Todesfall zu sagen war sehr optimistisch. Was sprach denn dagegen, dass es Hubertus nicht genau so erwischte – nur mit etwas Verzögerung?

»Ich möchte Sie bitten, den … bedauerlichen Vorfall vorläufig für sich zu behalten«, sagte Krieg. »Aus Respekt gegenüber dem Toten und zur subjektiven Sicherheit der übrigen Patienten.«

»Hängt der … Vorfall denn mit der schwächlichen Allgemeinkonstitution des Patienten zusammen?«, fragte Hummel und freute sich, dass ihm ein ebenfalls einigermaßen gedrechselter Satz gelungen war. Gerne hätte er noch den Namen des Toten eingebaut, aber er kannte ihn nun mal nur als »Narben-Dietrich« – und das hätte die Eleganz des Satzes doch merklich gemindert.

»Mein Assistent wollte keine voreiligen Schlüsse ziehen«, klärte Krieg ihn auf, bat um etwas Geduld und sagte, er wolle sich nicht an Spekulationen beteiligen, da er selbst den Toten nicht habe untersuchen können. Aber freilich sei eine »Korrelation« prinzipiell möglich.

Professor Krieg machte seine Sache gut, fand Hubertus. Auch sein Arbeitszimmer passte ins Bild. Es war geräumig und in klassisch großbürgerlichem Stil eingerichtet. Die Wand zierten Urkunden und Diplome von diversen internationalen Universitäten, dazu Regale voller Fachbücher. Private Gegenstände hingegen waren Mangelware. Hummel entdeckte einen Bilderrahmen auf dem Schreibtisch, den er allerdings nur von hinten sah, und musste sich zwingen, ihn nicht umzudrehen. Er war sicher, dass ihm eine schöne, herrschaftlich wirkende Frau in einem Faltenrock sowie zwei aristokratisch aussehende, wie aus dem Ei gepellte Kinder von einem Foto entgegenschauen würden. Professor Krieg selbst war eine durchaus in sich stimmige Erscheinung, fand Hummel. Nur hätte ihm statt der Brille ein Monokel noch besser gestanden. Eben einer vom alten Schlag, dachte Hubertus – und erschrak darüber, wie sehr ihm das gefiel. Immerhin ging man bei einer solchen Art von Arzt noch davon aus, dass er mit seinen Diagnosen auch wirklich richtig lag.

Hilbert hingegen machte auf Hummel eher den Eindruck eines konturlosen Speichelleckers. Oder eines Schoßhündchens, dem ein Fingerschnippen des Chefs reichte, um einen Knochen oder eine Patientenakte zu apportieren.

Auf jeden Fall befanden der Chefarzt und sein Schoßhündchen, dass es Hummel deutlich besser gehe. Er dürfe aber für den Rest des Vormittags den Behandlungen fernbleiben. Um vierzehn Uhr wolle ihn allerdings die Diätassistentin sehen.

Eines wollte der Chefarzt schließlich noch wissen: »Was haben Sie gestern zu Mittag gegessen?«

Hummel musste scharf nachdenken. »Den Auflauf mit Quark und Knöpfle«, fiel ihm dann ein.

»Auch eine Suppe?«, hakte Professor Krieg nach.

»Ja, diese Gemüsebrühe. Wieso fragen Sie? Stimmte etwas nicht mit dem Essen?« Hummel wurde neugierig.

»Nur reine Routine«, beschwichtigte der Chefarzt und bedeutete ihm mit einer Handbewegung, dass die Audienz beendet sei. Hubertus war froh, dass der Chefarzt sich nicht nach der weiteren Nahrungsaufnahme des Vortages erkundigt hatte. Die Fressorgie hätte er ihm gegenüber wohl verschwiegen.

11. EIN VERFOLGTER KOMMISSAR

Kriminalhauptkommissar Claas Thomsen und Redakteur Klaus Riesle hatten nun gleich mehrere Dinge gemeinsam: zum einen die Adresse, zum anderen eine beinahe schlaflose Nacht. Thomsen hatte die erste Hälfte mit einem erneuten Großreinemachen verbracht – und da war der von Riesle verursachte Rotweinfleck nur der Anfang gewesen. Saubermachen, desinfizieren – dabei reinigte Thomsen gleichzeitig auch seine Seele. Und die hatte es bitter nötig. Was hinderte ihn eigentlich daran, angesichts des unsympathischsten aller Nachbarn, der mitten in der Nacht in überbordender Lautstärke den Fernseher laufen ließ, gleich wieder auszuziehen? Wohl vor allem die Tatsache, dass es eben mitten in der Nacht war, er in seine leere alte Wohnung nicht mehr zurückkonnte und er zu Hotels auch kein allzu großes Hygienevertrauen hatte. Möglicherweise wäre das aber immer noch besser gewesen, als diesem Unterschichtenfernsehen zuzuhören, das durch die Wand drang.

Zunächst hatte Thomsen mit seinen feinen Ohren tatsächlich vermutet, Zeuge eines Verbrechens zu werden. Schon bald war ihm jedoch klar geworden, dass dieses Stöhnen aus dem Fernseher des Nachbarn kam und einen nicht jugendfreien Grund hatte.

Riesle hatte außer der Beschäftigung mit dem Fernsehprogramm einen Plan geschmiedet, der ihn vom Schlafen abhielt: Wenn ihm schon das Abhörgerät für den Polizeifunk nicht mehr zur Verfügung stand, so wollte er sich doch Thomsen an die Fersen heften. Denn wo der war, waren auch die Verbrechen und damit die guten Storys. Er musste sich noch überlegen, wie er das tagsüber am besten hinbekam. Schließlich hatte er auch innerhalb der Redaktion die eine oder andere Verpflichtung wie das Gestalten der Umlandseiten. Aber wenn Thomsen abends aus seiner Wohnung zu einem Verbrechen gerufen wurde, würde er in Riesle einen aufmerksamen Verfolger haben.

Nachdem er die Reste des indischen Gerichts vom Lieferservice beiseitegelegt hatte, dachte er über verschiedene Optionen nach: Er könnte vor der Tür seines Nachbarn eine Art Alarmsystem installieren. Zum Beispiel eine Schnur spannen, die bei Berührung einen Signalton in Riesles Schlafzimmer auslöste. Oder er könnte allabendlich mit einem Stift einen Flecken an der Wohnungstür des neuen Nachbarn anbringen. Der phobische Kommissar würde bestimmt erst ausgiebig putzen müssen, ehe er auch nur einen weiteren Schritt nach draußen machte. Auch hier müsste man mit einem versteckten Alarmsender weiterkommen. Technisch war Riesle einigermaßen findig.

Den Fernseher weiter so laut laufen zu lassen war eine Option, die immerhin der Anwesenheitskontrolle diente.

Zweimal hatte sich Thomsen in dieser Nacht schon beschwert, ein Einwegtaschentuch jeweils zwischen seinen sensiblen Zeigefinger und Riesles Klingelknopf geklemmt.

Alles in allem – und das war ein grundlegender Unterschied zwischen den beiden Nachbarn – war Riesle ganz zufrieden damit, dass der Kommissar neben ihm eingezogen war. Vielleicht sollte er seine gegenüber Frau Gartmann geäußerten Umzugsabsichten doch noch revidieren?

In der Nachmittagskonferenz am folgenden Tag bekam Riesle wieder einen deutlichen Hinweis des Redaktionsleiters, dass die Konkurrenz »nicht zuletzt im Crime-Bereich« deutlich aufgeholt habe. Der Kurier hingegen habe diesbezüglich reichlich nachgelassen. Das war ein Frontalangriff auf Klaus gewesen, den dieser mit der Ausrede des fehlenden Polizeifunkgeräts kaum hatte parieren können. Es musste endlich etwas geschehen. Thomsens Überwachung duldete keinen Aufschub.

Für Riesle hatte das abendliche Aufräumen seiner Einzimmerwohnung etwas Meditatives. Er trug in mehreren Durchgängen etwa fünfzig leere Flaschen zum Altglascontainer und hing so seinen Gedanken nach. Es sprach manches dafür, der Schnurvariante zur Beobachtung Thomsens den Vorzug zu geben.

Mit den Farben der Flaschen nahm er es beim Einwerfen nicht so genau. Stattdessen beschloss er, gleich anschließend seinen Freund Hubertus zu besuchen, der ihn am Vormittag angerufen und interessante Andeutungen gemacht hatte, über die er nachher mit ihm sprechen wollte.

»Die Braunen in den braunen Container – die Grünen in den grünen. Ist das denn so schwer?«, beschwerte sich jemand schräg hinter ihm. Er drehte sich um – Thomsen! Dem war so etwas natürlich ein Dorn im Auge.

Der Kommissar ging kopfschüttelnd zu seinem Auto,

einem wie neu aussehenden Kleinwagen japanischer Bauart. »Außerdem ist das nur bis zwanzig Uhr erlaubt. Wir haben jetzt zwanzig Uhr sieben«, belehrte er ihn noch mit sauertöpfischer Miene.

Riesle zögerte nur kurz. Wenn er Thomsens Freizeitgewohnheiten richtig einschätzte, dann würde der nie und nimmer zu einem abendlichen Amüsement das Haus verlassen. Das musste ein Einsatz sein, zumal es der Kommissar sehr eilig hatte. Selbst wenn die Möglichkeit bestand, dass dieser nur möglichst schnell von Riesle und dem stinkenden Flaschencontainer wegwollte, so musste das weitere Aufräumen ebenso warten wie die Anfertigung der Alarmschnur und der Besuch bei Hubertus. Schnell hinterher!

Gut, dass sein alter Kadett nur ein paar Meter entfernt stand.

Zunächst lief alles nach Plan. Riesle hatte Thomsens Wagen fest im Blick und achtete bei der Verfolgung darauf, nicht zu dicht aufzufahren. Bei Mönchweiler verließ er die Bundesstraße und fuhr durch den Ort.

Der Kommissar gab für seine Verhältnisse ordentlich Gas. Das deutete ziemlich sicher darauf hin, dass es sich um einen Einsatz handelte. Aber natürlich blieb Riesle als alter Hobbyrennfahrer dran.

Der Wagen hinter ihm war allerdings nicht weniger schnell. Er überholte sogar ihn und Thomsen und unterbrach so die Verfolgungsjagd. Die rot leuchtende Aufschrift »Bitte folgen!« war unmissverständlich. Polizei! Thomsen und Riesle stoppten.

Der Unterschied war nur, dass Ersterer ein paar Sekunden später weiterfahren durfte. Offenbar hatte er sich den Beamten gegenüber ausgewiesen – wenn sie ihn nicht ohnehin schon kannten.

»N'Abend«, grummelte der Streifenbeamte, der nun auf Riesles Kadett zukam.

»N'Abend, Herr Wachtmeister. Stimmt was nicht?« Riesle gab sich zunächst ahnungslos.

»Kann man so sagen. Sie sind gerade mit fast achtzig Stundenkilometern in einer geschlossenen Ortschaft gefahren. Und davor über einige Kilometer knapp hundertdreißig, wo nur hundert erlaubt war. Mein Kollege und ich hatten den Tacho immer im Blick. Führerschein und Ausweispapiere, bitte.«

»Tatsächlich? Hören Sie, ich bin Journalist. Riesle, Schwarzwälder Kurier.« Er streckte dem Beamten ein zerfleddertes Pappschild mit der Aufschrift »Presse« entgegen und zückte dann seinen Presseausweis, der in einem nur unwesentlich besseren Zustand war. Da der Beamte immer noch seine Hand aufhielt, rückte er auch noch die übrigen geforderten Papiere heraus.

»Ich bin unterwegs zu einem dringenden Einsatz. Es wäre nett, wenn Sie mich deshalb nicht aufhalten würden. Ich bin mit Kriminalhauptkommissar Thomsen, den sie gerade eben kontrolliert haben, gut bekannt. Quasi mit ihm gemeinsam unterwegs.«

Doch auch Polizeiobermeister Hagmann war mit seinem Kollegen Meyer unterwegs zu einem »dringenden Einsatz«. Normalerweise hätte eine mündliche Ermahnung gereicht. Aber wenn dieser Schreiberling meinte, irgendwelche Märchen erzählen zu müssen, dann war er bei ihm an den Richtigen geraten. Thomsen, der den Verfolger nämlich sehr wohl bemerkt und deshalb beschleunigt hatte, hatte seinen Kollegen nämlich klargemacht, dass dieser Riesle ein Störenfried sei und einen saftigen Strafzettel verdient habe.

»Hören Sie mal, Herr Riesle. KHK Thomsen hatte aber gar nicht den Eindruck, dass Sie gemeinsam unterwegs seien.

Auf Sie dürften drei Punkte in Flensburg und sechzig Euro Strafe zukommen.«

»Aber, Herr Wachtmeister!«, empörte sich Riesle.

»Polizeiobermeister lautet meine Dienstbezeichnung. Sie brauchen gar nicht zu versuchen, mit mir zu verhandeln.«

Riesle rechnete hektisch nach. Sein Flensburger Punktekonto hatte er stets im Kopf. Nach der letzten bußgeldpflichtigen Geschwindigkeitsüberschreitung war es auf elf Punkte angewachsen. Plus drei, machte also vierzehn. Den Führerschein würde er erst mit achtzehn Punkten los sein. Allerdings musste er jetzt an einem dieser Punkteabbaukurse teilnehmen. Riesle wusste genau: Würde er den Nachweis darüber nicht rechtzeitig erbringen, dann wäre er den Lappen für einige Zeit los. Und damit weiter weg denn je von Exklusivgeschichten. Eine Fahrgemeinschaft mit Thomsen ließ sich ja wohl kaum organisieren ...

Der Beamte füllte den Bußgeldbescheid aus und überreichte ihn Riesle.

»Ob der vor Gericht verwertbar sein wird, wenn Sie nur mit dem Tacho gemessen haben? Oder hatten Sie etwa auch einen mobilen Laser dabei?« Riesle wollte sich mit der Sache noch nicht abfinden.

»Lassen Sie's ruhig drauf ankommen. Sie sind über mehrere Kilometer deutlich zu schnell gefahren. Ich glaube, da wird der Richter eher zwei Polizeibeamten glauben als Ihnen. Und jetzt bitte vorsichtig weiterfahren. Wir beobachten Sie ganz genau.«

Verdammt! Schon das Geld ärgerte Riesle mächtig. Mindestens genauso schwer wog aber, dass Thomsens Wagen weg war. Mindestens fünf Minuten hatten ihn diese Wichtigtuer gekostet.

Während er beschloss, gleich morgen an Thomsens Auto einen Peilsender anzubringen, zuckelte Riesle demonstrativ langsam vor den Polizisten her in Richtung Königsfeld. Dort wollte er nun seinen ursprünglichen Plan verwirklichen: einen Besuch bei Hubertus. Der würde es sicher verkraften, wenn er diesmal kein Mitbringsel in Form eines Herrenmagazins bekam.

Allmählich fühlte sich Riesle von den beiden Beamten hinter ihm genötigt. Selbst kurz vor dem Ortseingang von Königsfeld verfolgten sie ihn immer noch, obgleich er sich mittlerweile auf Tempo sechzig heruntergebremst hatte. Wollten sie ihn die ganze Nacht beschatten?

Plötzlich setzte der Streifenwagen zum Überholen an. Gleich würde wieder die Leuchtschrift »Bitte folgen« zu sehen sein, und dann würden sie ihm noch einen Strafzettel wegen zu langsamen Fahrens anhängen, womit sein Punktekonto in Flensburg endgültig reif für den Führerscheinentzug war …

Zwar überholten die Beamten, schüttelten angesichts Riesles fast provokativer Verlangsamung aber nur die Köpfe.

Wenig später parkten die beiden Fahrzeuge fast nebeneinander vor der Tannenklinik. Riesle war verwirrt – und seine Irritation steigerte sich noch, als er einen weiteren Wagen auf dem Parkplatz erkannte: den von Thomsen!

12. MUNDSCHUTZ UND KNIEBUNDHOSE

Hubertus Hummel saß blass im Foyer und schien auf Riesle, Carolin, eine Erleuchtung oder was auch immer zu warten.

»Ach, kommst du doch noch?«, fragte er in leicht vorwurfsvollem Ton.

Dieses Beleidigte, Hypersensible war etwas, worauf Riesle nach all den Jahren ihrer Freundschaft noch immer allergisch reagierte. Am liebsten wäre er angesichts des noch angestauten Ärgers mit den Polizisten gleich wieder gegangen, doch er spürte, dass hier eine Geschichte auf ihn wartete. Und da konnte ihm Hummel helfen.

»Was ist hier los, Hubertus?«

»Ich werde erpresst«, sagte der düster dreinblickend und fixierte die Pforte der Kurklinik. Bald würde die Dämmerung sich über den Schwarzwald senken.

»Und deshalb ist Thomsen da?«

Nun war es Hummel, der staunte. »Thomsen? Kriminalhauptkommissar Thomsen? Davon weiß ich nichts. Ich habe nur dieses andere Polizeiauto gesehen – und mich gewundert. Bist du mit diesen Polizisten gekommen?«

An Riesle nagte der Verlust der sechzig Euro und der Gewinn der drei Punkte so, dass er nicht weiter darauf eingehen wollte. »Du hast also die Polizei alarmiert, weil du erpresst wurdest?«, fragte er stattdessen.

»Keine Polizei, hieß es im Brief«, sagte Hummel nachdenklich. Dann weiteten sich seine Pupillen vor Schrecken. »Wenn die Erpresser mitbekommen, dass die Polizei da ist, gibt es Ärger – obwohl ich doch gar nichts dafür kann!« Er fasste Riesle am Arm. »Du musst mir helfen!«

Was war denn aus Hubertus geworden? Sein Zusammenbruch im Garten hatte ihn wohl doch nicht nur körperlich beeinträchtigt.

»Du siehst blass aus«, meinte Riesle. »Hast du jetzt die Polizei gerufen oder nicht?«

»Nein!«, rief Hummel eindringlich. »Jetzt hör dir doch erst mal die Geschichte von der Erpressung an.«

Er berichtete in aller Ausführlichkeit von Carolins Besuch, von dem Brief mit dem Foto, von seiner nächtlichen Übelkeit und von den Spekulationen um einen Virus oder gar eine Vergiftung, natürlich von Narben-Dietrichs Tod, sogar von der Gruppentherapie und der gemeinsamen Raupe, die sie hatten machen müssen.

»Also das mit dem Todesfall hättest du mir wirklich schon bei deinem Anruf heute Vormittag sagen können, Hubertus.«

»Die wissen ja noch nicht mal die genaue Todesursache.« Als wäre das ein Hindernis für einen knackigen Artikel, dachte Riesle. Er machte sich – berufliche Gewohnheit – ausführlich Notizen, was Hubertus missbilligend zur Kenntnis nahm. Er kannte seinen Freund.

»Klaus, wenn du was über die Erpressung schreibst, sind wir geschiedene Leute. Wer weiß, was diese Typen mir sonst antun?« Er packte ihn noch fester am Arm. »Versprichst du mir das?«

Riesle schrieb munter weiter, fixierte dann aber Hummels Blick: »Ich verspreche dir, dass ich nichts über die Erpressung schreibe. Und ich bin auch der Meinung, du solltest damit nicht zur Polizei gehen.«

»Schwör's!«

Riesle schwor – sogar ohne die gekreuzten Finger. »Aber über den hier umgehenden Virus oder die Vergiftung mit Todesfolge darf ich ja wohl was schreiben.«

Riesle überlegte und reservierte für sich in Gedanken schon einen Zweispalter in der aktuellen Ausgabe. Immerhin etwas. Aber nun galt es herauszufinden, wo Thomsen steckte – und was hier wirklich los war.

»Komm schon, Hubertus«, sagte der Journalist aufgeregt. »Wir suchen meinen neuen Nachbarn.« Er berichtete von Thomsens Einzug, worauf Hubertus zum ersten Mal seit Wochen so richtig grinsen musste.

Gerade machte sich Hummel mühsam auf, seinem Freund – wohin auch immer – zu folgen, als ein weiterer Mann von draußen an die Pforte gestürmt kam. Er trug Wanderstiefel, eine Kniebundhose, ein rot-weiß kariertes Hemd und eine dunkelgrüne Strickjacke. Auf dem Kopf hatte er einen grauen Filzhut – Marke Wanderführer Schwarzwaldverein. Es fehlten nur die emaillierten Abzeichen der bereits abgewanderten Stationen.

»Na, prima«, freute sich Riesle. »Kommissar Winterhalter.« Auch der war zweifelsohne schon aus dem Feierabend geholt worden. Offenbar von einem längeren Spaziergang. Oder von irgendwelchen Tätigkeiten auf seinem Bauernhof nahe des Linacher Stausees, den er als Nebenerwerbslandwirt betrieb.

»Was macht denn der jetzt?«, fragte Hummel, der eigentlich lieber mit Riesle beratschlagt hätte, wie er denn bei der Erpressung am besten vorgehen sollte. Die Dame an der Pforte telefonierte gerade, nachdem Winterhalter eine Weile auf sie eingeredet hatte.

Zwei Minuten später hatten Hummel und Riesle eine Antwort auf ihre Frage.

»Er trifft sich mit …«, begann Riesle und starrte Winterhalter an, auf den ein Mann in einem unmodisch aussehenden Anzug zueilte, der vor dem Gesicht einen Mundschutz trug.

»Michael Jackson«, ergänzte Hummel mit einem Blick auf den Maskierten und seine weißen Schutzhandschuhe.

»Quatsch – Thomsen natürlich«, sagte Riesle und kicherte über den Aufzug des phobiebehafteten Hauptkommissars. »Thomsen in einer Klinik, in der möglicherweise ein Magen-Darm-Virus umgeht! Einfach köstlich.«

Da war Hauptkommissar Thomsen anderer Meinung.

In diese Klinik gerufen zu werden war für ihn der Gipfel des Unangenehmen. Hier tanzten die Keime offenbar Stehblues, und alles, was nicht bei drei in einem Schutzanzug steckte, hatte sich flugs infiziert. Er wusste: Keime hatten es auf ihn abgesehen. Warum auch immer.

»Des isch doch eher en Mage-Darm-Virus und kei Ebola, Herr Thomsen«, meinte Winterhalter mit Blick auf den Mundschutz des Hauptkommissars, der das sperrige Ding zum Reden immerhin unters Kinn geschoben hatte. »Die andere Besucher und d' Patiente laufe doch au ganz normal umenand! Vielleicht waret's jo au Salmonelle oder e Lebensmittelvergiftung.«

Was »ganz normal« war, darüber schienen Thomsen und Winterhalter völlig unterschiedliche Auffassungen zu haben. Nicht mal zur Fasnachtszeit hätte Thomsen Kniebundhosen getragen – und so im Rahmen eines dienstlichen Auftrages aufzutauchen war schon gar nicht akzeptabel. Da ging es ja durchaus auch um die Autorität der Polizei.

Doch er schluckte seinen Ärger hinunter und brachte Winterhalter widerstrebend auf den aktuellen Stand.

Sechsundzwanzig Patienten der Tannenklinik hatten in den vergangenen vierundzwanzig Stunden über Magen-Darm-Beschwerden unterschiedlicher Stärke geklagt. Von einer leichten Übelkeit bis hin zu massiven Problemen reichte das Spektrum. Fünf Patienten hatten sogar ins Zentralklinikum Villingen-Schwenningen eingeliefert und dort behandelt werden müssen. Ein Mann war noch in der Nacht in der Rehaklinik Königsfeld verstorben. Thomsen zog seinen Notizblock aus der Brusttasche des Anzugs und las ab: »Die potenziellen Ursachen reichen von Norovirus bis zu Staphylokokken-Toxin.«

»Was?«, hakte Winterhalter nach, nahm seinen Filzhut ab und kratzte sich die verschwitzt-verwuschelten Haare, was beim Kollegen prompt einen starken Juckreiz hervorrief.

»Lebensmittelvergiftung«, erklärte Thomsen. »Die Klinik hat allen Patienten Blut abgenommen und etliche Tests veranlasst. Da es gewisse Symptome bei den Patienten gab, die auf eine Vergiftung hindeuteten und gestern Pilzsuppe auf dem Speiseplan stand, wurde in einem Speziallabor ein toxikologischer Schnelltest anhand von Urinproben veranlasst. Und gerade eben habe ich das Ergebnis telefonisch übermittelt bekommen.«

Thomsen blickte abwechselnd auf den Notizblock und auf seinen Kollegen.

»Amanitin«, las Thomsen langsam ab und machte eine Kunstpause. Doch Winterhalter verdarb ihm die Spannung.

»Pilzgift«, sagte der Schwarzwälder Kriminalbeamte so selbstverständlich, als ginge es um die Zubereitung von »Brägele« – den heimischen Bratkartoffeln.

»Woher wissen Sie denn das jetzt?« Thomsen war baff.

»Mei Frau isch e leidenschaftliche Pilzsammlerin. Und Amanitin isch en gefährliche Giftstoff, der in de Knolleblätterpilz drin isch.«

»Hm … ja«, bestätigte Thomsen widerwillig. Er würde sich rasch in die Thematik einlesen müssen, um sich nicht die Butter vom Brot nehmen zu lassen. Und um sich keine Blöße zu geben, fuhr er schnell mit dem Lagebericht fort: Einer der Patienten, Dietrich Reinstetter, sei noch in der Nacht verstorben. Aufgrund der Häufung von Krankheitsfällen habe der Arzt im Totenschein »unklare Todesursache« angekreuzt. Daraufhin sei bereits am frühen Vormittag der KvD, der Kommissar vom Dienst, benachrichtigt worden. Der Kriminaltechniker Bartlewski habe vor Ort eine Leichenschau durchgeführt und über die Staatsanwaltschaft eine Obduktion des Toten beantragt – und zwar aufgrund der atypischen Leichenerscheinungen wie der rötlich-violetten Hautfärbung. Dies deute auf Vergiftungserscheinungen hin. Mit dem Ergebnis sei in frühestens zwei bis drei Tagen zu rechnen.

»Noch ist völlig unklar, ob es sich um eine fahrlässige Vergiftung …«, setzte Thomsen an, wurde jedoch von seinem Kollegen unterbrochen.

»Meischtens scho. Die Leut sin so leichtsinnig beim Pilzsammle.«

»Wir wissen noch nicht einmal, ob hier überhaupt jemand Pilze gesammelt hat«, konterte Thomsen, dessen Mundschutz nun am Kinn hing und beim Reden ständig auf und ab wippte.

Winterhalter starrte den Mundschutz an. »Chef, wenn Sie scho wisse, dass hier e Pilzvergiftung vorliegt, wieso trage Sie dann eigentlich no en Mundschutz?«

»In den Kliniken sterben die meisten Menschen. Mangelnde Hygiene, Infektionen, Sie verstehen.«

Winterhalter schmunzelte.

Thomsen erklärte das weitere Vorgehen. Er selbst werde sich mit dem Chefarzt unterhalten, dem der Anblick eines Polizisten in Kniebundhosen ohnehin nicht zuzumuten sei. Dafür solle Winterhalter den Privatassistenten Dr. Hilbert vernehmen, der den Totenschein ausgestellt habe. Und so, fügte Thomsen dünkelhaft hinzu, sei auch die Hierarchie eingehalten: Der Chef kontaktiere den Chefarzt und der Assistent dessen Assistenten.

»Guet, Chef«, sagte Winterhalter. Er trug Thomsens Bemerkung mit Fassung, obwohl er sich nicht als wirklicher Untergebener sah. Thomsen war zweifelsohne ein guter Kriminalist. Wenn er aber gerade wieder einmal Egomigräne hatte, war es besser, zu schweigen und seine eigenen Untersuchungen anzustellen. Bei denen glänzte Winterhalter auch deshalb, weil er als Schwarzwälder tief in der Gegend verwurzelt war und im Gegensatz zu seinem norddeutschen Kollegen die Mentalität der Leute verinnerlicht hatte.

Thomsen zog seinen Mundschutz wieder hoch, winkte seinem Adlatus, ihm zu folgen – doch in diesem Moment fiel sein Blick auf Hummel und Riesle, die im Verlauf der letzten Sekunden immer näher gekommen waren, um unauffällig mitzuhören.

Das Mithören war nicht gelungen – dafür hatten sie dem Kommissar mit ihrem Erscheinen aber eine ganz besondere Freude gemacht, wenn sie seine entgleisten Gesichtszüge hinter dem Mundschutz richtig deuteten.

71

»Hallo, Nachbar«, sagte Riesle dann auch noch keck.

Thomsen kochte. War dieser unsägliche Schnüffler ihm doch noch gefolgt!

»Wieso denn Nachbar?« Winterhalter kannte die Geschichte noch nicht – aber Thomsen verspürte keinerlei Lust, sie ihm zu erzählen. Stattdessen blaffte er die beiden an: »Herr Riesle, Sie verschwinden – es gibt hier nichts zu schnüffeln.« Dann zeigte er mit dem Handschuh auf Hummel. »Und das gilt genauso für Sie.«

Gleichzeitig echauffierte sich Thomsen gedanklich über die Art und Weise, in der die Menschen heutzutage herumliefen. An Riesles immergleiche, offenbar ungewaschene Jeanshose und -jacke hatte er sich ja schon fast gewöhnen müssen. Jetzt dieser Winterhalter als Wandervogel verkleidet – und dann auch noch der dicke Lehrer, der im Trainingsanzug umherstromerte …

Hummel konterte: »Herr Kommissar, Sie werden's nicht glauben, aber ich wohne derzeit hier.« Ganz wohl war ihm dabei nicht. Noch immer empfand er den Aufenthalt in der Tannenklinik als Makel, als Angriff auf seine Männlichkeit. Die Therapeuten mühten sich schon seit mehreren Tagen, Hummel diesbezüglich zu flexibilisieren.

Während Thomsen von einer Schwester zum Chefarzt begleitet wurde, erkundigte sich Winterhalter nach Dr. Hilbert.

»Ich bringe Sie hin«, bot Hummel an.

Riesle folgte im Schlepptau, was Thomsen im Vorbeigehen missbilligend zur Kenntnis nahm. »Kein Wort zu diesen beiden …«

»Nervensägen«, ergänzte Riesle grinsend, der es kaum erwarten konnte, Material für seinen Artikel zu bekommen.

»Herr Kriminalhauptkommissar«, sagte Professor Krieg. »Bei den meisten infektiösen Gastroenteritiden erfolgt die

Übertragung durch fäkal-orale Schmierinfektion. Ein Mundschutz scheint uns aber zum jetzigen Zeitpunkt nicht vonnöten.«

Fäkal-orale Schmierinfektion? Was für ein abstoßender Begriff! Allein durch die Nennung hatten sich sicherlich schon sieben Pickel bei ihm gebildet, fürchtete Thomsen. Nach dem Besuch in dieser Klinik würde er heute Nacht wieder lange duschen müssen. Schlimmerweise hatte er in die Dusche seiner neuen Wohnung noch nicht das nötige Grundvertrauen. Nur dann konnte er sich erholen, konnte Entspannung finden, auftanken, logische Gedanken fassen. Doch erst einmal musste er möglichst schnell aus diesem Seuchenherd Klinik heraus.

»Weshalb war der Tote überhaupt hier?«, wollte Thomsen wissen.

»Herr Reinstetter hatte ein irreversibles Lungenemphysem vom Typ Pink Puffer«, klärte Professor Krieg sein Gegenüber auf, das mit den Erläuterungen jedoch nichts anzufangen wusste. »Er war diesbezüglich leider austherapiert und befand sich in einer Art psychosomatischer Anschlussheilbehandlung.«

Sie waren schon ein groteskes Gesprächspaar: der Chefarzt, der sich bemühte, die Klinik im besten Licht dastehen zu lassen, und von oben herab mit dem Kriminalbeamten redete, der wiederum nichts von dem medizinischen Kauderwelsch verstand, aber gleichzeitig so tat, als habe er die Macht, mit einem Fingerschnippen eine Hundertschaft von Beamten loszuschicken, die die Klinik auf den Kopf stellten.

Aber handelte es sich überhaupt um einen Kriminalfall?

Dietrich Reinstetter war aufgrund seiner Konstitution sehr geschwächt gewesen, erklärte Krieg. Möglicherweise war ihm dies zum Verhängnis geworden. So etwas könne man aber auch in der vorbildlichsten Klinik nie ausschließen. Die Tannenklinik, und darauf wies er mehrfach hin,

73

habe einen untadeligen Ruf, beschäftige Spitzenkräfte und sei allseits anerkannt. Zudem sei sie »zertifiziert nach KTQ«.

Thomsen zog wieder seinen Zettel aus der Tasche und unterbrach den Vortrag des Chefarztes: »Amanitin. Laut toxikologischem Befund nach dem Schnelltest sind Ihre Patienten vergiftet worden. Mit Pilzen ...«

Thomsen besaß die Fähigkeit, wichtige Informationen leichthin, sachlich, fast beiläufig zu erwähnen, dabei aber dem Gegenüber das Gefühl zu geben, als sei er damit schon verdächtig.

Krieg blickte Thomsen aufmerksam an. Längst hatte er gemerkt, dass der Kommissar keine Ahnung von Medizin hatte. Lediglich mit den Möglichkeiten, irgendwo Keime zu erhaschen, hatte sich der Beamte offenbar beschäftigt. So leicht konnte Thomsen ihn nicht überrumpeln.

»So, so, Amanitin. Also doch eine Pilzvergiftung – wie ich heute Morgen gegenüber Ihren Kollegen schon vermutet hatte. Wie gut, dass Sie meinem Rat gefolgt sind und den Schnelltest bei den Patienten veranlasst haben. Und wie gut, dass Sie mir das Ergebnis gleich mitgeteilt haben. Ich werde alles Nötige für die weitere Behandlung der vergifteten Patienten in die Wege leiten.« Professor Krieg blieb völlig souverän. »Sie können Ihren Mundschutz also getrost ablegen.«

Thomsen ignorierte die Bemerkung. »Können Sie sich die Pilzvergiftung erklären?«

»Als die Beschwerden der Patienten in der vergangenen Nacht begannen, hätte theoretisch auch ein Virus oder verdorbenes Essen der Urheber sein können. Im Lauf des Vormittags wurde mir nach einer erneuten Patientenbefragung klar, dass fast alle am Mittag des Vortags Pilzsuppe gegessen hatten. Das hat mich zutiefst alarmiert.«

Thomsen beobachtete die Züge des Chefarztes. Er hatte die unangenehme Situation ganz gut im Griff.

»Theoretisch hätten die Pilze aber auch verdorben und nicht vergiftet sein können?«, hakte er nach.

»Nein, definitiv nicht. Wären die Pilze in der Suppe verdorben gewesen, dann hätten die Beschwerden schon zwei bis drei Stunden nach der Mahlzeit eingesetzt. Die Tatsache, dass diese erst nach etwa zwölf bis achtzehn Stunden Latenzzeit aufgetreten sind, ist ein Hinweis darauf, dass die Pilze giftig gewesen sein müssen.«

Eine kompetente Auskunft – Thomsen war zufrieden. Doch die entscheidende Frage war eine andere: »Giftpilze in *Ihrem* Klinikessen? Wie erklären Sie sich das?«

»Herr Kriminalhauptkommissar, ich bitte Sie dringend, das herauszufinden. Ich werde dafür Sorge tragen, dass Ihnen alle Angestellten in der Küche Rede und Antwort stehen.«

»Vielen Dank. Wäre es aus Ihrer Sicht denkbar, dass die Vergiftung unabsichtlich erfolgt sein könnte?«

»Das kann ich natürlich nicht ausschließen«, meinte der Chefarzt. »Allerdings ist unser Küchenpersonal hervorragend und ausgesprochen kompetent.«

»Und falls die Vergiftung kein Versehen war: Könnten Sie sich vorstellen, dass jemand Ihrer Klinik schaden will?«

Der Chefarzt stutzte. »Herr Kriminalhauptkommissar: Wir verfügen über …«

»… einen ausgezeichneten Ruf, ich weiß«, sagte Thomsen sanft.

»Natürlich gibt es eine große Konkurrenz zwischen den Kurkliniken«, meinte Professor Krieg. »Aber niemals …«

Thomsen musterte ihn aufmerksam und fragte: »Gewissermaßen ein Hauen und Stechen um Patienten?«

Der Chefarzt hob abwehrend die Hände. »Herr Kriminalhauptkommissar, schon vom Ethos her wäre es völlig undenkbar, dass jemand uns …«

»… sabotiert?«, hakte Thomsen nach.

» Völlig undenkbar, Herr Kriminalhauptkommissar.«

Jetzt war Thomsen auch klar, weshalb Krieg ihn stets mit »Herr Kriminalhauptkommissar« ansprach. Er wollte, dass der Kommissar sich ebenfalls mit vollem Titel an ihn wandte. Aber da konnte Prof. Dr. Dr. Krieg lange warten. Es gehörte zu seiner Auffassung von Kriminalpsychologie, solchen Leuten das Gefühl zu geben, dass sie keineswegs unantastbar sind.

13. WÜRSTCHEN MIT REIZMAGEN

Dr. Hilbert saß ein Zimmer weiter und fühlte sich irgendwie unwohl, was er mit einer gewissen Diensteifrigkeit kaschierte. Mit seiner leicht singenden Stimme gab er in einer reichlich gedrechselten Sprache Auskunft. Seine Art, die Hilbert sich bestimmt von seinem Chef abgeschaut hatte, nervte den bodenständigen Winterhalter, der es lieber direkt hatte.

Hilberts Zimmer war eine größere Besenkammer, die zweckmäßig eingerichtet war. Auch hier hingen die Dissertations- und die Approbationsurkunde an der Wand, jedoch keine weiteren Preise. Dafür wäre auch kein Platz gewesen. Der wird's mit seiner unterwürfigen Art noch zu was bringen, dachte Winterhalter. Leider. Und dann: Ich würde den Typen gern mal vier Wochen bei mir als Stallknecht arbeiten lassen.

Weicher Händedruck, keine Schwielen an den Fingern. Mediziner – in seiner Kindheit waren das noch Halbgötter in Weiß gewesen. Heute waren es schwächliche Würstchen mit Reizmagen, die sich ausbeuten ließen, um einem »Herrnprofessor« zu gefallen. Der antiakademische Reflex in Winterhalter brach sich allmählich Bahn. Er kämpfte gegen die Versuchung an, diesem Weichling, der zudem vom Äußeren des

Kommissars deutlich irritiert schien, einen Schrecken einzu-
jagen.

»So wie des toxikologische Labor des sieht, sin Ihre Patiente vergiftet worde?«

Hilbert überlegte gut, rückte sich die Brille zurecht und
sagte dann, dass er dem »Herrnprofessor« sowie der Obduktion des toten Patienten nicht vorgreifen wolle, er aber von
Anfang an in Betracht gezogen habe, dass der Zustand von
Herrn Reinstetter ebenso wie der der übrigen Patienten theoretisch von einer Vergiftung hätte herrühren können. Immerhin seien ja ähnliche Krankheitssymptome fast zeitgleich
aufgetreten.

»Sechsundzwanzig Fälle. Vermutlich wird sich's do jo um
en Versehe handle. Do wird en mögliche Täter nit jedem
Einzelne was Böses wolle, wenn die Fälle z'samme g'höre.
Haltet Sie's für möglich, dass jemand die Klinik schädige
möcht?«

In Hilberts weichem Gesicht sah Winterhalter ein einziges
Fragezeichen.

»I mein, Sie hän hier jo vorwiegend psychisch Kranke …«
Er tippte sich mehrfach an die Stirn. »Könnt des sei, dass
einer vu dene so unz'friede mit de Behandlung war, dass er
durchgeknallt isch und sich a de Klinik räche möcht?«

Hilbert wirkte entsetzt und guckte Hilfe suchend auf seine
Dissertationsurkunde. University of Missouri, Kansas City,
las Winterhalter, der seinem Blick gefolgt war. Sauber! Er
selbst war, abgesehen von einem Praktikum beim BKA in
Wiesbaden, kaum aus Südbaden herausgekommen.

Der Privatassistent erklärte Winterhalter sachte, dass hier
keinerlei potenzielle Gewalttäter oder Amokläufer behandelt
würden, sondern ganz normale Menschen »wie Sie und ich«.

Winterhalter musste innerlich schmunzeln. »Natürlich.
Aber es könnt doch sei, dass einer emol durchdreht …«

Hilbert räumte ein, dass man sicher nicht jeden Patienten

dauerhaft glücklich und zufrieden machen könne. Andererseits gäben hier alle ihr Bestes – und der »Herrprofessor« sei ja eine solche Kapazität …

In diesem Moment klingelte das Telefon. Hilbert sagte wieder zweimal »Ja, Herrprofessor«, dann »Alles klar, die Blutwerte also weiterhin regelmäßig kontrollieren« und wandte sich dann an Winterhalter.

»Der Herrprofessor hat veranlasst, dass wir engmaschige Blutkontrollen bei den vergifteten Patienten durchführen. Zwei weitere Fälle werden ins Zentralklinikum gebracht.«

»Guter Mann, der Herr Professor«, feixte Winterhalter.

Hilbert ignorierte seine Bemerkung. Stattdessen machte er einen Vorschlag: »Hat Herr Hummel Ihnen nicht den Weg gezeigt? Wartet der noch vor der Tür? Bei ihm müsste ich nämlich auch noch mal Blut abnehmen.«

Winterhalter ging vor die Tür und holte Hummel, der gerade seinen Freund um Rat in Sachen Erpressung gefragt hatte. Riesle hatte gemeint, er solle das alles nicht so ernst nehmen. Abgesehen davon stünde Hubertus' Beziehung zu Carolin offenbar unter keinem guten Stern.

Zur Blutabnahme wurde nur Hummel hereingelassen, Riesle musste leider draußen bleiben.

»Herr Hummel, Sie wisse ja vu der Sach mit dem Herrn Reinstetter«, meinte Winterhalter einleitend.

»Herr Reinstetter?«

»De Tote.«

Narben-Dietrich. Merkwürdig, dachte Hummel. Da lernt man jemanden kennen, der einem ganz sympathisch ist, findet ihn tragischerweise auf einer Totenbahre wieder – und kennt noch nicht einmal seinen richtigen Namen.

»Von der Pilzsuppe haben Sie ja nicht gegessen, Herr Hummel?«, vergewisserte sich Hilbert.

Hubertus schüttelte den Kopf. »Wieso? War die die Ursache?«

»Vermutlich.«

»Und warum ging's mir dann so schlecht?«

»Theoretisch wäre es möglich, dass Sie sich unabhängig von den anderen Patienten einen kleinen Magen-Darm-Infekt eingefangen haben«, meinte Hilbert. »Oder hätten Sie sonst einen Verdacht?«

Durchaus, dachte Hummel und erinnerte sich an seine Heißhungerattacke im Kurpark. Aber äußern werde ich diesen Verdacht nicht.

»Vermutlich brauchen wir Ihnen danach kein weiteres Blut mehr abzunehmen«, meinte Hilbert und zog Spritze und Ampullen aus einer Schublade. »Es piekt nur kurz«, sagte er dann mechanisch und stach zu.

»Au!«

»Keine Sorge, das ist nur der Schmerz«, erklärte Hilbert.

Was für eine unsinnige Bemerkung, dachte Hummel. Während Hilbert nach einer Vene stocherte, schwitzte Hubertus und erinnerte sich daran, dass ihm ein früherer Arzt seine schlechten Venen vorgeworfen hatte. Er habe »zu dicke Arme«. Mittlerweile wahrscheinlich mehr denn je …

Schließlich wurde Hilbert fündig, und Hummel atmete tief durch.

Er überlegte, ob er Winterhalter draußen von der Erpressung erzählen und um Rat fragen sollte. Eigentlich glaubte er, ein ganz gutes Verhältnis zu dem Kriminalbeamten zu haben. So rein privat. Er schätzte dessen bodenständige Art. Fand es sympathisch, dass Winterhalter trotz seines stressigen Berufs nebenher noch den elterlichen Hof weiterbewirtschaftete. Wo käme man da hin, wenn es die Milch nur noch aus Dänemark, den Käse nur noch aus Holland und das Fleisch nur noch aus Spanien gäbe?

Riesle klopfte gegen die Tür und trat ein. »Seit wann wird denn eigentlich bei so etwas die Kriminalpolizei alarmiert?«, fragte er.

Winterhalter schickte ihn nach draußen. »Wartet Sie bitte. Des isch kei Pressekonferenz.« Er respektierte Riesle, aber regelmäßig musste man ihm die Grenzen aufzeigen.

Nachdem dieser wieder draußen und die Tür geschlossen war, gab's die Erklärung – allerdings nur für Hummel: »Mir sin in de Klinik, weil die Todesursach unklar isch. Un weil mir untersuche, wie's zu de Pilzvergiftunge kumme isch.«

»Das interessiert mich auch«, meinte Hummel. »Und zwar brennend. Was ist, wenn es die nächste Nacht wieder losgeht?«

»Machen Sie sich keine Sorgen«, sagte Hilbert. »Bei Ihnen besteht sicher keine Gefahr.«

Möglicherweise erhielten Medizinstudenten zu ihrer Approbation einen Setzkasten, in dem sich eine Sammlung von Platitüden befand – von »Es tut gar nicht weh« oder »Machen Sie sich keine Sorgen« bis zu »Treiben Sie mehr Sport«. Hilberts Wortschatz schien kaum über diese Platitüden hinauszugehen.

»Wieso habet Sie eigentlich kei Pilzsupp gegesse?«, fragte Winterhalter.

»Wegen der Kalorien«, grummelte Hummel.

»Diät?« Winterhalter grinste.

Hummel schaute griesgrämig drein, was den Kommissar noch mehr amüsierte. Der hatte das mit den Diäten vor vielen Jahren aufgegeben. Herzhaftes Essen war auf dem Winterhalter-Hof ein Muss. Dafür waren die Lebensmittel auch aus erster Hand. Keine Chemie und keine Zusatzstoffe, wie er stets betonte. Den Schinken und andere Produkte vom Hof verkaufte er sogar unter der Hand in der Polizeidirektion.

»Vierzehnhundert Kalorien pro Tag«, klärte Hummel ihn auf, worauf Winterhalter mitleidig guckte.

»Ha, Sie sin doch en stattliche Mann. Vierzehnhundert Kalorie – des isch jo fascht e Verbreche.«

Hilbert, der sich nun in Erklärungsnot fühlte, setzte zu einem medizinischen Vortrag an, den jedoch keiner der beiden anderen hören wollte.

»Herr Hummel: Und was hän Sie zu sich g'nomme?«

»Vorwiegend Karotten.«

»Gelbe Rübe?«

»Gelbe Rüben«, bestätigte Hummel nickend. So wurde das Gemüse genannt – und nicht anders.

Ehe die beiden weitere unangenehme Fragen zur Ernährung stellen konnten, klopfte es an der Tür. Hummel war erleichtert: Wenn das mit der Fressattacke herausgekommen wäre, würden sie ihn wohl auch noch wegen Essstörungen therapieren ...

Klaus Riesle streckte den Kopf durch den Türspalt. »Tschuldigung«, sagte er. »Aber ich sollte allmählich wirklich wissen, was hier los ist. Mir rennt die Zeit weg.«

Winterhalter grinste schon wieder. »Mir lese in letzschter Zeit so wenig vu Ihne, Herr Riesle. Hän Sie nimmer so de direkte Draht zur Polizei?«

Natürlich wusste auch er von dem Funkabhörgerät, das Riesle hatte abgeben müssen. Dessen Augen funkelten ihn böse an.

»Von Herrn Thomsen erfahre ich ja eh nichts. Helfen wenigstens *Sie* mir. Es geht um meinen Job.«

Winterhalter hatte durchaus Verständnis dafür, wollte es sich aber auf keinen Fall mit Thomsen verscherzen.

»Sie könne schreibe, dass in einer Klinik in Königsfeld – bitte nit de Name nenne – mehrere Mensche Mage-Darm-Probleme hatte und einer g'schtorbe isch. Was die genaue Hintergründe sin, prüfet mir vu de Kripo.«

Riesle war nicht zufrieden. »Wie hieß der Tote?«, wollte er wissen. Den Spitznamen »Narben-Dietrich« hatte er von Hummel erfahren, aber das konnte man ja schlecht schreiben.

Weitere Auskünfte gab es indes nicht – außer, dass die Kripo »routinemäßig« der Sache nachgehe.

»Mehr als e kleine Meldung isch des nit, Herr Riesle«, stapelte Winterhalter tief.

Ein unbefriedigendes Rechercheergebnis, aber immerhin eine Exklusivgeschichte, wenn sich Riesle nicht irrte. Er würde mit seiner Digitalkamera noch ein Außenfoto machen – und natürlich würde er die Klinik beim Namen nennen.

Zwei Stunden später hatte sich der Verdacht der Ärzte weiter erhärtet: Die Blutwerte der vergifteten Patienten zeigten alle deutlich erhöhte Leberwerte. Hummels Werte hingegen gaben Hinweise darauf, dass er wohl wieder vollständig genesen war.

Eigentlich hätte Thomsen, der sich in der Klinik ja so unwohl fühlte, jetzt guten Gewissens gehen können. Selbst wenn Pilze für den Tod des Patienten verantwortlich sein sollten: Dann hatte man in der Küche eben gepfuscht. Das hier war unter seinem ermittlerischen Niveau: Ein richtiger Mord sah doch wohl anders aus!

Doch sein normalerweise untrüglicher Instinkt meldete sich. Seufzend gab er diesem nach und forderte eine Auflistung, der zu entnehmen war, ob wirklich sämtliche Erkrankte ein Pilzgericht gegessen hatten. Der Kommissar musste sich jedoch in Geduld üben. Es war schon nach halb elf abends und das Küchenpersonal längst zu Hause.

Thomsen dachte nach. Dietrich Reinstetter war als Einziger an der Pilzsuppe gestorben. Bei den anderen Patienten bestand keine Lebensgefahr. Also gab es nur zwei Möglichkeiten: Entweder hatte Reinstetter gleich mehrere Portionen zu sich genommen, oder sein gesundheitlicher Zustand war so schwach gewesen, dass schon die Normalportion zum Tod geführt hatte. Außerdem hatte Reinstetter offenbar lediglich die Hälfte beispielsweise von diesem Hummel gewogen.

Schließlich beschloss Thomsen, es für heute gut sein zu lassen: Er benötigte Ruhe – und eine weitgehend keimfreie Umgebung, nachdem er erfolglos die Küche auf der Suche nach Pilzresten durchstöbert hatte. Aber er würde wiederkommen. Er – und sein Mundschutz.

Als er von der Tannenklinik wegfuhr, sah er Klaus Riesle auf dem Parkplatz stehen und telefonieren.

»Wieso rufen Sie eigentlich immer so spät an?«, fragte der Chef vom Dienst, der nach vierundzwanzig Berufsjahren vor allem seinen Feierabend im Blick hatte und keinerlei Veranlassung sah, die aktuelle Ausgabe noch einmal umzuwerfen.

Riesle, der gerade noch ein Gespräch mit Hummel geführt hatte, empfand den CvD als zutiefst undankbar. Erstens hatte er schon ewig keine spätabendliche Exklusivgeschichte mehr durchgegeben, und zweitens ging es hier nicht um die Wiederwahl des dritten Vorsitzenden im Freundeskreis des FC 08 Villingen, sondern um eine Geschichte, die ganz Baden-Württemberg interessierte.

»Also gut«, stöhnte der Chef vom Dienst schließlich. »Fünfzig Zeilen und das verdammte Bild – aber nur im Lokalteil.«

Riesle protestierte heftig und schlug den Diensthabenden schließlich breit, wenigstens eine zusätzliche Meldung auf der »Landesumschau« zu platzieren.

14. DER AUFMACHER

Selten hatte Hummel so gut geschlafen. Sein Körper hatte ihm die Ruhe gedankt und sich die Nacht über vorbildlich verhalten. Nach dem obligatorischen Wecken durch Svetlana war er wieder ans Fenster gegangen, hatte die Schwarzwaldluft tief eingeatmet, das Tannenwäldchen angeschaut, dem die Klinik wohl den Namen verdankte, und sich wirklich einigermaßen wohlgefühlt. Die mittlerweile völlig vergammelte Karotte auf dem Nachttisch wurde entsorgt. Sein Blick fiel auf den Erpresserbrief, der mitsamt dem Foto noch auf dem Nachttisch lag, und Hummel verstaute ihn in seiner Reisetasche.

Auch sein Hunger meldete sich zurück. Zum Frühstück würde es allerdings wieder das übliche Eintönige geben. Immerhin fühlte man sich nach dessen Verzehr besser als nach Chips und Co.

Hummel zog es das Herz zusammen, als er an den Tisch trat: Ohne Narben-Dietrich würden die Essen noch eintöniger sein, befürchtete er.

Doch da hatte er sich getäuscht.

»Do würd der Bilz in der Pfanne verrückt«, begrüßte ihn der Sachse und reichte ihm die aktuelle Ausgabe des Schwarzwälder Kurier, die allmorgendlich im Foyer auslag.

Riesle hatte ganze Arbeit geleistet. Na ja – bis auf die Erpressungsgeschichte, die hatte er wenigstens weggelassen. Ansonsten war er aber in seinem Aufmacher so in die Vollen gegangen, dass Hubertus in jeder Zeile merkte: Sein Freund stand wirklich unter einem immensen Druck, eine Sensationsgeschichte liefern zu müssen.

»Pilzsuppe des Todes – Patient stirbt in Schwarzwald-Klinik«, lautete die Überschrift.

Normalerweise hätte er von Klaus jetzt ein kleines Informationshonorar einfordern können, dachte sich Hummel. Man konnte es aber auch unter Freundschaftsdienst verbuchen, damit Riesles Karriere mal wieder etwas an Fahrt aufnahm. Die Hauptsache war doch, dass sein Freund ihn aus dem Spiel gelassen hatte. Und zwar völlig.

Hummel überflog noch einmal den Text. Er wollte sich gar nicht an den einzelnen Zeilen festklammern, hoffte nur inständig, dass er nicht doch noch irgendwo erwähnt war. 25 Verletzte ... Chaos in der Tannenklinik ... Verlegungen ins Zentralklinikum ... Polizei ermittelt auf Hochtouren ... Bis Redaktionsschluss keine weiteren Toten.

Bis Redaktionsschluss keine weiteren Toten? Riesle war wirklich ein Boulevardjournalist übelster Sorte. Dazu passte auch die Bildunterschrift, die das Wort »Todesklinik« enthielt.

Zu allem Überfluss gab es auch noch einen Kommentar »von unserem Redaktionsmitglied Klaus Riesle« – inklusive kleinem Porträtfoto des Journalisten. »Kranken Menschen krankes Essen zu servieren – das ist krank!«, lautete einer der Sätze darin. Riesle hatte sich also auf einen Fehler der Klinik als Todesursache eingeschossen. Doch hielt er sich eine Hintertür offen: »Oder war es gar Mord? Nicht auszuschließen! Der Kurier bleibt für Sie dran!«

»Hab isch Sie nisch gestern mit diesem Dypen spreschen sehn?«, fragte der Sachse misstrauisch. »Nu, do könn Se sisch ja uf Einisches gefasst mochn.«

Der Sachse war nicht der Einzige, der Hummel und Riesle zusammen gesehen hatte. Die Dame an der Pforte warf ihm ebenso giftige Blicke zu wie die Diätassistentin. Die Miene von Hilbert, der ihm ebenfalls über den Weg lief, vermochte Hummel nicht zu deuten. Diensteifrig traf es wohl am besten.

Er machte, dass er wieder auf sein Zimmer kam, und überlegte, ob er Riesle anrufen und ihn beschimpfen sollte. Doch das würde eh nichts bringen. Sich einigeln und die Tür zuschließen? Das war auf Dauer auch keine Lösung. Einfach abreisen? Hm, vielleicht. Schließlich ging es hier um seine Gesundheit – und der schien ein längerer Aufenthalt unter diesen Umständen nicht sehr zuträglich.

Hummel dachte intensiv nach und beschloss dann, systematisch zum Gegenangriff überzugehen.

Punkt 1: Er würde dem auf die Spur kommen, der ihn erpresste.

Punkt 2: Falls der Tod kein Unfall, sondern vorsätzlich herbeigeführt war, würde er das herausfinden – das war er Narben-Dietrich schuldig. Auch deshalb würde er erst mal in der Klinik bleiben.

Punkt 3: Er würde den ganzen grimmigen Klinikgesichtern sagen, dass er mit dieser Zeitungsgeschichte nichts zu tun hatte.

Punkt 4: Er würde Carolin und seine Tochter Martina anrufen, damit sie sich keine Sorgen machten. Sicher war ihnen dank Riesles journalistischer Meisterleistung das Frühstück im Halse stecken geblieben.

Punkt 5: Er würde das Mittagessen sicherheitshalber ausfallen lassen und sich irgendwo anders eindecken. Allerdings nicht mehr in diesem Supermarkt am Kurpark.

Hummels nächster Tagesordnungspunkt lautete EKG-überwachtes Ergometertraining – und zwar bei Dr. Auberle, den er bereits bei der Eingangsuntersuchung kennengelernt hatte.

Der nahm die ganze Sache vergleichsweise locker. »Bin jetzt seit achtzehn Jahren hier und seit siebenundzwanzig Jahren Arzt«, meinte er. »Da bleiben Ihnen nur zwei Möglichkeiten: Abstumpfen oder Burnout.« Ohnehin wundere es ihn, dass »der Fraß« – er zeigte durch den Fußboden nach unten, wo sich ungefähr die Küche befinden musste – »nicht schon früher jemanden das Leben gekostet hat«.

Hummel staunte. Meinte der das ernst?

Natürlich nicht. »Bin ein kleiner Scherzkeks«, sagte Auberle und lachte kehlig. »Geht nicht anders.« Einen Mord halte er im Übrigen für unwahrscheinlich, eine unabsichtliche Vergiftung für durchaus möglich. »Na ja – die Polizei wird schon noch die Küche auf den Kopf stellen. Schadet eh nichts.«

»Wissen Sie, wo die Pilze herkamen?«, fragte Hummel.

»Keine Ahnung, ich glaube, es gibt da irgendeinen Zulieferer.« Dann grinste er: »Vielleicht sollten wir die Pilze fortan lieber selbst sammeln. Wäre auch 'ne gute Abnehmmethode für Patienten wie Sie.«

Allzu sensibel durfte man bei Auberle wirklich nicht sein.

Der machte nun eine wegwerfende Handbewegung. »Ich esse schon seit Jahren nicht mehr hier. Es gibt im Ort 'nen guten Kebabstand.« Er lachte wieder rauchig. »Für Sie natürlich bis auf Weiteres nicht. Aber wenn Sie die neunzig Kilo geknackt haben, spendiere ich Ihnen einen Döner.«

Hummel verlangsamte seine EKG-Fahrt, schließlich wollte er nicht schon wieder einen Schwächeanfall erleiden. Fünfundzwanzig Kilo abnehmen? Das war ein harter, sehr langer Diätweg. Auberle machte auf ihn nicht den Eindruck, als könne er sich vorstellen, jemals für Hummels Kebab in die Tasche greifen zu müssen.

Vielleicht konnte er sich aber nun wegen dieser Erpressungsgeschichte an den Arzt heranpirschen. »Sagen Sie …« Er zögerte und trat erst noch ein bisschen weiter. »Es gibt doch hier auch Leute, die gelegentlich einen … Kurschatten haben.«

Mist – das ging jetzt in eine völlig falsche Richtung. Er sah Auberle nicht, weil er roten Kopfes über den Lenker gebeugt weiterfuhr, aber er konnte dessen Vergnügen an der Stimme hören.

»Tut mir Leid, Herr Hummel – da müssen Sie sich schon selbst eine suchen. Ich kann Ihnen da nichts vermitteln.« Auberle lachte rau. »Es sei denn, Sie bringen mir ein Rezept dafür.«

Ha, ha.

Hummel druckste herum. »Nein, es geht nicht um mich. Aber ... das kommt doch schon mal vor, oder?«

Ganz sicher, meinte Auberle. Für manche sei das der eigentliche Kern des Aufenthaltes hier. »Sie können übrigens aufhören. Noch einen Toten können wir jetzt nicht gebrauchen.«

Hubertus stieg dann erschöpft vom Rad. »Ist Ihnen in diesem Zusammenhang schon mal etwas von einer Erpressung bekannt geworden?«

»Erpressung?« Auberle nahm das EKG genauer unter die Lupe. »Passt so weit. Na ja, wir mussten ein bisschen früh abbrechen. Aber wir werden Sie schon noch fit kriegen.« Dann schaute er Hummel an. »Sie meinen, jemand wird erpresst, weil er einen Kurschatten hat?«

Hubertus nickte zögerlich. Hoffentlich erzählte dieser Auberle das nicht überall herum. Oder hätte das vielleicht Vorteile? Würde der Erpresser dann verunsichert? Und wie würde der dann reagieren? Ach, notfalls sollte er Elke ruhig das Foto mit Carolin zeigen, aber man konnte ja nicht wissen, wozu der Typ darüber hinaus noch fähig war, wenn er schon bei der Wahl des Erpressungsopfers und bei der Einschätzung des Erpressungspotenzials so danebenlag. Vielleicht waren solche Typen ja auch zum Vergiften von Speisen in der Lage ...

»Erpressung? Nein!«, beantwortete Auberle die Frage. »Wie kommen Sie denn darauf?«

»Nur so«, sagte Hummel lahm. Im Erfinden von Ausreden war er als Mann ohnehin nicht so versiert wie Frauen. Elke hatte ihm immer schon auf zehn Meter Entfernung angesehen, wenn irgendetwas nicht stimmte – selbst wenn sie parallel dazu meditierte.

Dass er ein schlechtes Gewissen hatte, wenn er wieder mal vergessen hatte, ihr neue Räucherstäbchen zu besorgen. Oder wenn er ihr glaubhaft versichert hatte, er halte sich nach wie vor daran, in den Fünf-Minuten-Pausen keine Schokoriegel zu sich zu nehmen. Selbst als sich das mit Carolin angebahnt hatte, hatte Elke noch vor ihm selbst über seine Gefühle Bescheid gewusst.

Und seine Tochter Martina ließ sich von ihm ebenso wenig vormachen wie Carolin.

»Nur so?«, echote der Arzt. »Klingt nicht überzeugend.«

Dringender Themenwechsel, dachte Hummel, und blieb die direkte Antwort schuldig. »Gibt es eigentlich Patienten, die einen größeren Groll gegen die Tannenklinik hegen?«, fragte er stattdessen. »Aktuelle – oder … ehemalige?«

»Guter Mann, Sie haben eine blühende Phantasie«, meinte Auberle.

»Oder ehemalige Angestellte«, spann Hummel den Faden weiter.

»Oder aktuelle Angestellte?«, schlug Auberle vor.

Hummel nickte vorsichtig.

»Um was geht es denn nun?«, fragte Auberle. »Erpressung? Giftanschlag? Mord? Nehme ich alles auf meine Kappe.«

Nichts gegen den schrägen Ärztehumor von Dr. Auberle, dachte Hubertus. Aber brauchbare Hinweise hatte er bislang nicht geliefert. Und die Behandlungszeit war schon fast zu Ende. Das Aquajogging wartete.

»Ich hatte mir nur überlegt«, meinte Hummel, »dass vielleicht irgendjemand den Ruf der Klinik ruinieren möchte.«

»Das schafft die Klinik schon von sich aus«, vermutete Auberle, wurde dann aber ernst. »Ich glaube nicht an einen Anschlag, doch unzufriedene Patienten gibt's genug. Ich habe erst vor zwei Wochen einen rausgeworfen – und das will in einer psychosomatischen Klinik schon einiges heißen. Hat dann Gift und Galle gespuckt. Er wollte uns alle verklagen – und die weiteren Drohungen erspare ich Ihren zarten Öhrchen mal.«

Das klang interessant. Allerdings wartete vor der Tür wohl schon der Nächste, der gleich aufs Fahrrad steigen musste.

»Sagen Sie mir den Namen dieses Patienten?«

Hummel gewann den Eindruck, dass Auberle nicht einfach nur ein Freak war. Mit seinen unorthodoxen Verhaltensweisen trachtete er wohl vor allem danach, sich vom Stil eines Professor Krieg abzusetzen. Die beiden waren vom Äußeren – schicker Schnauzbart gegen ungepflegten Zottelbart – wie vom Sprachstil und vom Humor (vermutlich hatte Krieg gar keinen) reichlich unterschiedlich.

»Schon mal was von ärztlicher Schweigepflicht gehört?«, konterte Auberle grinsend und meinte dann: »Was wollen Sie mit dem Namen machen? Den Mann erpressen?«

Auch weiteres Geplänkel brachte nichts. Dr. Auberle blieb hart.

15. DER MAÎTRE

Die Beamten, die am Vortag Thomsen gefolgt waren, hatten am frühen Morgen schon gute Arbeit geleistet und die Essensliste vom Personal organisiert, das natürlich spätestens nach Riesles Zeitungsartikel in helle Aufregung versetzt war. Von den sechsundzwanzig Patienten mit gesundheitlichen Problemen hatten fünfundzwanzig die Pilzcremesuppe gegessen. Der Fall Hummel ließ sich möglicherweise durch eine ganz normale Magen-Darm-Erkrankung erklären, wie sie öfter mal vorkam. Der anschließend verstorbene Dietrich Reinstetter hatte jedenfalls laut Plan Pilze zu sich genommen. Und zwar nur eine Portion.

Das rechtfertigte in jedem Fall, die Küche genauer unter die Lupe zu nehmen. Sie war von imposanter Größe, mit schwarzen und weißen Fliesen ausgelegt und bot unter anderem drei großen Spülen sowie drei riesigen Backöfen Platz. Knapp zehn Bedienstete wuselten durcheinander, denn gerade wurde das Mittagessen zubereitet. Auf den ersten Blick schien Anarchie zu herrschen, doch jeder wusste offenbar ganz genau, was er zu tun hatte. Die osteuropäischen Frauen mit den Haarnetzen, die beiden Köche mit ihren großen Mützen – und der Küchenchef, der sie antrieb und Kommandos bellte. Er hatte erkennbar schlechte Laune.

Pierre Altmann war recht jung, Elsässer und hielt sich ganz offenbar für einen zweiten Bocuse. Dass ein Mann mit seinem Gestus und seinen offensichtlichen Ambitionen in der Küche einer Kurklinik sein Talent verschwendete, musste schwer an ihm nagen, dachte Thomsen.

Im Gespräch mit Winterhalter und Thomsen zeigte sich Altmann jedenfalls reichlich erbost über die aufkommenden Qualitätszweifel an seinem Essen und über diesen »Schmierfinken vom Schwarzwälder Kurier«. Drohend schwang er den Kochlöffel: »Wenn isch den erwisch!«

Zur Auswahl standen laut heutigem Speiseplan Kabeljau mit Kartoffeln sowie Piccata Milanese und eine Gemüsepfanne. Für die Diätfraktion entfiel freilich die Piccata. Zu befürchten war ohnehin, dass nach Riesles Zeitungsbericht die Anzahl der Esser drastisch zurückgehen würde.

Thomsen klinkte sich nach drei Fragen aus, um die Vorratskammer mit behandschuhten Fingern nach Indizien zu durchsuchen. Heiß war es in dieser Küche. Und Schweiß fürchtete Thomsen fast genauso sehr wie Schmutz.

Winterhalter fand derweil eine kommunikative Ebene mit Altmann, indem sie sich über alte Schwarzwälder und Elsässer Rezepte austauschten. Der Küchenchef versicherte Winterhalter einigermaßen glaubhaft, die Pilze stammten von der Firma »Schwarzwaldfrisch – Pilze und mehr« aus Altglashütten im Südschwarzwald. Reste der Lieferung seien nicht mehr vorhanden.

»Leider, sonst würde isch die kompletten Pilz dem Chef dort in den Rachen stopfen«, grollte der Küchenchef. Beim Verarbeiten zur Pilzcremesuppe sei weder ihm noch den Mitarbeitern aufgefallen, dass Giftexemplare unter den angelieferten Pilzen gewesen sein könnten. Er werde Schadenersatz fordern, immerhin sei sein guter Ruf beschädigt worden – und der der gesamten Klinik.

»Vorgestern herrschte ja wohl die gleiche Hektik wie jetzt gerade. Hatten Sie da wirklich Zeit, die Pilze genau zu überprüfen?«, erkundigte sich Thomsen, der mittlerweile seinen kleinen Rundgang beendet hatte. Zwar hatten die Lagerräume seinen Hygieneanforderungen keineswegs entsprochen. Nahm man aber die laxen Durchschnittserwartungen des Wirtschaftskontrolldienstes zum Maßstab, musste man das wohl durchgehen lassen. Auf Pilzreste in der Küche war er wie schon am Vorabend nicht gestoßen.

»Wir sind ja keine Pilzexperten«, antwortete ein anderer Koch. Man müsse sich ja schließlich auf den Lieferanten verlassen können.

»Wer hat denn alles Zutritt zur Küche und zu der Speisekammer?«, fragte Thomsen.

Der Küchenchef zuckte mit den Schultern. »Dies ist kein Sperrgebiet.«

»Also jeder«, folgerte Thomsen.

»Ha, Chef, wenn en weiße Tiger reinkomme dät, würd mer des wohl scho merke'«, meinte Winterhalter.

»Tiger?«

Der Küchenchef, der sich übrigens »Maître« nennen ließ, betonte, es komme ganz darauf an, zu welcher Uhrzeit jemand hereinkomme. Zwischen zehn und zwölf Uhr, wenn das Mittagessen zubereitet werde, würde seiner Meinung nach vermutlich nicht einmal ein weißer Tiger auffallen. Zumal die Pilzsuppe in der hinteren Ecke der Küche zubereitet worden sei.

Und was die Speisekammer betreffe: Diese befinde sich auf der gegenüberliegenden Seite des Ganges, stehe also unter gar keiner Beobachtung.

»Und die Pilze waren zunächst in der Vorratskammer?«

Der Maître nickte grimmig. »Nach der Anlieferung etwa zwei Stunden, dann kamen sie in die Küche.«

Altmanns Laune sollte noch weiter in den Keller gehen. Er erlebte nämlich den vorläufigen Tiefpunkt seiner Karriere als Küchenchef der Tannenklinik. Zwei Drittel der Patienten verzichteten heute auf ihre Mittagsportion. Dafür verzeichneten die Cafés, Gasthöfe und der Kebabstand in Königsfeld beachtliche Umsätze.

16. DER EINDRINGLING

Riesle hatte für seine Geschichte in der Redaktionskonferenz reichlich Lob geerntet und versprochen, an der Sache dranzubleiben. Nach den ersten Protestanrufen aus Königsfeld relativierte sich allerdings das Lob, und noch später wurde Riesle zum Chef zitiert, weil der kaufmännische Direktor der Tannenklinik rechtliche Schritte gegen den Kurier angekündigt hatte. Daraufhin waren Chefredaktion und Verlagsleitung der erbosten Klinikspitze in gewohnter Manier entgegengekommen: Als Kompensation würde es in einer der nächsten Wochenendbeilagen eine ganzseitige und bildreiche Beschreibung der Tannenklinik geben, die nicht von Riesle, sondern von einem besonders anzeigenkundenfreundlichen Kollegen gestaltet werden würde. Außerdem wurde versprochen, in der etwaigen weiteren Berichterstattung über den Todesfall »mehr auf die Bedürfnisse der Klinik einzugehen«, wie sich der Chefredakteur ausgedrückt hatte. Ob Riesle dafür noch in Frage käme, ließ er offen.

Der hatte sich die Standpauke stoisch angehört und seine anfänglichen Proteste schnell aufgegeben. Es war ein immer wiederkehrendes Ritual, das jeder gute und investigative Journalist über sich ergehen lassen musste, dachte Riesle. Der ewige Kampf zwischen den Anzeigenkunden, die nur Positives über ihr Unternehmen lesen wollten, und der redaktionellen Wahrheit, die darauf keine Rücksicht nehmen konnte. Er würde dennoch an der Geschichte dranbleiben, auch wenn der Chef fortan Riesles Texte erst sehen wollte, ehe sie den Weg ins Blatt fanden.

Als Riesle gegen halb fünf nach Hause kam, war er mit sich im Reinen. Eigentlich hatte ihm das Gespräch mit dem Chefredakteur sogar geschmeichelt. Er war nun mal jemand, der sich nicht korrumpieren ließ. Und wie er den misslichen Umständen der letzten Wochen und Monate ohne Funkgerät getrotzt hatte – Chapeau, Riesle. Er hatte seinen Artikel und den Kommentar vorhin mehrfach durchgelesen und bei jedem Mal als noch besser eingestuft.

Gut, Hubertus hatte ihm am Telefon vorgeworfen, er könne sich jetzt wegen seines »unmöglichen Paniktextes« fast nicht mehr aus dem Zimmer trauen. Aber der alte Freund beruhigte sich – wie immer – recht schnell, als Riesle ihm grinsend erklärt hatte, doch immerhin auf die Erpressungsgeschichte verzichtet zu haben.

Morgen würde er wieder in der Klinik vorbeischauen, nahm sich Riesle vor. Am heutigen Tag wäre man über sein Auftauchen dort wohl zu erbost gewesen.

Er hatte für die nächste Ausgabe einen schönen Hintergrundartikel über Pilzvergiftungen angekündigt. Dank Google war er schon um einiges weitergekommen. Hummels Hinweis, dass Frau Winterhalter – die Gattin des Kommissars – eine ausgesprochene Pilzexpertin sei, hatte ihn auf eine gute Idee gebracht: Unter dem Vorwand, eine Geschichte über sie machen zu wollen, hatte er sie angerufen und für achtzehn Uhr einen Termin vereinbart. Das würde die Pilzstory abrunden. Natürlich war Frau Winterhalter nicht die einzige Pilzexpertin, aber durch sie würde er womöglich herausfinden, was es bei der Polizei in diesem Fall Neues gab. Vielleicht hatten Thomsen und Winterhalter ja sogar schon ein Obduktionsergebnis. Hummel sollte derweil in der Klinik die Ohren offen halten, was dieser widerstrebend zugesagt hatte. Hubertus machte sich viel zu viele Sorgen um diese dämliche Erpressungsgeschichte.

Der Kontakt zu Frau Winterhalter entband Riesle aber keineswegs von der Aufgabe, Thomsen im Auge zu behalten. Er würde seine elektronische Kompetenz bemühen müssen, denn er konnte ja nicht jeden Abend mit ein paar Alibiflaschen am Glascontainer stehen und warten, dass der Nachbar endlich zu seinem Wagen ging.

Einen Peilsender am Auto des Hauptkommissars würde er baldmöglichst anbringen. Was wäre allerdings, wenn Thomsen von seinen Kollegen zu einem Einsatz abgeholt würde?

Er brauchte eigentlich eine Art Alarmsystem, das es ihm ermöglichte, zu kontrollieren, wann Thomsen das Haus verließ. Eine Lichtschranke oder einen Bewegungsmelder im Hausflur? Das würde die Gartmann ziemlich sicher mitbekommen, und außerdem würden die Systeme auch bei den anderen Nachbarn Alarm auslösen.

Riesle beschloss, etwas in Thomsens Wohnungsflur einzubauen – ungefähr dort, wo zwei Nächte zuvor der Rotwein einen riesigen Fleck hinterlassen hatte. Der Journalist grinste. Die Vorstellung, in die Nachbarwohnung einzudringen, bereitete ihm fast schon diabolisches Vergnügen. Obwohl es sicher viel Ärger geben würde, wenn Thomsen Wind von seiner Aktion bekäme, würde er das Risiko eingehen und erst mal eine Besichtigung zwecks späterer Überwachungsinstallation vornehmen. Thomsens Auto hatte er draußen nicht gesehen, also war dieser bestimmt noch im Büro oder in der Tannenklinik.

Er öffnete seine eigene Wohnungstür einen Spaltbreit und spähte nach draußen. Er hatte Glück: Gerade ging Herr Gartmann in eines der oberen Stockwerke. Der Alte hatte die ganze Zeit über irgendwo was zu werkeln. Und solange er im Hause unterwegs war, hatte er die Wohnungstür stets nur angelehnt. Riesle schlich in die Hausmeisterwohnung. Er wusste, dass am Schlüsselbrett im Flur der Generalschlüssel hing. Allerdings galt es, vorsichtig zu sein: Er hörte die Gartmann in der Küche mit den Tellern klirren.

Auf leisen Sohlen setzte Riesle seinen Plan unbemerkt in die Tat um.

Die journalistische Beschäftigung mit Kriminalität führte irgendwann fast zwangsläufig dazu, dass man sich das ein oder andere aneignete – von der Fingerfertigkeit ebenso wie vom moralischen Relativismus her. Er schnappte sich also ohne übermäßig schlechtes Gewissen den Generalschlüssel und öffnete damit die Thomsen-Wohnung. Dann nahm er ein Taschentuch zur Hand, damit er an den Griffen keine Fingerabdrücke hinterließ. Die Tür schob er äußerst behutsam zu, damit auch nicht das geringste Geräusch ins Treppenhaus drang.

Vorsichtig schlich er durch die Wohnung und hielt Ausschau, ob nicht irgendwo doch ein putzender Thomsen lauerte. Möglicherweise übertrug sich die Paranoia des Mieters schon auf ihn.

Aber alles war menschenleer und porentief rein. Es lag ein unangenehmer, fast scharfer Geruch von Desinfektionsmitteln in der Luft.

Riesle zog seinen Meterstab heraus und machte sich daran abzumessen, wo die Installation eines Bewegungsmelders oder einer Lichtschranke infrage käme. Es musste irgendwo im Gang sein, in der Nähe der Tür. So wild, wie Thomsen seine Wohnung wienerte und saugte, würde sonst bei jedem Putzmanöver sofort der Alarm ausgelöst werden.

Riesle war sich auch schnell darüber im Klaren, dass er einen Bohrhammer benötigte. Denn die Überwachungsgerätschaften mussten irgendwo unauffällig in der Wand verschwinden. Logisch war auch, dass danach alles wieder in den vorherigen Zustand gebracht werden müsste. Selbst der Putz der Wand sollte genau die Struktur und den Anstrich wie zuvor haben. Andernfalls hätte Thomsen sofort Verdacht geschöpft.

Und wenn Riesle bei der Installation den Bohrhammer zum Einsatz brachte, war auch klar, dass die Gartmann nichts mitbekommen durfte. Schwerhörig war sie ja nicht. Und außerdem über jeden Handwerkertermin bestens informiert.

Er musste also einen Moment abpassen, in dem zumindest sie unterwegs war – am besten mit Ehemann. Donnerstagnachmittag unternahmen die Gartmanns ihren wöchentlichen Großeinkauf in Schwenningen. Für Riesle die Möglichkeit, den kreischenden Bohrhammer zum Einsatz zu bringen.

Auch wenn die Lichtschranke vermutlich zuverlässiger gewesen wäre – der Journalist entschloss sich zu einer weniger aufwendigen Installation. Ein kleiner Bewegungsmelder sollte in der Wand von Thomsens Wohnungsflur verschwinden – zwischen Kommode und Tür. Er entschied sich für ein PIR-Sensorsystem, das bei Wärmestrahlung auslöste. Es kam nur ein Funkmodul infrage, das die Verbindung zwischen dem Bewegungsmelder in Thomsens Wohnung und Riesles Schlafzimmer herstellte. Ein genialer Einfall, fand er.

Zufrieden wollte er schon die Wohnung verlassen, als er den Drang verspürte, zur Toilette zu gehen. Die Idee, ein sauberes WC zu benutzen, bereitete ihm in doppelter Hinsicht Vergnügen. Zum einen war es für Riesle ein wirklich seltener Vorzug, zumal die Redaktionstoilette in einem ähnlich beklagenswerten Zustand wie seine private war. Zum anderen dachte er daran, dass Thomsen bei dem Gedanken, Riesle könnte sein WC aufsuchen, wohl augenblicklich Hautausschlag bekommen würde.

Die reinliche Atmosphäre inspirierte ihn sogar dazu, sich die Hände zu waschen. Wann würde er schon mal so ein sauberes Waschbecken – frei von Schimmel- oder Kalkflecken – wieder antreffen?

Riesle begutachtete noch einmal die Toilettenschüssel, schloss den Deckel und berührte diesen dabei ganz vorsichtig mit dem mitgebrachten Taschentuch. Er hatte sich vorher alles genau eingeprägt.

Dann nahm er zwei Papiertücher aus dem Spender – der phobische Kommissar führte hier wohl keine Handtücher. Riesle trocknete sorgfältig die Wassertropfen im Waschbecken und stopfte die gebrauchten Tücher danach in seine Hosentasche, um auch ganz sicher jegliche Fingerabdrücke zu vermeiden. Der Journalist schmunzelte in sich hinein.

Er war gerade dabei, die eigene Wohnungstür aufzuschließen, als jemand ihn von hinten ansprach: »Dag, Herr Riesle. Hab g'hört, dass Sie ausziehe wollet.«

Es war Gartmann, der gerade die Treppe herunterkam.

Hatte der etwa gesehen, wie Riesle aus Thomsens Wohnung gekommen war?

»Ich bin noch am Überlegen. Im Moment fühle ich mich eigentlich wieder ganz wohl ... Und mit meinem neuen Nachbarn verstehe ich mich sehr gut.«

»Ha, des freut mich für Sie. Gute Nachbarschaft isch halt die halbe Miete.«

Er hob die Hand zum Gruß und nahm die Treppen zum unteren Stockwerk. Riesle schnaufte erleichtert durch, bis ihm einfiel, dass der Verlust des Schlüssels womöglich bald auffallen könnte.

»Moment mal!« Er lief hinter Gartmann her, plauderte mit ihm über den Sinn der Kehrwoche, kündigte an, diese »gleich morgen« nachzuholen, und verwies dann mit dem ältesten aller Betrügertricks auf einen Fleck an der Flurwand. Während Gartmann den angeblichen Fleck in Augenschein nahm, manövrierte Riesle den Schlüssel in den »Blauen Anton« des Hausmeisters. Geschafft!

Als Claas Thomsen nach Hause kam, merkte er sofort, dass etwas nicht stimmte. Ein merkwürdiger Geruch lag in der Luft. Keine andere Nase hätte die erforderliche Sensibilität aufgebracht – seine schon. Wie ein Spürhund nahm Thomsen Witterung auf. Im Wohnzimmer ließ der Geruch nach, Richtung Bad verstärkte er sich. Ein Blick aufs Waschbecken: Irgendetwas war verändert. Er senkte seinen Kopf zur Seite, scannte die Keramikoberfläche. Da hatte jemand in seinem Handwaschbecken herumgerieben. Mit etwas, womit er es niemals reinigen würde. Wenn er den Wasserhahn laufen ließ, ging er danach stets mit einem Fenstertuch über die Oberfläche, damit keine Flecken oder Schlieren zurückblieben. Das Waschbecken aber war verschmiert.

Jetzt war er sich sicher: Er hatte ungebetenen Besuch gehabt! Doch wen? Die Einzige, die außer ihm einen Schlüssel hatte, war die Hausmeisterin. Das hatte sie ihm beim Einzug versichert. Und vom Generalschlüssel, so hatte sie gesagt, würde sie definitiv nur nach vorheriger Rücksprache und bei Handwerkerterminen Gebrauch machen. Hatte sie vielleicht sein Waschbecken benutzt? Aber warum?

Er durchstreifte die Wohnung, blieb immer wieder stehen und beobachtete sorgsam alle Ecken und Enden. War sonst irgendetwas verändert? Auf dem Schreibtisch befanden sich alle Stifte und Unterlagen in der gewohnten Anordnung. Das Bett im Schlafzimmer war nicht angerührt, die Kopfkissen mit tiefen Falten hindrapiert. Alle Schubladen und Schränke schienen unangetastet. Im Gang: alles wie immer.

Fehlte etwas? Thomsen dachte nach, zählte alle Gegenstände ab. Laptop: vorhanden. Fernseher: vorhanden. Bücherwand: komplett. Seine Duschsachen: vollzählig.

Verflixt! Thomsen ärgerte sich: Er hätte doch seine Kollegen von der kriminalpolizeilichen Beratungsstelle vor dem Einzug die Tür und seine gesamte Wohnung auf Schwachstellen überprüfen lassen sollen. Aber er hatte eben niemanden hereinlassen wollen. Man konnte sich halt doch nur auf sich selbst verlassen. Gleich morgen würde er die notwendigen Sicherheitsschlösser für die Tür besorgen. Und für die Fenster. Und zusätzlich würde er in seinem Flur einen Bewegungsmelder installieren …

17. VOM ESSEN DESERTIERT

Am Kebabstand in der Ortsmitte von Königsfeld war mindestens so viel los wie im Speisesaal der Tannenklinik. Offenbar hatte Dr. Auberle nicht nur Hummel von der Bude vorgeschwärmt, und so waren die Patienten scharenweise desertiert. Als Hubertus dort eintraf, befand er sich in einer illustren Runde aus etwa fünfzehn weiteren Tannenklinik-Gesichtern inklusive seiner Nordic-Walking-Lehrerin, die deshalb das schlechte Gewissen zu plagen schien. Auf die Frage, wie viele Kalorien denn so ein Kebab habe, konnte sie ihm genauso wenig Auskunft geben wie der weiß gekleidete junge Mann am Spieß.

Hubertus bestellte eine Kebabportion mit Schafskäse, aber ohne Zwiebeln. Er dachte über seine Kur nach: Klar würde er sie fortsetzen – wegen des toten Dietrich, aber auch wegen seiner Gesundheit. Und die Diät würde er irgendwie durchhalten müssen. Gleich ab morgen wieder. Hundertzwanzig Kilo – schrecklich …

Wie konnte er sein Leben dauerhaft ändern? Seine Hungerattacken bekämpfen, zwei-, dreimal pro Woche Sport einschieben, schlimmstenfalls joggen, vielleicht gemeinsam mit Carolin. Ins Fitnessstudio gehen? Nein – er wollte keinesfalls von seinen Schülern dabei gesehen werden, wie er Gewichte stemmte oder sich auf dem Laufband verausgabte und dabei sein Bauch munter mitwippte. Was das Joggen betraf, bahnte sich allerdings ein ähnliches Problem an. Vielleicht bei Caro in St. Georgen – da kannte ihn fast niemand.

Außerdem sollte er einfach mehr darauf achten, was er in sich hineinschlang. Vieles war pure Gewohnheit und nicht Genuss. Zudem galt es, Stress in der Schule und im Privatleben möglichst zu vermeiden und viele Dinge weniger an

101

sich heranzulassen. Der eine oder andere Ratschlag der Psychologin in den Einzelgesprächen war vielleicht gar nicht verkehrt.

Hummel atmete tief durch und biss so entschlossen in das Fleischbrötchen, dass die Knoblauchsauce herausspritzte. Er würde sich nachher unbedingt die Zähne putzen müssen.

Sein Leben ändern ... Eigentlich hatte er das doch getan, indem er sich für Carolin entschieden hatte. Mit weniger Stress ging das dennoch nicht einher. Zumindest nicht, solange Martina der neuen Beziehung so wenig Verständnis entgegenbrachte. Fast hatte er den Eindruck, als würde er den geliebten Enkel Maximilian seltener als früher sehen. Entzog Martina ihm den Kleinen etwa mit Absicht? Sie konnte so stur sein. Hubertus seufzte und widmete sich wieder seinem Kebab.

Noch wichtiger, als das Leben zu verändern, war indes, am Leben zu bleiben. Es galt daher, in der Klinik wachsam zu sein. Ob ein weiterer Giftanschlag geplant war? Hummel mochte nicht glauben, dass das alles Zufall gewesen war.

Und was steckte hinter der Erpressung? Was war mit diesem seltsamen Patienten, von dem Auberle berichtet hatte? Ob der vielleicht schon andere erpresst hatte? Auch unter den derzeitigen Patienten hatten einige offenbar ein Techtelmechtel miteinander. Er schaute sich um. Die Trainingsanzüge wirkten wie ein Erkennungszeichen: Ach, Sie sind auch Patient in Königsfeld? Fehlten nur noch unterschiedliche Farben für die verschiedenen Leiden.

Dort drüben zum Beispiel. Die beiden berührten sich mehr oder weniger zufällig immer wieder. Mit der Frau, einer etwas korpulenten Endvierzigerin mit rötlich-braunem Haar, war er in der Aqua-Jogging-Gruppe. Den dazugehörenden – oder eben eigentlich nicht dazugehörenden – Mann hatte er einmal beim Square Dance gesehen. Square Dance ... Natürlich war er da nie wieder hingegangen.

Hummel setzte sich zu den beiden. Auch sie wussten über die Vergiftungen in der Tannenklinik Bescheid. Zeitungsmeldungen verbreiteten sich nun mal schnell. Deshalb herrschte ja hier ein solcher Andrang. Wobei das Kurpärchen offenbar schon öfters hier gewesen war. Sie empfahlen ihm Lahmacun und die herrlich klebrigen Süßspeisen. »Da kriegt man die volle Tagesration an Kalorien in fünf Minuten«, meinte die Frau in ihrem auberginefarbigen Stofftrainingsanzug lachend. Er war eher der schweigsame Typ. Auch ein paar Kilo zu viel, dafür ein paar Haare weniger – ein absolutes Durchschnittsgesicht.

Hubertus entging nicht, dass sich bei genauerer Betrachtung an den Ringfingern der beiden das runde Muster eines Eherings abzeichnete. Wie lange hatten sie diese wohl schon nicht mehr getragen? Ein paar Tage vermutlich.

Was bringt Menschen dazu, sich während einer Kur ineinander zu verlieben? Eine Affäre zu beginnen? Um eine solche handelte es sich, da war Hubertus sicher. War es Langeweile oder Frust in der eigenen Ehe? Die Absicht, ein neues Leben beginnen zu wollen, die nach Kurende dann doch wieder verpuffte, wenn man in den Alltagstrott zurückfiel? Oder das gesteigerte Selbstwertgefühl, das einem ein solcher Kurschatten beschied?

Das Pärchen schien sich mindestens fünfundzwanzig Jahre jünger zu fühlen, als es war. Ihr Trainingsanzug stellte ihre Pölsterchen so unvorteilhaft heraus, dass selbst Hummel erstmals seit längerer Zeit nicht mehr den Bauch einzog. Und der Mann dazu? Wie konnte man sich in so eine Bratwurst verlieben?

Hubertus nutzte die Gelegenheit, um mit den beiden über Narben-Dietrich zu sprechen, über die Kur als solche, die beide – natürlich verschwörerisch grinsend – als »total toll und erholsam« bezeichneten, um dann albern zu kichern.

In ihr Gegacker hinein sagte er mit seiner kompletten

103

Lehrerstrenge: »Wisst ihr eigentlich, dass hier schon mehrfach Pärchen erpresst wurden, die einen Kurschatten hatten?«

Davon wussten sie nichts, aber immerhin hörte das alberne Gekicher sofort auf.

»Erpressung«, wiederholte Hubertus. »Nie was davon mitbekommen?«

Die beiden wirkten ernsthaft besorgt.

»Hier bist du also!«, hörte Hummel nun eine Stimme hinter sich. Elke!

Sie umarmte ihn, berichtete, sie habe am Morgen den Artikel von Klaus gelesen und sei deshalb gleich nach der Schule losgefahren, um nach ihm zu sehen.

»Bist du auch vergiftet worden?«

»Zum Glück nicht. Ich hatte zwar ähnliche Probleme wie die anderen, aber es war offenbar nur eine Magenverstimmung. Es geht mir auch schon wieder viel besser«, meinte Hubertus und zeigte auf den letzten Teil des Kebabs.

Nun kam, was kommen musste. Elke freute sich zwar, dass es ihm besser ging, doch dann ermahnte sie ihn: »Eigentlich finde ich das aber nicht gut, Huby! Wenn man in Kur ist, muss man sich großer Disziplin unterwerfen. Schließlich bist du auf Diät, da kannst du dir keinen Kebab leisten. Oder bist du hier, weil die Küche der Tannenklinik wegen der Vergiftung geschlossen ist?«

Hubertus schaffte gerade, mit dem Kopf zu schütteln, bevor Elke fortfuhr und behauptete, er müsse ohnehin lernen, weniger Fleisch zu sich zu nehmen – oder am besten ganz darauf zu verzichten. Überhaupt habe sie im Auto noch ein Buch mit den neuesten Erkenntnissen einer indischen Gemeinschaft und meditativen Anleitungen zur Stärkung der Willenskraft. Und wie ihm denn das Qi-Gong gefalle? Ob sie jetzt vielleicht doch einmal mit der Psychologin sprechen solle?

Das Kurschatten-Pärchen grinste nach dem Schock mit der Erpressungsnachricht schon wieder, frei nach dem Motto: »Für dich wäre ein Kurschatten vielleicht auch nicht schlecht? Die Gattin scheint ja recht anstrengend zu sein.«

Hubertus brach seine Ermittlungen, die gar keine richtigen waren, ab. Nach einem gemeinsamen Kaffee in der Ortsmitte sowie weiteren Beschwörungen und übermittelten Grüßen in Martinas und Maximilians Namen ließ er sich von Elke zurück zur Klinik bringen.

Dort wartete bereits Carolin, die Hubertus so demonstrativ in die Arme fiel, dass es wie ein Hinweis an Elke wirkte: Das ist mein Mann, verdammt noch mal! Halt dich da raus!

Und Elke verabschiedete sich auch entsprechend schnell.

18. UMGEKEHRTE VERFOLGUNGSJAGD

Ziemlich genau um halb sechs abends verließ ein zufriedener Riesle seine Wohnung. Er würde pünktlich bei Frau Winterhalter sein – und eventuell war ihr Mann ja auch schon da und würde Neues von dem Fall in der Kurklinik berichten. Thomsen war diesbezüglich eher eine harte Nuss.

Den drei Personen, die im Flur standen und debattierten, wünschte er einen »wunderschönen guten Abend« und verließ dann pfeifend das Haus. Annähernd freundlich erwiderte den Gruß nur der Hausmeister. Frau Gartmann und Hauptkommissar Thomsen begnügten sich mit einem Knurren.

»Nei, Ihren Schlüssel dät i nie us de Hand gebe«, beteuerte die Gartmann gegenüber dem misstrauischen Thomsen. »Und de Helmut au nit. Oder?«

»Und den Generalschlüssel?«

»Den gebe mir natürlich au nit us de Hand. Oder, Helmut?« Erneut der giftige Blick zum Gatten. Der bemühte sich, wieder schnell den Kopf zu schütteln, und ertastete in der linken Tasche seines »Blauen Anton« den Schlüssel. Wann hatte er diesen denn zuletzt in Gebrauch gehabt? Sei's drum.

Thomsen überlegte. Er hatte das Türschloss sowie die Fenster überprüft und war zum Schluss gekommen, dass der Einbrecher durch die Wohnungstür gekommen sein und einen Schlüssel gehabt haben musste. Nachdenklich betrachtete er den grauen Putz des Flurs, während die Gartmann auf den Plan neben der Haustür zeigte: »Sie hättet dann in de zweite Oktoberwoch 's erschte Mol Kehrwoch, Herr Thomsen.«

»Sie haben also heute keine Fremden im Haus oder vor meiner Tür gesehen?«

Unisono schüttelten die Gartmanns die Köpfe.

»Nei, Fremde sicher nit«, sagte Herr Gartmann. »Nur de Herr Riesle halt.«

Ein gedankenverlorener Zusatz, doch Thomsen fuhr herum. »Wie, Riesle?«

»Ha, der hät Sie jo b'sucht und isch dann in sei eigene Wohnung.« Gartmann tippte sich grüßend an die lederne Schiebermütze und wollte auch weiter.

»B'sucht. De Riesle?«, fragte die Gartmann. »Der wollt doch eh ausziehe …«

»Will er nimmer«, sagte Gartmann, während Thomsen ein ganzer Christbaum aufging.

»Wann war der Besuch denn?«, erkundigte sich der Kommissar, während er eilig zur Tür drängte.

»So gege dreiviertelfünf«, meinte der immer noch ahnungslose Gartmann.

»Wann?« Thomsen war mit der Schwarzwälder Uhrzeit nach wie vor nicht so vertraut.

»Sechzehn Uhr fünfundvierzig«, legte Gartmann nach.

»Da war ich noch gar nicht zu Hause«, rief Thomsen, während er Richtung Haustür stürmte, Riesle nach.

Bei Gartmanns fiel erst jetzt der Groschen. »Wie blöd muss mer eigentlich sei', des erscht am Schluss zu erzähle'?«, keifte Frau Gartmann ihren Mann an. »Der war de' Ei'-brecher – und du Depp bisch fascht so e' Art Komplize vum Riesle!«

Thomsen hatte Glück. Riesle hatte nämlich vor dem Haus keinen Parkplatz gefunden und sein Auto fast zweihundert Meter entfernt abgestellt. Der Kriminalhauptkommissar sah gerade noch das Hinterteil des Kadetts. Hinterher!

In der Berliner Straße gelang es ihm, den Rückstand zu verkürzen, doch Riesle war ein Meister im Rasen. Thomsen überlegte schon, eine Fahndung nach dem Journalisten herauszugeben, allerdings hätte der Aufwand vermutlich in einem nicht ganz vernünftigen Verhältnis zur Art des Deliktes gestanden – selbst wenn es um eine Straftat ging, bei der er selbst das Opfer war.

Und bevor er Anzeige erstattete, musste ihm endlich einfallen, was der Journalist entwendet hatte. Er zermarterte sich das Hirn, fand aber keine Lösung, während er verzweifelt versuchte, an seinem Intimfeind dranzubleiben. Womöglich würde der das Erbeutete gleich zu Geld machen wollen. Kein Wunder, Riesle kam ihm in letzter Zeit etwas abgerissen vor. Fast schon schmuddlig, wobei das aus Thomsens Sicht 99 Prozent der Menschheit betraf.

Sie passierten Pfaffenweiler, fuhren an Herzogenweiler vorbei und dann kurvig bergab. Irgendwann verlor Thomsen den Kadett aus dem Blick. Links oder rechts? Wohin war der Flüchtige bei der Ausflugsgaststätte Waldrast abgebogen? Links in Richtung Hammereisenbach, sagte ihm sein

Instinkt – und auf der einzigen längeren Geraden konnte er diesem gratulieren: Er hatte recht behalten.

Wo raste Riesle nur hin? Zu einem Hehler über den Thurner Richtung Freiburg? Plötzlich setzte er den Blinker nach rechts, und wieder meldete sich Thomsens Instinkt: Er könne jetzt ruhig etwas langsamer fahren – er ahne doch schon, wo es hingehe. Zehn Minuten später sah sich Thomsen bestätigt. Riesles Kadett stand vor dem Bauernhof seines Kollegen Winterhalter.

Verrat! Nicht genug, dass dieser Journalist bei ihm eingebrochen war. Nun kollaborierte auch noch Winterhalter mit diesem Straftäter. Man konnte wirklich keinem mehr trauen. Aber das würde Folgen haben! Für Riesle – und für den untreuen Kollegen, diesen Judas unter den Kriminalisten!

Thomsen parkte seinen Wagen vor dem Winterhalter-Hof. Das Aussteigen bereitete ihm einige Schwierigkeiten. Überall Haufen und braune Spuren, auf denen sich das Profil von Traktorreifen abzeichnete. Es kostete ihn einige Mühe, zwischen den Erhebungen und Rillen hin und her zu balancieren. Er näherte sich Riesles Wagen und spähte hinein. Wo war das Diebesgut? Auf dem Beifahrersitz und im Fußraum stapelten sich alte Zeitungen. Zwischen Windschutzscheibe und Ablage befanden sich zerknüllte Süßigkeitenverpackungen und einige leere Becher und Schachteln diverser Schnellrestaurants. Widerlich! Thomsen widerstand der Versuchung, den Wagen zu öffnen. Er scannte stattdessen den Rücksitz und die hintere Ablage. Weiterer Müll und ein ausgebleichter Wackeldackel – aber nichts Verdächtiges. Jetzt würde er sich diesen Automessie Riesle vorknöpfen. Wahrscheinlich hatte er das Diebesgut bei sich und teilte sich in diesem Moment die Beute mit Winterhalter.

Gerade als er das Wohnhaus betreten wollte, fuhr Winterhalters Wagen vor.

»Ha, Herr Thomsen. Des isch jetz jo wirklich mol e Überraschung. Sie wolltet sich wohl selbst besuche?«, fragte der aus dem offenen Fahrerfenster, während er abbremste.

»Ich mich selbst besuchen? Was reden Sie da für wirres Zeug? Winterhalter, wir beide müssen uns jetzt mal ernsthaft unterhalten.«

»Jo glei, aber erscht mol muss i Ihne was zeige.«

Winterhalter zog seinen Chef am Ärmel in Richtung Weide. Diesmal wehrte sich Thomsen nicht. Endlich würde er Klarheit über den Diebstahl bekommen.

Wenige Sekunden später standen sie vor einem weiß-braun gescheckten Kalb. Ehe Thomsen seinen Abwehrreflex überhaupt aktivieren konnte, hatte ihn das Viech schon mit seiner rauen Zunge abgeleckt. Mitten im Gesicht!

»Uah«, jaulte der Hauptkommissar auf und befürchtete, jeden Moment den wenig heldenhaften Ekeltod zu sterben. Küsse hatte er eigentlich nicht mal von seiner Frau gemocht. Aber von Tieren, die sicherlich Würmer oder sonst was in sich trugen? Er würde das Vieh verklagen. Beziehungsweise Winterhalter! Rasch zog er Sagrotantücher aus der Tasche und rubbelte sich damit panisch das Gesicht ab.

»Was soll das?«, keifte er. »Wollen Sie mich fertigmachen – gemeinsam mit Ihrem sauberen Komplizen Riesle? Raus mit der Sprache, wo steckt der?«

»Riesle und Komplize?« Jetzt verstand Winterhalter kein Wort. »De Kälblekuss ebe hät Ihne wohl nit gut due.« Grinsend wandte er sich an das Tier. »Gestatten? Claas Thomsen, Kriminalhauptkommissar und mein Chef. Und des isch Claas, des Kälble. Dein Namensgeber und Patenonkel hät sicher mol gucke wolle, wie du dich so entwickelt häsch? Prächtig, nit wohr?«

Thomsen schwante da etwas. »Und jetzt bitte noch mal auf Hochdeutsch ...«

Doch Winterhalter machte unbeirrt in seiner Mundart

weiter. »Ha, Chef, nachdem mir de Sektenmörder vor e paar Monat g'fasst hän, waret Sie doch sozusage Geburtshelfer vu dem Kälble.«

Thomsens Erinnerung an das traumatische Erlebnis und daran, dass er noch Tage danach nach Kuhstall gestunken hatte, war wieder voll präsent. Er hatte es irgendwann aufgegeben, die Kleidung immer wieder zu waschen, sondern hatte sie einfach weggeworfen.

»Sie haben mich damals genötigt mitzukommen. Und ich bin nicht der Patenonkel von dieser Kuh«, protestierte Thomsen jetzt. »Ich verbiete Ihnen, ihre dämlichen Tiere nach mir zu benennen.«

»Des is doch e Zeiche vu Wertschätzung, Chef. Au wenn Claas jo – ganz ehrlich g'sagt – e klei weng hölzern klingt.«

Thomsen überhörte die Spitze. »Jetzt sagen Sie mir endlich, wo Riesle sich aufhält.«

»Riesle? Chef, woher soll ich des wisse?«

Thomsen kannte Winterhalter so gut, dass seine Gesichtszüge ehrliche Ahnungslosigkeit verrieten.

»Da steht doch sein Auto auf Ihrem Hof?«

»I hab kei Ahnung, was der hier will. Vielleicht isch er bei meiner Frau?«

»Bei Ihrer Frau? Und Sie wissen davon nichts? Vielleicht sollten Sie mal besser aufpassen, was Ihre Gattin so während Ihrer Dienstzeit treibt. Am Ende hat sie was mit diesem Riesle? Oder sie macht mit ihm gemeinsame Sache. Er ist nämlich ein Dieb.«

Winterhalters rote Bäckchen traten hervor und bildeten rundliche Kegel. Sie waren eine interessante Ergänzung zu der von der Höhensonne gegerbten Haut. Jetzt grinste er breit.

»Riesle und mei Frau? Und beide Diebe? Chef, bleibet Sie ruhig. Sie scheinet mir jetzt echt e weng verwirrt. Jetz gucke mer eifach mol, wo die sin.«

110

Nicht im Haus, wie sie kurz darauf feststellten. Auch nicht im Stall.

»Ha, die isch sicher wieder in de Pilz'«, sagte dann Winterhalter und ging voraus in das Wäldchen hinter dem Haus.

»Chef, worauf wartet Sie denn no?«

Thomsen kramte im Kofferraum seines Autos, holte wieder einmal weiße Plastiktütchen – seine Allzweckwaffen – hervor und zog sie sich über die Schuhe. Dann betrat er ganz vorsichtig den moosigen Boden in Richtung Fichtenwald, als könne er darin metertief einsinken. Trotz des Plastiküberzugs hatte er das Gefühl, durch eine Kloake zu waten ...

19. IN DEN PILZEN

Klaus Riesle tastete sich ganz vorsichtig ans Thema heran und ließ sich von Frau Winterhalter erst mal die Schönheit von Schwarzwaldfauna und -flora erklären.

»Des isch eines vu de letzte kaum zerschnittene Waldgebiete Deutschlands«, sagte die kernige Frau in Kniebundhosen, rot-weiß kariertem Hemd und blauem Kopftuch, die offenbar den Kleidungsgeschmack ihres Mannes teilte. Und vielleicht sogar die Kleidung selbst. Eine ähnliche Größe konnte die robuste Frau durchaus haben.

Riesle hatte Mühe, mit ihrem Tempo Schritt zu halten.

»Ha, Sie hän halt's falsche Schuhwerk«, sagte die Bäuerin immer wieder. Während sie in klobigen Wanderstiefeln durchs Moos stapfte, trug Riesle zwar weiße Sportsocken, dazu aber rutschige schwarze Slipper. Auch modisch ein interessanter Kontrast zum eher rustikalen Äußeren von Frau Winterhalter.

Die war bei ihrem Vortrag mittlerweile bei den wertvollen Lebensräumen der Moorwälder angelangt.

» Mich … interessieren eigentlich … mehr die Pilze«, versuchte Riesle dem Gespräch nun eine bestimmte Richtung zu geben. Er musste zwischen den Wörtern kräftig durchschnaufen.

Sein Freund Hubertus schwärmte ihm seit Jahren von einer Schwarzwalddurchwanderung vor. Riesle reizte das Projekt nicht besonders. Noch weniger wollte er diese aber unvorbereitet und noch dazu am heutigen Tage mit Frau Winterhalter angehen.

» Herr Riesle, für d'Pilzsuch brauch mer Ausdauer und Geduld«, belehrte ihn die Bäuerin. » Wenn Sie e g'scheite Reportage mache wollet, dann müsset mir au e paar Prachtexemplar finde. Und i weiß, wo's welche gibt. Sie wollet sicher au e paar Fotos schieße, nit wohr?« Riesle nickte stumm, was Frau Winterhalter, die einige Schritte vor ihm lief, nicht sehen konnte.

Endlich – nach einem gefühlten halben Tag – stoppte die Expertin und zeigte Riesle ein paar Pilze. » *Amanita muscaria* – des isch de Fliegepilz.« In ihrem Mund bildeten die lateinischen Ausdrücke einen lustigen Kontrast zum Dialekt.

» Ist ja spannend. Und vor allem, wie man die giftigen von den essbaren Pilzen unterscheiden kann«, heuchelte der Journalist Interesse. » Das will der geneigte Leser wissen. Und ist sicher eine tolle Werbung für Ihre Pilzveranstaltungen.«

Frau Winterhalter lächelte verschmitzt. Sie hatte längst begriffen, dass Riesle eigentlich gar nicht primär gekommen war, um eine Reportage über sie zu machen. Den Artikel über die » Pilzsuppe des Todes« hatte sie selbstverständlich gelesen und war auch von ihrem Mann in groben Zügen über die Vorgänge in der Tannenklinik auf dem Laufenden gehalten worden. Sie spielte aber trotzdem weiter mit.

»Und welche Gifte findet man in diesen Pilzen?«

»Des sin Amatoxine. Die findet mer zum Beispiel au im Knolleblätterpilz.«

»Könnte es Ihnen als ausgewiesener Pilzexpertin passieren, dass Sie einen Speisepilz mit dem Knollenblätterpilz verwechseln?«, fragte Riesle und war felsenfest davon überzeugt, dass Frau Winterhalter noch nichts von seinen wahren Absichten bemerkt hatte.

»Eigentlich nit. Aber hundertprozentig sicher ka mer nie sei. Mer muss halt sehr genau hingucke'«, sagte Frau Winterhalter und zeigte Riesle eine »*Amanita virosa*, en kegelhütige Knolleblätterpilz«.

»Sehr interessant«, bestätigte Riesle. »Könnte man den leicht mit einem Speisepilz verwechseln? Und wenn ja, mit welchem?«

In seinem Artikel hatte er bereits geschrieben, dass die Vergiftungen in der Klinik auf Pilze zurückzuführen seien. Wie konnten Giftpilze in das Essen gelangt sein? Ein Versehen in der Küche oder beim Lieferanten etwa? Hatte der Koch die Pilze vielleicht sogar selbst gesammelt? Oder hatte jemand die Pilze gezielt ins Essen gemischt, um der Klinik zu schaden? Und hätte man das in der Küche nicht bemerken müssen? All das war noch zu recherchieren. Zeit, bald wieder aus diesem Wald herauszukommen. Schließlich war der Artikel für die aktuelle Ausgabe und musste erst noch vom Chefredakteur gegengelesen werden.

»Ha jo, des isch guet möglich«, sagte Frau Winterhalter und pflückte eines der Exemplare.

Riesle drückte auf den Auslöser seines Fotoapparats.

»Den könnt mer mit Champignonarte verwechsle. Vor allem, wenn de Champignon no jung isch«, bestätigte Frau Winterhalter und hielt das Exemplar gegen eine Kolonie kleinerer Pilze. »Waldchampignons«, belehrte sie ihn. »*Agaricus silvaticus*.«

»Aha«, machte Riesle. Wie man den wohl schrieb? Er beschloss, sich nur noch die deutschen Namen zu notieren.

»Sehet Sie en Unterschied?«, fragte Frau Winterhalter. Riesle registrierte, dass das Pilzseminar begonnen hatte. Jetzt war also Mitarbeit gefordert.

»Äh … ja, der Pilz, den Sie in der Hand haben, ist weiß. Die anderen sind eher bräunlich.«

»Sehr guet, Herr Riesle.« Frau Winterhalter lächelte ihn an. Ihre gesunden roten Bäckchen passten gut zum rot-weiß karierten Hemd und ähnelten ebenfalls den Wangen ihres Mannes. Offenbar schien sich das Paar nach vielen Ehejahren auch in den Gesichtszügen angeglichen zu haben.

»Die ka mer eigentlich ganz guet unterscheide. Anders isch's beim Wiesechampignon. Die sehet dem Kerle no ähnlicher.«

Putzige Ausdruckweise, dachte Riesle. »Und was passiert, wenn man so einen ›Kerle‹ beim Pilzsammeln erwischt und in die Pfanne haut?« Das Thema begann ihm Spaß zu machen.

»Oh, des wär gar nit guet«, sagte Frau Winterhalter und verzog das Gesicht. Riesle drückte rechtzeitig auf den Auslöser. Gutes Motiv. Giftpilz und giftige Expertin. Sah aus, als hätte sie gerade von dem Exemplar gekostet.

»Die Amatoxine sin scho in geringer Menge hochgiftig. Scho e paar vu dene Pilz könntet zum Tod führe. So dreißig bis fünfzig Gramm Pilz. Un des Fiese isch …« Frau Winterhalter zog mit ihren Fingern den Pilz auseinander und hielt Riesle die eine Hälfte unter die Nase. »Riechet Sie ebbes?«

»Nein, nichts«, erwiderte der Seminarteilnehmer brav.

»Sehet Sie. Wenn Sie den in de Pfann brate und esset, merket Sie nit mol ebbes. Der isch im Grund geruchs- und geschmacksneutral. Und dabei isch de Knolleblätterpilz de g'fährlichste in unsere Breitegrade.«

»Und wie wirkt der dann?«, fragte Riesle und sudelte eifrig Hieroglyphen in den Notizblock. Die Kamera baumelte wieder um seinen Hals.

Frau Winterhalter musste an sich halten, das Thema Tannenklinik nicht zur Sprache zu bringen. Dieser Journalist war schon ganz schön plump.

»Ha, zuerscht müsset Sie breche und bekommet Diarrhöe. Aber erscht so nach zwölf bis achtzehn Stunde. Des isch jo des Tückische. Dann wird des eventuell wieder besser. Des Gemeine isch aber, dass dann unter Umständ die Organe angegriffe werde. Vor allem Leber und Niere. Und wenn des mol de Fall isch, kann's tödlich ausgehe.« Frau Winterhalter bekreuzigte sich.

»Wie schnell kann die Pilzvergiftung dann zum Tod führen?«, fragte Riesle, jetzt ohne sich besondere Mühe zu geben, seine Absichten zu verschleiern. Das meiste hatte er sich schon im Internet angeeignet. Allerdings hatten sich da die Auskünfte – wie immer in solchen Fällen – kräftig widersprochen.

»Ha, in de Regel nach so fünf bis siebe Dag. Gibt aber halt au Ausnahme.«

Das Todesopfer in der Klinik war ziemlich schnell gestorben. Schon etwa fünfzehn Stunden nach der Pilzmahlzeit.

»Also normalerweise eher ein schleichender Tod?«

»Fünf bis siebe Dag? Wie mer's nimmt«, sagte Frau Winterhalter trocken.

»Sagen Sie, bestimmt haben Sie auch von diesen Vergiftungen in der Tannenklinik gehört?«

Frau Winterhalter unterdrückte ein Grinsen.

»Offenbar waren Pilze dafür verantwortlich. Es gab ja sogar einen Todesfall. Wissen Sie, wie die Pilze da genau gewirkt haben?«

»Woher soll ich des bittschön wisse?«, parierte die Bäuerin.

»Na, Ihr Mann wird Ihnen als Pilzexpertin doch von dem Fall berichtet haben. Der wird Sie doch zurate ziehen? Das ist jetzt natürlich alles off the record!«

»Off wa?«

»Off the record, nur informell, werde ich nicht in dem Artikel schreiben.«

»Jo, nit in dem, aber in em andere vielleicht«, zeigte sich Frau Winterhalter schlagfertig. »Selbst wenn ich ebbes wüsst, Herr Riesle. Ihne tät ich des sicher nit sage.«

»Na, einen Versuch war's wert. Jetzt machen wir ein schönes Abschlussfoto. Und dann stelle ich Ihnen noch ein paar Fragen. Wie Sie zu der Pilzsammlerei kamen und so weiter. Vielleicht knien Sie sich noch mal zu diesen Kerlen, ich meine, zu den Waldchampignons?«

Frau Winterhalter begab sich in Pose.

»Sehen Sie!«, flüsterte Thomsen aufgeregt, während sie sich der Waldlichtung näherten. »Der macht schon Fotos von Ihrer Frau. Das ist doch höchst verdächtig.« Er schüttelte den Kopf: »Dieser Riesle ist ein ganz schlimmer Finger.«

»Jetz mol ganz ruhig, Chef.« Winterhalter hielt es nicht mal für nötig, den Schritt zu beschleunigen. Thomsen hingegen lief auf Riesle zu und hatte einige Mühe, nicht auf seinen Plastiküberziehern auszurutschen.

»Was hatten Sie in meiner Wohnung zu suchen, Sie Krimineller?«, brach es aus Thomsen heraus.

Winterhalter staunte.

»Ich? In Ihrer Wohnung? Wie kommen Sie denn auf die absurde Idee?« Riesle rang innerlich um Fassung, schaffte es aber, sich nichts anmerken zu lassen.

»Es gibt Zeugen!« Thomsen war schon mitten in der Vernehmung. »Und ich bin mir sicher, dass Sie etwas gestohlen haben. Wo haben Sie die Beute? Stecken Sie mit dieser Frau etwa unter einer Decke?«

»Jetz emol langsam«, mischte sich Winterhalter ein.

»Zeugen? Beute? Herr Nachbar, ich fürchte, Sie sollten auch mal in Kur«, gab Riesle zurück. »Diese Tannenklinik scheint ja ganz nett zu sein. Na ja, bis auf das Essen. Ich mache gerade eine Reportage über die Pilzseminare von Frau Winterhalter. Und ich wüsste nicht, was ich aus Ihrer Wohnung geklaut haben sollte.«

Riesle schüttelte Thomsen ab und leitete den eiligen Rückzug ein: »Ich muss jetzt dringend zurück zum Kurier. Redaktionsschluss, Sie verstehen. Vielen Dank für diesen interessanten Einblick, Frau Winterhalter. Sie lesen von mir! Schönen Tag noch!«

Winterhalter fürchtete, Thomsen würde gleich die Waffe zücken, so wie er gerade in Fahrt war. Offenbar gab es für diesen wirklich kaum ein schlimmeres Sakrileg als die Entweihung seiner eigenen vier Wände.

»Ich werde dafür sorgen, dass Ihre Wohnung durchsucht wird. Und Ihre Müllkippe von Auto auch«, rief er ihm hinterher. »Und dass Sie vor Gericht kommen!«

Riesle tapste mit seinen rutschigen Sohlen übers Moos davon. Vielleicht war er diesmal wirklich zu weit gegangen. Gartmann hatte ihn wohl doch gesehen. Fingerabdrücke hatte er in der Wohnung jedenfalls nicht hinterlassen. Er war ja kein Anfänger. Also, gewissermaßen schon – aber in der Theorie wusste er mehr über Einbrecher als die meisten, die diesen »Beruf« ausübten …

»Und jetzt zu Ihnen, Frau Winterhalter: Was hatten Sie mit diesem Journalisten zu schaffen?«, setzte Thomsen das Verhör nahtlos fort.

»Er wollt ebbes über Pilze wisse. Und natürlich, ob mein Mann mir ebbes über die Ermittlungsergebnisse g'sagt hät.«

»Und – hat er?« Thomsen blickte streng den Kollegen an

117

und kniff dabei die Augen zusammen. Und schon war's ein Doppelverhör.

»Natürlich nit ... Also Chef, nix für unguet ... Aber des mit de Kur solltet Sie sich vielleicht doch mol überlege ...«

20. DER FALL THOMSEN

Ungeduldig tippelte Claas Thomsen auf der Fußmatte vor seiner Wohnungstür herum. Er erwartete quasi sekündlich das Eintreffen der Beamten von der Kriminalinspektion 2 – zuständig für Einbruchsdelikte. Nachdem er Riesle nicht mehr erwischt hatte, war er zu dem Entschluss gelangt, die Sache ganz offiziell anzugehen. Nur dann konnte er den Journalisten für diese ungeheuerliche Tat auch wirklich zur Rechenschaft ziehen. Natürlich hätte Thomsen diesen Fall wie alle anderen am liebsten selbst geklärt. Er war aber nun mal für Einbrüche nicht zuständig.

Also hatte er bei der Kriminalinspektion 2 angerufen und Anzeige »wegen Einbruchs gegen Klaus Riesle, Beruf: Redakteur, wohnhaft: Weichselstraße ...« erstattet. Die Beamten hatten recht erstaunt reagiert. Sie kannten den Journalisten und trauten ihm zwar allerhand zu, einen Einbruch allerdings weniger. Noch größer war das Erstaunen beim diensthabenden Kollegen gewesen, nachdem er sich erkundigte hatte: »Wo hat er denn eingebrochen?«

»Bei mir zu Hause. Ich wohne jetzt auch in der Weichselstraße.«

Erst mal war es am anderen Ende der Leitung stumm geblieben. Dann hatte er versprochen, zwei Kollegen zu schicken.

»Maurer und Fink, na endlich«, begrüßte Thomsen die beiden Beamten. Er klang ein wenig vorwurfsvoll.

»N'Abend, Kollege Thomsen. Bei Ihnen wurde eingebrochen, hat man uns mitgeteilt«, begrüßte ihn Maurer in etwas leierndem Tonfall, während Fink seinen Spurensicherungskoffer im Hausgang abstellte.

»So ist es.«

»Wann und wie genau?«

Für Kriminalhauptkommissar Thomsen war es eine seltsame Situation. Normalerweise war er derjenige, der die Fragen stellte. Es war das erste Mal, dass ihn ein Kriminalbeamter befragte. Er ärgerte sich als Ermittler bei seinen Vernehmungen häufig über unpräzise Aussagen. Auch deshalb bemühte er sich jetzt um möglichst klare und umfangreiche Angaben:

»Hier, in meiner Wohnung. Heute zwischen sechzehn und sechzehn Uhr fünfundvierzig. Der Täter hat nämlich genau um Viertel vor fünf meine Wohnung verlassen. Es ist der Ihnen sicher bestens bekannte Journalist Klaus Riesle. Es gibt auch einen Zeugen. Der Hausmeister des Hauses, Herr Gartmann, hat ihn bei der Flucht vom Tatort beobachtet. Gartmann wohnt im Erdgeschoss und ist zu Hause. Sie können ihn sofort befragen.«

»Danke, das machen wir in wenigen Minuten«, bremste Maurer, der das Gefühl hatte, ein fertiges Ermittlungsprotokoll präsentiert zu bekommen. »Haben Sie irgendwelche Einbruchsspuren bemerkt?«

»Der Täter muss besonders gerissen vorgegangen sein. Auf den ersten Blick gibt es keine. Aber wer weiß, welche Tricks dieser Riesle so anwendet. Da sind *Sie* jetzt gefordert.«

»Waren Sie zum Zeitpunkt des Einbruchs zu Hause?«

»Natürlich nicht, ich war noch auf der Dienststelle. Als ich aber nach Hause kam, habe ich in der Wohnung sofort etwas gerochen.«

»Etwas gerochen?«, mischte sich jetzt Fink in die Befragung ein.

»Ja, ich habe gerochen, dass eine fremde Person in meiner Wohnung gewesen ist. Da war so ein seltsamer Gestank.«

»Könnten Sie den näher beschreiben?«, fragte Fink weiter und konnte sich ein leichtes Grinsen nicht verkneifen. Man erzählte sich in der Polizeidirektion ja allerhand über diesen norddeutschen Eigenbrötler. Auch über seine etwas unorthodoxen Ermittlungsmethoden. Das Wort Spürnase musste man bei ihm wohl wörtlich nehmen.

»Sie können ja schon mal mit der Spurensicherung beginnen.« Thomsen dauerte die Sache schon viel zu lange. Die beiden hätten doch schon längst die Fingerabdrücke von Riesle sicherstellen können. Bestimmt hatte der welche an den Türgriffen hinterlassen. Er hatte sich nur mit Mühe beherrschen können, nicht gleich selbst eine Spurensicherung am Tatort durchzuführen. Als Opfer musste er sich aber leider zurückhalten. Schließlich war er zweifellos befangen.

»Fehlt etwas in der Wohnung? Hat der Täter Wertgegenstände mitgehen lassen?«, fragte Maurer und machte sich derweil Notizen.

»Ja, da bin ich mir ganz sicher«, sagte Thomsen für seine Verhältnisse recht unpräzise.

»Gut, und was genau?«, hakte Fink nach.

»Das kann ich noch nicht mit hundertprozentiger Sicherheit sagen. Ich muss noch einmal die Wohnung und meine Sachen durchsehen. Ich bin mir aber sicher, dass er irgendetwas gestohlen hat.«

»Aha ... irgendetwas gestohlen«, notierte Maurer.

»Er hat Ihre Sachen durchwühlt?«, erkundigte sich Fink.

»Nein, durchwühlt hat er offenbar nichts«, bemerkte Thomsen.

Maurer und Fink warfen sich irritierte Blicke zu.

»Ist Ihnen sonst irgendetwas Verdächtiges aufgefallen?«, fragte Maurer.

»Ja, der Täter ist bei mir im Bad gewesen.«

»Haben Sie das etwa auch gerochen?«, konnte sich Fink nicht verkneifen.

»Ja, das auch.« Thomsen überhörte den spitzen Tonfall. »Der Täter hat mein Waschbecken benutzt. Ich habe das sofort registriert. Ich gehe mal voran«, sagte er und fühlte sich schon so, als würde er den Einsatz leiten. Lieber wäre ihm allerdings gewesen, er hätte die beiden Beamten erst gar nicht in die Wohnung bitten müssen. Aber das ließ sich wohl nicht vermeiden, wenn er Riesle drankriegen wollte.

Kaum hatte der phobische Kommissar den Ermittlern den Rücken zugekehrt, verdrehten die beiden die Augen.

Hauptkommissar Maurer wurde die Sache langsam unangenehm. Wie sollte man sich nur verhalten? Sie hatten schon in zig Einbruchsfällen ermittelt und dabei schlimm zugerichtete Wohnungen wie auch schnell durchwühlte gesehen. Diese war die mit Abstand ordentlichste. Hatte es hier überhaupt einen Einbruch gegeben?

Kollege Fink hatte sämtliche Türrahmen und -griffe untersucht, und Thomsen hatte sogar die Kommandos erteilt, wo noch Spuren zu sichern seien. Die beiden Beamten hatten ihn gewähren lassen. Bloß keine Kompetenzstreitigkeiten, redeten sie sich ein.

Nun stand die nächste Befragung an. Eigentlich nicht gerade üblich, dass ein Opfer bei der Zeugenvernehmung dabei war und sich sogar noch einmischte.

»Herr Gartmann, das sind die Kollegen Maurer und Fink vom Einbruchsdezernat. Sie ermitteln gegen Herrn Riesle und werden Sie jetzt befragen.«

Frau Gartmann war es zwar nicht recht, die Polizei im Haus zu haben, nur aus einem Grund kam es ihr entgegen.

Einbruch! Sollte Riesle nicht freiwillig die Wohnung kündigen, so würde das doch allemal reichen, ihn hinauszuwerfen.

Herr Gartmann war die Angelegenheit sichtlich unangenehm. Eigentlich hatte er persönlich mit dem Mieter Riesle nie größere Probleme gehabt. Gut, er war kein Sauberkeitsfanatiker, und der Fernseher war mitunter tatsächlich etwas laut. Aber sonst? Vielleicht war doch alles nur ein Missverständnis?

»Danke, Kollege Thomsen«, sagte Maurer und konnte sich gerade noch verkneifen zu sagen: Wir übernehmen jetzt wieder den Fall. Thomsen blieb entgegen Maurers Hoffnung weiter erwartungsvoll im Flur der Gartmanns stehen, überzeugt, dass es wohl besser war, seinen beiden »Pappenheimern« über die Schulter zu schauen. Sehr eifrig waren sie bei der Spurensicherung in seiner Wohnung ja nicht gewesen.

»Sie haben also beobachtet, wie Herr Riesle in die Wohnung von Herrn Thomsen eingebrochen ist?«, übernahm diesmal Fink die Befragung.

»Nei, des hab i nit g'sehe.«

»Er hat gesehen, wie der Täter aus der Wohnung gekommen ist«, mischte sich Thomsen wieder ein.

»Herr Thomsen, wollen Sie die Befragung vielleicht übernehmen?«

Eigentlich schon, dachte sich Thomsen, sagte dann aber: »Nein, entschuldigen Sie bitte.«

»Sie haben also gesehen, wie Herr Riesle aus der Wohnung von Herrn Thomsen gekommen ist?« Fink machte einen neuen Anlauf.

»I glaub scho, jo«, sagte Herbert Gartmann, der sich immer unwohler in seiner Haut fühlte.

»Was heißt hier, du glaubsch? Natürlich hasch du des g'sehe«, mischte sich jetzt seine Frau ein und versetzte ihrem Mann einen Hieb mit dem Ellenbogen in die Seite.

»Jo … scho'«, sagte der.

Maurer und Fink nahmen wieder Blickkontakt auf.

»Haben Sie's etwa auch gesehen?«, fragte Maurer und blickte Frau Gartmann streng an.

»Nei, i nit. Aber min Mann.«

»Dann soll er uns das schon selber sagen. Bitte halten Sie sich etwas zurück«, meinte Maurer.

»Also, Herr Gartmann. Wie hat sich's abgespielt?«, fragte Fink.

»I glaub, g'sehe zu habe, wie de Herr Riesle us de Wohnung vom Herrn Thomsen komme isch.«

»Geglaubt, so so«, sagte Maurer und machte sich ein paar Notizen. »Wer hat alles einen Schlüssel zur Wohnung von Herrn Thomsen?«, fuhr er fort und schaute jetzt auch Frau Gartmann an.

»De Herr Thomsen natürlich. Und mir halt. Mir hän en Zentralschlüssel«, erklärte die Hausmeisterin.

»Könnten Sie mir den mal zeigen?«

Frau Gartmann nahm den Schlüssel vom Haken und reichte ihn Maurer.

»Hängt er da immer? Könnte jemand anders an den Schlüssel herankommen?«

»Wie denn? Mir passet doch immer uf«, antwortete die Gartmann energisch.

»Hat Herr Riesle einen Schlüssel zur Wohnung von Herrn Thomsen?«

»Natürlich nit. Wie kommet Sie denn do drauf?«

Fink wandte sich an Thomsen: »Herr Kollege, darf ich Sie mal kurz unter vier Augen sprechen?«

Sie gingen in den Hausflur hinaus.

»Ich versichere Ihnen, dass wir Ihnen glauben«, sagte Fink leise. »Aber diese ganze Geschichte hier ist ... wie soll ich mich ausdrücken ... etwas dünn. Wir haben praktisch nichts in der Hand. Sie sagen, Sie wissen nicht, was er gestohlen haben könnte. Sie haben außerdem erwähnt, dass die Tür abgeschlossen war. Es gibt keinerlei Einbruchsspuren. Es sei denn, wir finden Fingerabdrücke, die zu Herrn Riesle gehören könnten. Aber wie soll Herr Riesle in Ihre Wohnung eingedrungen sein? Und wie sollen wir ihm etwas nachweisen?«

»Na, der Zeuge Gartmann ...«, setzte Thomsen an.

»... erscheint mir etwas wankelmütig und beeinflussbar. Was ist, wenn er sich am Ende doch getäuscht hat? Sollte die Sache vor Gericht kommen, weiß ich jedenfalls nicht, ob man ihm Glauben schenken wird. Wenn er aussagt wie gerade eben, na dann gute Nacht. Er *glaubt,* etwas gesehen zu haben. Das ist alles andere als eine klare Aussage. Vermutlich würde es nicht mal zur Verhandlung kommen. Und für Sie, Kollege, wäre das – na ja ... Außerdem: Wissen Sie, wie der Riesle so etwas im Kurier ausschlachten würde?«

»Und was unternehmen Sie jetzt?«, erkundigte sich Thomsen.

»Ich würde Ihnen vorschlagen, dass Sie die Anzeige erst mal fallen lassen. Halten Sie die Augen aber offen. Vielleicht schlägt dieser Riesle ja noch mal zu ...«

Als Maurer und Fink das Haus verließen, stand Thomsen wie ein begossener Pudel da. Es würde eine fürchterliche Nacht werden. Bis in die frühen Morgenstunden würde er wieder putzen und wienern müssen, um den fremden Schmutz aus seinen vier Wänden zu bekommen. Ganz zu schweigen von dem Rußpulver, das die Beamten bei der kriminaltechnischen Untersuchung nach daktyloskopischen Spuren überall verteilt hatten. Irgendwann hatte Thomsen den Eindruck gehabt, die beiden machten sich daraus sogar einen Spaß.

Aus der Wohnung der Gartmanns drang die sich überschlagende Stimme der Hausmeisterin, die ihren Mann mit Vorwürfen überhäufte.

21. DIE KÜCHENZEUGEN

Nach fünf Tagen in der Kurklinik befand Hummel sich bereits in einem gespenstischen Trott. Das merkte er daran, dass er zahllose Dinge automatisch tat. Ohne darüber nachzudenken, nicht aus freier Entscheidung, aus purer Gewohnheit eben. Nach dem Wecken durch Svetlana (inklusive des wirklich genau gleichen Tonfalls: »Aufstähn, jungär Mann! Alles gutt?«) repetierte er noch im Halbschlaf sein »Alles suppärr!«. Morgen für Morgen. Dann der Blick auf den Wecker, der wie immer fünf nach sieben anzeigte. Daneben jeden Morgen die letzte Karotte, die er sich am Vorabend zum Großteil einverleibt hatte und die über Nacht merklich gealtert war. Das Tappen zum Fenster, der Blick hinaus, das Öffnen, der Schwall frischer Schwarzwälder Morgenluft, der Gang ins Bad, der Griff in den Schrank zur neuen Unterwäsche, das Schlüpfen in den Trainingsanzug, der Blick zum Fernseher, den er – auch das eine Folge des Trotts – schon gar nicht mehr vermisste, das Öffnen der Tür.

Sein erster Blick in den Flur. Sein zweiter auf den Flurboden – dort, wo möglicherweise der Erpresser seine nächste Botschaft hinterlassen würde.

Dann ging er die Treppen hinunter, warf einen Blick auf die Titelseite des im Foyer ausgelegten Schwarzwälder Kurier, um dann zu seinem Tisch im Speisesaal zu traben, wo das übliche Frühstück auf ihn wartete. Und da gab es Menschen, die das monatelang mitmachten!

Auch am Tisch die gleiche Prozedur Tag für Tag – er traf fast immer gegen sieben Uhr sechsundzwanzig dort ein: Zuckschwerdt war stets schon fast fertig mit seinem Frühstück, murmelte etwas, von dem Hummel mittlerweile beschlossen hatte, dass es »Guten Morgen« heißen sollte – ob-

125

wohl man es auch als »Hau ab«, »Die Welt geht unter« oder »Ich bring mich jetzt um« hätte deuten können. Der Sachse war wegen seines Dialekts kaum besser zu verstehen, aber wesentlich geselliger.

Wann würde sich der Erpresser wieder bei ihm melden? Das war der erste außerplanmäßige Gedanke des Tages. War diesem vielleicht klar geworden, dass er sich geirrt hatte? Dass bei Hummel nichts zu holen war? Hatte ihn die Polizeipräsenz abgeschreckt? Oder war es ganz im Gegenteil so, dass der Erpresser die Polizeipräsenz mit Hummel in Verbindung brachte? Dass dies seine Probleme also verschärfte?

»… dadsäschlisch en Erpresser?«

Hummel kniff die Augen zusammen. Irgendetwas stimmte nicht, passte nicht zusammen. Er hatte gerade an den Erpresser gedacht, der Sachse aber tatsächlich von ihm gesprochen.

Vorsichtig schaute er den bunt gekleideten Mann mit Schnauzbart an, der aus »Leipzschhh« stammte, wie er schon zig Mal erklärt hatte. Leipzschhh sei ja bekanntermaßen Heldenstadt – das wisse man ja spätestens, wenn man ihn anschaue. So ähnlich war die Güteklasse der Sprüche des Ossi-Komikers. Lustig wie Honecker.

»Wie bitte?«, fragte Hummel nach.

»Globen Se och, dass es do dadsäschlisch en Erpresser gibt? Sie ham doch da och zwee Fraun am Start.«

Plötzlich war Hummel hellwach, die ganze Trägheit des Moments von ihm gewichen.

Er erfuhr, dass »de Krausmann, Se wissen schon, de Pummlische«, sich von ihrem Kurschatten (»dem Langeweiler, kennen Se doch – nu, vom Square Dance«) getrennt habe, weil sie nicht umgebracht werden wollte. Es gebe nämlich offenbar Erpresser, die es auf solche Pärchen abgesehen hätten.

Das Pärchen vom Kebabstand! Natürlich! Hatten die nun auch einen Erpresserbrief bekommen?

»Ne, aber irgend 'n anderer hat denen davon erzählt. 'N ziemlisch Dicker, muss och von hier sein.«

Die Beschreibung fand Hummel nicht gerade witzig, die Hysterie, die seine Erzählung bei der Frau ausgelöst hatte, hingegen schon. Selbst schuld. Warum ließ man sich auch auf so etwas ein?

»Nu, denn sin Se ja och gefährdet!«, meinte der Sachse und zeigte mit dem rechten Zeigefinger auf Hummel. »Se ham doch och was nebenher laufen. Hab isch doch gesehn. Waren doch noch mal beede da.«

Der Sachse war wirklich gut informiert.

Hubertus überlegte, ihn einzuweihen. Vielleicht konnte der sich mal für ihn umhören. Er besaß jedenfalls die Kontaktfreudigkeit, die Hummel fehlte.

Aber wie würde dieser Erpresser darauf reagieren, wenn zu viele Leute Bescheid wussten?

»Die eine, die Sie gesehen haben, ist meine getrennt von mir lebende Frau, die andere meine neue Freundin«, sagte Hubertus erklärend.

Konnte der Sachse vielleicht sogar der Erpresser sein? Falls ja, hatte Hummel die Sache jetzt wenigstens klargestellt. Der Sachse ... Ja, schließlich kannte der hier alles und jeden. Und als Ostdeutscher hatte er doch sicher Kenntnisse, wie man Leute ausspioniert ...

Da ging das rote Lämpchen der Political Correctness in Hummels Kopf an: Es verbot ihm, den Gedanken weiterzuführen. Man konnte doch zwanzig Jahre nach dem Mauerfall nicht jeden mit sächsischem Dialekt als potenziellen Stasispitzel verunglimpfen!

»Freundin und Exfrau?«, grinste der Sachse. »Och gut.«

Hummel beschloss, den Sachsen aus dem Kreis der potenziell Verdächtigen gleich wieder herauszunehmen. Vielleicht sollte er sich ihn aber tatsächlich warmhalten.

Aber wer kam sonst in Frage? Wer wusste Bescheid? Und

was war mit diesem renitenten Expatienten, von dem ihm Dr. Auberle erzählt hatte? Vermutlich gab es ja noch weitere von der Sorte ...

»Ham Se übrigens gehört, dass da en Audo ...«

Hummel schaltete wieder auf Durchzug, was bei der Häufigkeit, der Länge und der Pointen der Geschichten seines sächsischen Nachbarn dringend geboten schien. Sein Blick schweifte über den nun auch schon zum Frühstück deutlich weniger dicht besetzten Raum, zum Selbstbedienungsregal, zur Küche – und er erstarrte: schon wieder Thomsen und Winterhalter. Die dauernde Polizeipräsenz konnte dem dümmsten Erpresser – und um einen solchen handelte es sich ja offenbar in seinem Fall – nicht entgangen sein.

»Haben Sie es nun mit eigenen Augen gesehen oder nur davon gehört?«

Hauptkommissar Thomsen war schon am frühen Morgen wieder kurz davor, die Geduld zu verlieren. Nichts lief so, wie er sich das vorgestellt hatte. Weder mit dem Einbruch in seiner Wohnung, den er mittlerweile als Hauptfall auserkoren hatte, noch mit dieser etwas rätselhaften Vergiftungsgeschichte in der Tannenklinik.

Sie hatten einen Hinweis bekommen, dass mehrere Angestellte zwischen der Anlieferung der Pilze und dem Mittagessen ein verdächtiges Auto in der Nähe des Lieferanteneingangs gesehen hatten.

»D' Nadine Kronmeyer hät's au g'sehe'«, sagte die Küchenhilfe, die sie gerade befragten. »So en Lieferwage mit Waldshuter Kennzeiche – WT irgendwas ...«

Thomsen fasste sich wieder. »Haben Sie den Wagen denn auch gesehen, oder hat Ihnen nur Ihre Kollegin Kronmeyer davon berichtet?«, fragte er sachlich, während seine Augen aufmerksam durch die Küche wanderten – allerdings ohne

Verdächtiges wahrzunehmen. Pilzgerichte waren bis auf Weiteres von der Speisekarte gestrichen worden. Der Maître war tief gekränkt und forderte die Beamten auf, dringend Verhaftungen vorzunehmen, um seine Reputation wiederherzustellen.

»Ich hab en scho g'sehe – aber beim Kennzeiche bin i mir nit so sicher«, meinte die Küchenhilfe.

Frau Kronmeyer war sich »zu hundertdrei Prozent«, wie sie sagte, sicher, dass das Kennzeichen außer dem WT auch noch ein »FK« gehabt habe. Bei der darauf folgenden Zahlenkombination sei sie allerdings überfordert. Vielleicht wisse die Nathalie mehr.

Die Küchenhilfe Nathalie wusste noch weniger. »En Lieferwage«, bestätigte sie. Aber vielleicht könnte »die Frau Petrova« weiterhelfen. Die habe heute frei, sei aber morgen ab sechs Uhr früh da.

Der fehlende Schlaf wirkte sich auf Thomsens Selbstbeherrschung aus. Seine Wohnung musste endlich zu einer Ruheoase werden, sonst würde er an kriminalistischem Spürsinn einbüßen. Und an Contenance.

»Warum gibt es heutzutage keine vernünftigen Zeugen mehr?«, schnauzte er Winterhalter an, als habe der die besorgt. »Gestern beim Einbruch von Riesle dieser komische Hausmeister und hier die Küchenleute, die alle was wissen, aber keiner was Genaues.«

Nun schaltete sich der Maître ein. »Lieferwagen WT und dann FK – das ist doch schon viel. Und isch sage Ihnen noch was.«

»Ja?«

»Isch weiß, wer solche Autos fährt.« Beim letzten Aufeinandertreffen mit den Beamten hatte er mit dem Kochlöffel herumhantiert, jetzt war es eine gewaltige Geflügelschere. Der Maître rüstete offenbar auf. Dazu passte auch sein grimmig entschlossener Blick.

»Die Fernblickklinik ... ist Konkurrenz ... aber mit viel schleschterer Küche.«

»Konkurrenz«, sinnierte Thomsen und erinnerte sich an das Gespräch mit dem Chefarzt. »Und die heißt Fernblickklinik?«

»In Höchenschwand, hab i recht?« Winterhalter war im Bilde. »Do isch d'Schwiegermutter mol g'wese. War recht z'friede.«

Der Maître musterte ihn noch grimmiger. »Ihre Schwiegermama hätte lieber hierherkommen sollen.«

Winterhalter blieb die Antwort schuldig. »Selle Kurklinike verliere doch ohnehin scho viele Gäscht ans benachbarte Usland – und unterenand will halt jeder en möglichst großes Stück vom Kuche abhabe. D' Gelder werde jo au nit mehr.«

»Kuchen ist ein gutes Stischwort«, meinte der Maître. »Haben die von der Fernblickklinik meine Pilzlieferungen manipuliert? Die stecken sischer mit der Pilzlieferfirma unter einer Decke. Sind beide aus dem Süden vom Schwarzwald.«

»Winterhalter, ich wollte ohnehin wegen dieser Pilzfirma in den Südschwarzwald fahren«, meinte Thomsen. »Jetzt haben wir noch einen zweiten Grund. Beeilen Sie sich – ich will in der Einbruchssache in meiner Wohnung heute auch noch weiterkommen.«

»Die aus der Küsche ham en komisches Audo gesehen«, insistierte der Sachse. Hummel schaute immer noch in Richtung Küche, wo der Maître mit der Geflügelschere herumfuchtelte, während er auf Thomsen einredete.

»Hörn Se mir überhaupt zu?«, fragte der Sachse, um gleich wieder eine Wortlawine loszulassen.

Schließlich kamen Thomsen und Winterhalter aus der Küche, bemerkten Hummel – was der eine grimmig, der andere mit einem launigen »Gute Morge, na, scho wieder fünfzig Gramm abg'nomme?« quittierte.

Plötzlich verstummten sie: Aus dem Foyer stolzierte nämlich Klaus Riesle in den Speisesaal.

»Wenn es nach mir ginge, würden Sie jetzt in U-Haft sitzen«, sagte Thomsen.

»Ich weiß, Herr Kriminalhauptkommissar.« Riesle zwang sich zu einem Lächeln, das vor allem Winterhalter galt. Dann wandte er sich an Hummel. »Genug gegessen: Lass heute Morgen mal ein paar Anwendungen sausen, ich hab eine heiße Spur.«

»Wir sprechen uns noch, Herr Riesle«, sagte Thomsen drohend.

»E nett's Bild vu meiner Frau in de Pilz heut Morge im Kurier«, meinte Winterhalter.

Riesle nickte ihm zu. Die Hintergrundgeschichte war solide und seriös gewesen. Leider hatte die Kommissarsgattin gestern nichts über den aktuellen Fall herausgelassen, doch jetzt hatte er einen anderen Tipp bekommen.

»Hubertus, komm jetzt«, trieb er den unschlüssig dasitzenden Freund an.

Hummel schwankte. Zwar war das hier nicht Alcatraz, aber einfach so den Anwendungen fernzubleiben ging eigentlich auch nicht. Allerdings ballten sich heute Morgen die Grausamkeiten: Auf die ganz ausführliche einstündige Gruppensitzung würden Square Dance – das er für sich selbst ohnehin gestrichen und als »Freistunde« eingetragen hatte – und das tägliche Aquajogging folgen.

Einmal ist keinmal, dachte sich Hummel.

»Hast du hier aus der Klinik neue Informationen bekommen?«, fragte er seinen Freund, als sie im Kadett saßen. Der nickte.

»Von wem?«

»Informantenschutz«, bügelte ihn Riesle ab und schmunzelte, als er sah, wie Hummels Stupsnase beleidigt nach oben zeigte. In solchen Momenten sah er seiner Tochter Martina ziemlich ähnlich.

22. FERNBLICK

Klaus' psychischer und physischer Allgemeinzustand mochte schon besser gewesen sein: Am Steuer seines Kadetts aber war er nach wie vor ein Meister. Zumindest, wenn man die Verkehrsregeln außer Acht ließ. Auf der B 31 war er an der vor sich hinkriechenden Mischung aus Lastwagen und Urlaubern ohne Beachtung der eigentlich vorgesehenen Überholmöglichkeiten vorbeigezogen: Döggingen, Löffingen, Neustadt. Warum sollte sich das nun auf der B 500 ändern? Nur weil es etwa zwei Dutzend gefährlicher Kurven gab?

Hummel musste sich wieder einmal mit dem Gedanken auseinandersetzen, nicht sehr alt zu werden. Riesle war weniger denn je zu stoppen, wenn er hinter einer Geschichte her war.

Der Journalist jagte seinen Kadett die kurvige Strecke hinauf in Richtung Höchenschwand. Das Örtchen Häusern hatten sie gerade links liegen lassen. Schon wenige Kilometer weiter wurden sie von einem Schild begrüßt: »Willkommen im Dorf am Himmel.«

»Ein bisschen großspurig«, meinte Riesle. »Sind die besonders religiös?«

»Nein, Höchenschwand ist der höchstgelegene heilklimatische Kurort Deutschlands. Liegt auf einem Hochplateau, 1015 Meter hoch.«

Riesle schnaufte vernehmlich: Sein Freund war nun mal Lehrer – auch in der Freizeit.

Das Dorf war nicht sehr groß, weshalb sie keine Schwierigkeiten hatten, die Fernblickklinik zu finden. Für den gestochen scharfen Ausblick über die Schweizer Alpenkette von Jungfrau bis Säntis hatte nur Hummel etwas übrig.

»Hier werde ich mal ein paar Tage mit Carolin ausspannen – falls ich diese Fahrt überlebe ...«

Der Journalist ignorierte die Bemerkung. Kaum war er aus dem Kadett gestiegen, machte er sich daran, auf dem Parkplatz alle Autos zu inspizieren.

»Sag mal, Riesle, hättest du vielleicht mal die Freundlichkeit, mich an deinem Ermittlerwissen teilhaben zu lassen?«, fragte Hummel leicht säuerlich.

»Mein Informant hat gesagt, dass kurz nach der Pilzanlieferung in der Tannenklinik ein verdächtiger Kleinbus gesehen worden ist. Und zwar mit dem Kennzeichen WT – FK irgendwas. Die Zahlenkombination hat er sich nicht merken können.«

Schon nach wenigen Sekunden klatschte Riesle begeistert gegen die Karosserie eines weißen Wagens.

»Volltreffer. WT – FK 5896. Das könnte er gewesen sein. Jetzt müssen wir in der Klinik ausfindig machen, wer die Karre am Tag der Vergiftung gefahren hat.«

Hummel überblickte den Parkplatz.

»Ähm, Klaus, schau dir mal die anderen Autos an.«

»Ja?«

»Hier sind doch relativ viele weiße Kleinbusse. Fällt dir da was auf?«

»Okay, ganz so einfach wird die Sache wohl doch nicht ...«

Auch einige andere Fahrzeuge führten nämlich die Initialen »WT – FK« im Kennzeichen.

»Ist ja auch logisch. Das steht für Fernblickklinik«, meinte Klaus.

»Ich bewundere deinen Scharfsinn«, stichelte Hummel. »Der wird uns jetzt auch sicher sagen, wie wir weiter vorgehen sollen.«

»Ich habe bereits alles vorbereitet«, verkündete Riesle. »Der Schwarzwälder Kurier öffnet immer die Pforten. Ich habe vorhin in der Klinik angerufen und uns für eine Reportage angemeldet. Kuren im Südschwarzwald ist das Thema. Ich bin der Journalist, du bist mein Fotograf. Das ist ein ganz schön nobler Schuppen. Deshalb sollten wir seriös auftreten. Also werden wir uns siezen.«

Riesle hatte im Telefonat mit der Klinikleitung wie gewohnt dick aufgetragen und damit geprahlt, dass die Geschichte im gesamten Verbreitungsgebiet des Kuriers erscheinen solle: »Womöglich als Titelgeschichte der Wochenendbeilage – ist natürlich eine super Werbemöglichkeit für Sie.« Bei der Klinik hatte das immerhin derart Eindruck hinterlassen, dass sich sogar der Chefarzt persönlich Zeit für sie nehmen wollte. Umso besser.

Riesle hängte Hummel die Kamera um, was dem eher das Aussehen eines Touristen verlieh.

Sie betraten das Foyer, das an ein Luxushotel erinnerte und nicht an eine Klinik. Es war eine moderne Säulenhalle, mit edlem Holzmobiliar und dunklen Ledermöbeln ausgestattet, auf denen es sich Menschen bequem gemacht hatten. Hummel war froh, dass er noch kurz vor der Abfahrt die Kleidung gewechselt hatte. Jeans, Pullover, darüber ein etwas ausgebleichtes Jackett – so fühlte er sich wieder als Mensch und nicht als Klinikinsasse. Allein die Tatsache, dass er geschälte Karotten in seiner Jackentasche mitführte und immer wieder zwischendurch an ihnen herumknabberte, irritierte etwas.

»Schwarzwälder Kurier. Wir haben einen Termin mit Professor Dr. Walger«, sagte Riesle und nahm sich einen der Hochglanzprospekte.

»Interessant, hat einen ähnlichen medizinischen Schwerpunkt wie die Tannenklinik«, flüsterte er Hummel zu. »Psychosomatisch, Herz-Kreislauf. Darauf ist die Königsfelder Klinik doch auch spezialisiert. Vielleicht gibt es da eine Verbindung?«

Hummel nickte.

Der Chefarzt legte sich mächtig ins Zeug und machte dabei eher den Eindruck eines Tourismusmanagers. Er trug auch keinen weißen Kittel, sondern einen jadegrünen Anzug, feines Tuch. Seine Gesichtszüge waren markant und die Haare mit Gel zurückgekämmt. Er und sein Chefarztkollege Professor Krieg von der Tannenklinik hätten sich eigentlich gut verstehen müssen – oder eben gar nicht, weil sie sich zu ähnlich waren.

So makellos wie seine Erscheinung war auch sein Vortrag. Er pries nicht nur die »hochwertig ausgestatteten, großzügigen Zimmer« an, sondern auch die »fünfundzwanzig luxuriösen Suiten, die sind einmalig auf dem Gebiet der Kur- und Rehakliniken«.

»Herr Hummel, machen Sie doch mal ein paar Fotos von Herrn Professor Walger. Sie lassen sich davon bitte nicht stören und erzählen einfach weiter.«

Großartig, dachte sich Hummel. Er durfte den Statisten spielen und sich von Klaus rumkommandieren lassen. Das hatte sich sein Freund ja fein ausgedacht. Aber wenn es denn sein musste, dann wollte er seinen Job schon richtig machen. Er stand auf, versetzte sich in die Rolle eines Profifotografen und hörte gar nicht mehr auf zu knipsen. Sein Auftritt sollte authentisch wirken.

»Meinen Sie nicht, Sie haben jetzt genug Fotos?«, fragte der Chefarzt irgendwann.

»Ja, ich denke, das reicht jetzt, Herr Hummel«, ordnete Klaus an.

»Jawoll, Herr Riesle.« Hummel kam sich albern vor.

»Großes Schwimmbad, Saunalandschaft und Kosmetiksalon«, gab der Chefarzt derweil an. »Ich führe Sie gleich mal herum. Sie werden begeistert sein. Und dann noch unsere fantastische Höhenlage mit Fernblick. Das ist wirklich einmalig in Deutschland.«

»Wirklich beeindruckend«, bestätigte Klaus. So langsam musste man sich mal ans Thema herantasten.

»Herr Professor, mittlerweile ist das Geld im Gesundheitssektor doch ziemlich knapp. Wie haben Sie es da geschafft, vergangenes Jahr so einen aufwendigen Umbau zu bewerkstelligen?«

»Die Ansprüche der Patienten sind eben gestiegen«, entgegnete der Mediziner. »Natürlich mussten wir kräftig investieren. Aber Dank einer energetischen Sanierung haben wir auch öffentliche Fördermittel erhalten. Und aufgrund unserer Lage – der Nähe zur Schweiz – sprechen wir auch gut betuchte ausländische Patienten an. Im Moment sind wir voll ausgelastet.«

»Schürt das nicht Neid bei anderen Kliniken? Ich habe mal gelesen, dass es da eine ziemliche Konkurrenz gibt«, fragte Riesle.

»Das kann schon sein. Es gab sicher Kliniken, denen unsere Förderung ein Dorn im Auge war. Und unser Standard ist natürlich beeindruckend«, sagte der Chefarzt und strich sich über die stromlinienförmige Frisur. »Wir konzentrieren uns aber nur auf uns und auf die Wünsche unserer Kunden. Bei uns ist man Kunde, nicht Patient! Medizinisch sind wir ohnehin – in aller Bescheidenheit – internationale Spitzenklasse. Wir verfügen sogar über eine Intensivstation, was für Rehakliniken eine Ausnahme darstellt. Außerdem haben wir eine hervorragende eigene Diagnostik mit Kernspin und Computertomograf. Und speziell für Schlaganfallpatienten gibt es ein Treppensteigegerät.«

Hummel war froh, dass er derartige Gerätschaften in seiner Klinik erst gar nicht nötig hatte. Dennoch war es ein gutes Stichwort, um wieder mitzuspielen.

»Also, ich habe mal eine Kur in der Tannenklinik in Königsfeld gemacht. Was halten Sie von dieser Einrichtung?«

»Zu anderen Kliniken äußere ich mich eigentlich grundsätzlich nicht. Nur so viel: Die Tannenklinik hat – sagen wir mal – eine etwas andere Philosophie als wir, auch wenn sie medizinisch einen ähnlichen Schwerpunkt hat. Aber sie spricht natürlich eine andere Klientel an.«

Du arroganter Pinsel, dachte Hummel, der in solchen Dingen recht sensibel war. Auch wenn die Andeutung sehr dezent war, hatte er genau verstanden, worauf der Chefarzt hinauswollte. In die Tannenklinik musste demnach also das Proletariat. Wer aber etwas auf sich hielt und im Geldbeutel hatte, der bekam die Eintrittskarte für die Fernblickklinik.

»Apropos Tannenklinik. Haben Sie auch von diesem Vergiftungsfall gelesen?« Klaus Riesle studierte sorgfältig die Gesichtszüge des Chefarztes.

»Ja, davon haben wir gehört.« Anscheinend nichts Verdächtiges in seiner Mimik.

»Was ist denn davon zu halten? Ich meine, wie ist denn so etwas überhaupt möglich?«

»Ich kann nicht für die Tannenklinik sprechen. Also bei uns wäre so etwas absolut ausgeschlossen. Für unsere Leute lege ich die Hand ins Feuer. Wir beschäftigen nur Spitzenkräfte – auch in der Küche.« Der Professor verschränkte die Arme.

»Vielleicht war es auch gar nicht die Schuld der Tannenklinik, dass es zu den Vergiftungen gekommen ist. Sie werden doch von derselben Pilzfirma aus Altglashütten beliefert, oder?«, fragte Riesle unbeirrt weiter.

»Ich weiß nicht, ob wir von dieser Firma beliefert werden. Da müssen Sie unseren Verwaltungsdirektor fragen. Oder

Sie reden mal mit dem Küchenchef. Wird die denn verdächtigt, etwas damit zu tun zu haben?«, fragte er pflichtschuldig, fuhr dann aber fort: »Ich bitte um Verständnis, dass ich jetzt lieber wieder über unsere Klinik sprechen möchte.«

Sollte ihre Tarnung nicht auffliegen, mussten sie wohl das Thema wechseln. Professor Walger machte allmählich einen missmutigen Eindruck. Hummel war ohnehin der Meinung, dass Klaus die Befragung zu plump gestaltete. Aber so war er nun mal.

»Das sind wohl nur Gerüchte.« Riesle machte eine kurze Pause. »Aber die besagen, dass Ihre Klinik etwas mit den Vergiftungen zu tun haben könnte. Haben Sie davon auch schon etwas gehört?«

»Das ist doch völlig absurd!«, kam Hummel dem Chefarzt zuvor. Das sollte heißen: Wir sind natürlich auf Ihrer Seite.

»Ganz recht. Absurd ist das richtige Wort. Hören Sie: Wollen Sie nun eine Geschichte über uns machen oder lieber über missgünstige Gerüchte reden?«

»Entschuldigen Sie, aber dieser Fall hat für einiges Aufsehen gesorgt. Sie haben natürlich vollkommen recht«, zog Klaus die Bremse. »Zurück zum Thema: Sie erwähnten vorhin Ihren tollen Standard. Dürften wir uns vielleicht noch ein wenig bei Ihnen umsehen?«

»Ich führe Sie herum.« Der Chefarzt war irritiert. Dieser Journalist gefiel ihm nicht. Der plapperte zu viel und stellte seltsame Fragen. Und sein Kompagnon war auch ein komischer Kauz. Ob dieser Artikel wirklich die gewünschte Baden-Württemberg-weite PR für die Klinik brachte, wie der Verwaltungsdirektor ihm gegenüber behauptet hatte? Man sollte stattdessen lieber auf die Schweizer Flanke Wert legen. Dort gab es noch einiges zu holen.

»Welcher Bereich würde Sie besonders interessieren?«

»Die Küche«, sagte Klaus spontan.

»Nun ja, aber … das ist doch nicht unbedingt die interessanteste Abteilung unseres Hauses.«

»Natürlich interessieren wir uns vor allem für Ihre technischen Neuerungen im medizinischen Bereich«, meinte Hummel. »Davon würde ich gerne ein paar Fotos machen.«

Nach einem Rundgang durch die medizinische Abteilung und einigen Kurzvorträgen von Walger kam Riesle noch auf die Autos der Klinik zu sprechen.

»Sie verfügen ja auch über einen beachtlichen Fuhrpark. Und wie ich vorhin gesehen habe, über umweltfreundliche Autogas-Kleinbusse. Das würde ja bei unserer Reportage sehr gut zu dieser energetischen Sanierung passen und Ihnen noch einen ökologischen Touch geben. Könnten wir vielleicht noch bei den Autos vorbeischauen?«, fragte Riesle.

Der Chefarzt nickte, schien aber wenig begeistert zu sein.

Als sie auf dem Parkplatz standen, steigerte sich Walgers Misstrauen, denn Riesle begann ein Interview mit einem der Fahrer zu führen: »Wie fahren sich die Fahrzeuge mit Autogas? Wie weit reicht der Treibstoff? Wo fahren Sie überall hin? Wer macht die Fahrten?« Professor Walgers Augen wanderten zwischen der gestochen scharfen Alpenkette und Riesle hin und her.

Der tastete sich derweil weiter vorsichtig heran, um schließlich zur entscheidenden Frage zu kommen: »War vorgestern am späten Morgen zufällig jemand von Ihnen in Königsfeld? Ich war dort für meine Zeitung unterwegs und bin mir ziemlich sicher, genau so einen Kleinbus gesehen zu haben.«

Der Fahrer verneinte: »Königsfeld? Ich wüsste nicht, was wir dort sollten. Unsere Patienten holen wir meistens von den Flughäfen Zürich oder Stuttgart ab. Oder von umliegenden Bahnhöfen. Und Ausflugstouren machen wir meistens im Südschwarzwald oder allenfalls in Richtung Bodensee oder Schweiz.«

»Da muss ich mich wohl getäuscht haben.«

Dann wandte sich Riesle wieder an den Chefarzt, der nun ziemlich böse dreinblickte. »Könnten wir jetzt vielleicht einen Blick in Ihre schöne Küche werfen?«

»Meine Herren, ich hätte noch anderes zu tun.«

»Sie müssen uns ja nur hinbegleiten«, meinte Riesle. Das tat der Chefarzt – und blieb dann doch weiter an ihrer Seite.

Vom Küchenchef, der etwas eingeschüchtert war, weil Professor Walger ihn so beäugte, ließen sich Hummel und Riesle erklären, dass auch hier die Einrichtung auf dem absolut neuesten Stand sei. Riesle quittierte es mit einem gelangweilten Nicken, um dann zu fragen: »Haben Sie eigentlich auch öfter mal Pilze auf dem Speiseplan?«

Der Chefarzt blickte ihn scharf an. Dem Journalisten war's mittlerweile egal. Sollte dieser Professor Walger doch denken, was er wollte.

»Wir bereiten gerade jetzt in dieser Jahreszeit hervorragende Pilzgerichte zu. Die Pilze bekommen wir ganz frisch von einer Firma hier aus der Umgebung. Sie wissen doch sicher, dass der Südschwarzwald eine hervorragende Pilzregion ist?«

Riesle und Hummel nickten.

»Und mit Pilzen haben Sie auch nie Probleme gehabt?«, fragte der Journalist etwas verklausuliert.

»Probleme?« Der Küchenchef verstand nicht recht. Hummel nahm derweil die riesigen Kochtöpfe ins Visier der Fotokamera.

»Verdorbene Pilze oder Vergiftungen gab es hier noch keine? Sie haben doch sicher von dem Fall in der Königsfelder Tannenklinik gehört.«

Der Koch war perplex.

»Ja, aber bei uns gab's keine …«

»Jetzt reicht's, meine Herren. Ich habe den Eindruck, unsere Klinik interessiert Sie nicht so sehr wie die Pilzvergiftung in der Tannenklinik. Ich würde Ihnen daher raten, dort hinzufahren.« Professor Walger hatte immer noch einen erstaunlich ruhigen Tonfall. Lediglich die Stirnfalten verrieten seine Verärgerung. Er wies mit einer Hand in Richtung Küchentür.

»Eine letzte Frage hätte ich da noch, Herr Professor«, schaltete sich jetzt Hummel ein. »Kennen Sie eigentlich jemanden aus der Tannenklinik? Ich meine, vom Personal?« Der Professor stutzte kurz, überlegte und sagte dann: »Nein. Verlassen Sie jetzt bitte die Klinik, meine Herren.«

Als sie wieder auf dem Parkplatz standen, erteilte Riesle seinem Freund die Anweisung, noch mal alle Kleinbusse samt Kennzeichen abzufotografieren.

»Mach das mal schön selber. Das Schmierentheater hat jetzt ein Ende – und ich habe Feierabend.« Hummel drückte Klaus die Kamera in die Hand. »Und schau dir mal die Fotos an.«

»Ich weiß schon jetzt, dass sie nichts taugen. Vermutlich hast du nicht mal den Auslöser getroffen«, flachste Riesle, der wusste, dass Hummel mit technischen Gerätschaften meist auf Kriegsfuß stand.

»Von wegen! Ein Foto ist übrigens von ganz besonderem Interesse.«

Riesle ließ per Knopfdruck ein Bild nach dem anderen auf der Anzeige erscheinen: Totalansicht Großküche mit Personal, ein menschenleerer Klinikflur, Computertomograf mit gestikulierendem Chefarzt, Chefarzt beim Interview – Ganzkörperperspektive, Chefarzt Kopfbild, Wand mit Fotorahmen und den seitlichen Konturen des Chefarztes. Hummel hatte dabei in etwa nur ein Drittel des Kopfes erwischt.

»Also bei dem Foto hast du dich ja selbst übertroffen, Huby.«

»Habe ich nicht, mein Lieber. Ich habe einen hervorragenden fotografischen Blick. Schau es dir mal genau an.«

141

»Hm, irgendwas am Ohr des Chefarztes?«

»Kalt«, sagte Hummel. »Du darfst nicht nur die Dinge betrachten, die offensichtlich sind. Vergrößere doch mal auf das Foto an der Wand.«

Riesle drückte mehrfach den Zoom.

»Was siehst du?«, fragte Hummel.

»Ein paar Weißkittel, die haben einen Zettel in der Hand, vermutlich eine Art Urkunde.«

»Erkennst du jemanden auf dem Foto?«

»Also den Pomadigen, den Chefarzt der Fernblickklinik, erkennt man ganz gut. Auch wenn's schon ein paar Jährchen her sein dürfte. Die anderen ... nein.«

»Sicher?«

»Nein ... nicht, dass ich wüsste.«

Hummel legte den Finger aufs Display. »Und wie sieht's mit dem aus? Kommt dir der nicht bekannt vor?«

»Doch, könnte ich schon mal gesehen haben. Aber wo? Sag schon.«

»Professor Krieg, Chefarzt der Tannenklinik. Der dürfte dir doch wohl was sagen.«

Riesle senkte die Kamera und blickte den Freund an, der ihn von Zeit zu Zeit doch überraschte. »Ach, deshalb hast du vorhin noch gefragt, ob dieser Walger jemanden aus der Tannenklinik kennt. Hummel, alle Achtung!«

»Danke. Und Walger hat gesagt, dass er niemanden kennt. Ist doch seltsam. Und das, obwohl er ihn auf einem Foto in seinem Zimmer hängen hat.«

»Hm. Sollen wir noch mal zu ihm gehen und ihn zur Rede stellen?«, fragte Riesle.

»Lieber nicht. Sollte er hinter den Vergiftungen stecken, dann machen wir erst recht die Pferde scheu. Mit wem wir's zu tun haben, wissen wir jetzt – und ein paar brauchbare Fotos von diesem Walger haben wir auch.«

»Na ja, es geht so«, meinte Riesle schmunzelnd.

»Du machst mir Abzüge von den besten und gibst sie mir dann. Ich werde sie in der Tannenklinik herumzeigen. Vielleicht hat ihn jemand dort gesehen. Womöglich war er ja wirklich kurz vor den Pilzvergiftungen dort.«

»Und hat die Giftpilze persönlich abgeliefert? Ich weiß nicht recht.« Riesle war skeptisch. »Ich denke mal, für so etwas hätte er doch eher einen Handlanger …«

»Wir sollten aber auf jeden Fall herauskriegen, woher sich die beiden Chefärzte kennen – und wie intensiv diese Bekanntschaft ist oder war«, meinte Hummel. »Ist zumindest mal eine Spur.«

Andererseits konnte man trotz der ganzen Spuren noch nicht endgültig ausschließen, dass es sich bei der Pilzvergiftung vielleicht doch um ein Versehen gehandelt hatte. Was, wenn das Auto mit dem FK-Kennzeichen an jenem Morgen nur zufällig in der Nähe der Tannenklinik gewesen war? Was, wenn sie in der Küche eben tatsächlich einen oder mehrere Giftpilze übersehen hatten? Das, was ihm bisher so Tag für Tag kredenzt worden war, erhielt nach Hubertus' Ansicht wenig, womit die Küche der Tannenklinik bei ihm Sympathiepunkte hätte erheischen können.

Die Rückfahrt über Altglashütten war in doppelter Hinsicht erfolglos. Zum einen wären sie fast frontal mit dem Auto von Kommissar Thomsen zusammengestoßen. Riesle war derart begeistert darüber gewesen, dessen Wagen auf der Gegenfahrbahn entdeckt zu haben, dass er fast auf ihn zugesteuert wäre. Hummel war immer weiter in seinem Sitz versunken.

Und als sie schließlich bei der Pilzfirma »Schwarzwaldfrisch« auftauchten, roch der Firmenchef offenbar den Braten. »Journalisten können wir gerade keine hier gebrauchen. Verschwinden Sie!«, hatte er sie angeraunzt. Der Besuch der Kripo kurz zuvor hatte ihn arg verunsichert.

23. SCHWARZWALDFRISCH

Hauptkommissar Thomsen hatte es recht eilig, von Rennfahrten aber spätestens seit der Verfolgung von Riesle tags zuvor die Nase voll. Der Wagen, der außer ihm noch Winterhalter beherbergte, war erst in dem Moment in Altglashütten eingerollt, als Hummel und Riesle schon fast zwanzig Kilometer weiter in Höchenschwand auf den Parkplatz der Fernblickklinik gefahren waren.

»Schwarzwaldfrisch – Pilze und mehr« hieß der Betrieb, den sie genauer unter die Lupe nehmen wollten. Lag hier der Schlüssel zur Lösung der Vergiftungsfälle und des Todesfalles?

Der Betreiber hatte eine Art massiven Beckenschiefstand und machte einen nervösen Eindruck. Er sah alles andere als schwarzwaldfrisch aus. Genau wie der Gebäudekomplex, der wie eine gewagte Mischung aus riesigem Stall, Lagerhalle und Gärtnerei wirkte.

»Wollen Sie uns wirklich in Verbindung mit dem Todesfall in der Königsfelder Klinik bringen?«, fragte der klein gewachsene und leicht bucklige Mann. »Das könnte uns unseren Ruf kosten.«

Das Bucklige kam wohl vom Pilzsammeln, vermutete Thomsen. Schließlich musste man sich doch da ständig bücken. Bei der Frau seines Kollegen Winterhalter, die ja offenbar auch ständig »in die Pilze ging«, hatte er eine vergleichbare Haltung beobachtet. Bei der konnte allerdings auch das häufige Melken oder die harte körperliche Arbeit in Haus und Hof die Ursache sein. Berufskrankheit einer Bauersfrau, gewissermaßen.

»Jetzt bleibet Sie mol ganz locker«, versuchte Winterhalter zu beschwichtigen. »Was für Pilz hän Sie denn im Angebot? Gebet Sie doch mol en kurze Überblick.«

Thaddäus Kübler, so hieß der »Schwarzwaldfrisch«-Chef im braunen Overall, konnte nicht kurz. Er erzählte, dass es im Schwarzwald mehr als achthundert Pilzsorten gebe, wovon aber nur gut hundert essbar seien. Die allermeisten bekomme man bei ihm: Pfifferlinge ebenso wie Steinpilze, Maronen wie Lackpilze ... Die Champignons züchte er selbst im Keller. Er biete sowohl Wild- als auch Zuchtpilze an und darüber hinaus Küchenkräuter. Regelmäßig kämen Pilzsammler an, die damit etwas Geld machen wollten. Er beteuerte, nur einwandfreie Ware zu nehmen. Alle Kunden seien stets zufrieden – er habe noch nie Klagen gehört. Und jetzt wolle man ihm nach sechsundzwanzig erfolgreichen Jahren die Schuld an einer Vergiftung geben?

»Sie liefern ja auch an die Tannenklinik«, unterbrach Thomsen und lief ein paar Schritte, um sich aufmerksam umzusehen. »Was denn?«

Kübler lief aufgeregt neben Thomsen her, als müsse er ihn bewachen. Dem missfiel das, sodass er immer wieder weiterging. Es war kühl und luftig hier drin.

Der Pilzhändler nahm Thomsen wieder in Manndeckung. »Derzeit primär Champignons und Pfifferlinge. Jeden Mittwoch – zwischen zwölf und fünfzehn Kilo. Außerdem verschiedene Kräuter. Vor allem unser Bärlauch-Pesto ...«

»Champignons ...«, überlegte Thomsen, während er seinen Blick durch die Halle schweifen ließ, die von innen einem Treibhaus ähnelte. »Könnte es sein, dass sich da ein falscher Champignon reingeschmuggelt hatte?«

»Ein falscher ...?«, fragte Kübler verdattert und hielt auf einmal ein paar Meter Abstand zu Thomsen.

»Er meint en Giftpilz«, dolmetschte Winterhalter. »Des könnt doch die in de Klinik auftauchende Fälle vu Übelkeit, Erbreche und Durchfall erkläre ...«

Kübler war empört und bewegte sich nun wieder auf Thomsen zu: »Wir liefern absolute Qualität. Mit Biosiegel.

145

Uns kommt nie und nimmer ein Giftpilz unter. Ich achte persönlich darauf, was an Lieferungen rausgeht. Ich würde mir doch mein eigenes Grab schaufeln, wenn ich zuließe, dass Giftpilze untergemischt würden! Kennen Sie sich überhaupt mit Pilzen aus?«

Kübler schnappte nach Luft und wirkte nun noch gekrümmter als zuvor. Seine Gummistiefel hatten während der letzten Schritte entlang der Pilzzucht im Treibhaus gequietscht. Die Vollbremsung verursachte in den Schuhen nun ein unschönes Geräusch – man hätte fast meinen können, sie protestierten gleich mit.

»Hören Sie: Ich habe an der Pilzschule Hornberg die Prüfung zum Pilzsachverständigen abgelegt ...«

»Ha wa?«, machte Winterhalter überrascht. »Mei Frau au. Vielleicht kennet Sie sich jo. Sie isch ...«

»Können wir bitte die Befragung fortsetzen?«, forderte Thomsen den immer noch empörten Kübler zum Weitersprechen auf, was dieser mit leicht schriller Stimme und nun aus etwas größerer Entfernung tat.

»Bei mir kommt kein einziger Giftpilz versehentlich unter die Lieferung. Nie!«

»Des könnt ja dann eigentlich vu de Verwechslungsgefahr her nu en Knolleblätterpilz sei«, meinte Winterhalter.

»Glauben Sie mir – ich weiß das zu unterscheiden. Das ist ja auch der Vorteil: Wenn man bei Experten bestellt, erwischt man nicht mal so versehentlich einen Giftpilz.«

»Zumindescht bisher ...«, meinte Winterhalter.

»Knollenblätterpilze«, murmelte Thomsen derweil, der sich im Verlauf der vergangenen weithin schlaflosen Nacht zumindest notdürftig in die Materie eingelesen hatte. Das deckte sich mit seinen Recherchen. Zwei Fruchtkörper wirkten im Normalfall schon tödlich. Allerdings gab es von diesen Knollenblätterpilzen eine Unmenge unterschiedlicher Sorten. Der römische Kaiser Claudius, so hatte Thomsen irgendwann zwischen drei und vier Uhr morgens erfahren, sei durch den Verzehr eines grünen Knollenblätterpilzes umgekommen. Ob ihm dieses Wissen aber hier weiterhalf?

»Vielleicht hat ein unvorsichtiger Mitarbeiter versehentlich ein paar giftige Pilze …?«, setzte er an und bedeutete dem Gesprächspartner mit ausgestrecktem Arm, Abstand zu halten.

Doch Kübler schüttelte empört den Kopf, auf dem sich die grauen Haare in alle Richtungen ihren Platz gesucht hatten. Fast wie wild wachsende Pilze. »Wie gesagt – ich kontrolliere alles persönlich, bevor es rausgeht. Schaue sogar noch mal die Körbe durch, in denen die Pilze gekühlt und aufbewahrt werden. Außerdem: Die Champignons werden doch gezüchtet. Da kann allenfalls mal ein Schirmling unterkommen. Aber selbst den erkennen wir. Aber ein hochgiftiger Knollenblätterpilz? Unmöglich!«

Winterhalter hatte einen anderen Vorschlag: »Hän Sie Feinde? Konkurrente, mit dene Sie zu kämpfe habe?«

Thaddäus Kübler, der nun wieder etwas an Haltung gewann, wog den Kopf hin und her und meinte dann: »Die Einzigen, mit denen ich zu kämpfen habe, sind die Schweizer, wenn sie mal wieder zu Tausenden in unsere Wälder einfallen und alles ratzekahl räumen, um's bei sich überteuert zu verkaufen. Raubritter halt … Und Geldgeier. Hoffentlich erwischen die mal einen Giftpilz.« Den letzten Satz, dachte sich Kübler zwei Sekunden später, hätte er sich wohl besser gespart.

Thomsen ließ sich jedoch nichts anmerken. »Sonst niemand?«

Kübler schüttelte den Kopf. Seine Frau, mit Kopftuch und ähnlich instabiler Körperhaltung ausgestattet, lugte durch die Tür des Büros.

»Emmi – hän mir Feinde?«, rief er laut und plötzlich im Dialekt.

Die Frau schaute verschreckt, schüttelte dann aber vorsichtig den Kopf. »I glaub nit, Thaddäus.«

»Häsch du mol irgenden Fremde g'sehe, der in de letzte Dag in iserem Lager oder in de Nöchi g'si sei könnt?« Der Südschwarzwälder Dialekt erinnerte schon stark an Schweizerdeutsch.

Wieder Kopfschütteln.

»In de Nöchi?« Thomsen betrachtete fragend seinen Kollegen.

»Er meinte, in der Nähe.«

Thomsen war froh, dass der »Schwarzwaldfrisch«-Chef danach wieder ins Hochdeutsche wechselte.

»Herr Kübler«, fuhr Thomsen fort. Mittlerweile hatte sich der Pilzchef an einen abgenutzten weißen Tisch gesetzt. Der Hauptkommissar zog es vor, in einiger Entfernung stehen zu bleiben. »Sie beliefern doch auch die Fernblickklinik in Höchenschwand ...«

Kübler bestätigte das, indem er schief nickte. Er war ein Fall für den Physiotherapeuten. Mindestens.

»Und einige andere Kliniken ...«

»Da hät's nie Probleme mit Patiente gebe, die die Pilz nit vertrage hän?«, fragte Winterhalter.

Kübler schüttelte nicht weniger schief den Kopf und schaute schon wieder etwas pikiert.

»Hat die Fernblickklinik auch diese Woche Pilze von Ihnen bekommen?«, forschte Thomsen.

Kübler sagte, er vermute das doch stark, und bat dann seine Emmi, in den Unterlagen nachzusehen, die es schließlich bestätigte.

»Und keine Probleme?«, insistierte Thomsen.

»Sonst hätte ich das ja wohl mitbekommen.«

Thomsen lief im Treibhaus auf und ab, um seine Gedanken zu ordnen und zu beschleunigen. Er fühlte sich müde. Das war das Schlimme an Einbrechern: Sie raubten einem

148

nicht nur Hab und Gut, sondern nahmen ihren Opfern – also auch ihm – das letzte Rückzugsgebiet.

Er würde diesen Riesle überführen. Am besten heute noch. Wenn er nur nicht nach dem Einbruch die komplette Wohnung durchgeputzt hätte. Möglicherweise hatte er dabei Spuren dieses Journalisten verwischt ... Notfalls musste er doch noch mal mit diesem Gartmann sprechen. Der sollte gefälligst eine vernünftige, klare Aussage machen, dass er Riesle gesehen hatte, als der aus Thomsens Tür gekommen war. Punkt. Ohne Wenn und Aber!

»Herr Kübler«, meinte der Kriminalhauptkommissar, nachdem er sich wieder auf den Vergiftungsfall umgepolt hatte. »Arbeiten Sie sonst irgendwie mit der Fernblickklinik zusammen? Fahren die beispielsweise ab und zu Pilze für Sie aus?«

Kübler guckte verwirrt. Winterhalter fiel auf, dass auch seine Augenbrauen schief gewachsen waren.

»Nein«, sagte der Pilzchef dann ebenso pointiert wie verwundert.

»Und Sie habe doch au kei WT-Kennzeiche an Ihre Autos, oder?«, versicherte sich Winterhalter.

»Natürlich nicht«, sagte der »Schwarzwaldfrisch«-Besitzer. »Wir sind doch noch Landkreis Breisgau-Hochschwarzwald – also FR ...«

»Gut, dann vielen Dank. Vielleicht müssen wir uns noch einmal bei Ihnen melden.« Thomsen verabschiedete sich eilig. Dem Händeschütteln entging er ebenso wie bei der Begrüßung. Pilze waren für ihn Abfallgewächse – und jemand, der sich intensiv damit befasste, beim Reden auf einen halben Meter an ihn herankam, draußen im Dreck herumkroch und außerdem eine solch schiefe Körperhaltung hatte, war ein potenzieller Überträger von Krankheiten. Vielleicht hatte der Mann gar noch Reste von Giftpilzen an den schwieligen Händen. »Trau, schau, wem« hatte ihm seine Mutter immer

149

eingetrichtert – und das war für Thomsen eine Art Lebensmotto geworden.

Als Winterhalter sich nach langer Entscheidungsfindung endlich noch mit hausgemachten Kräutermischungen eingedeckt hatte (»Für mei Frau – Ihre Pilzkollegin, Sie wisset scho, Herr Kübler«), konnten sie zum zweiten Termin aufbrechen – nach Höchenschwand.

Kurz vor Häusern, am Ende einer ganzen Serie gefährlicher Kurven, kam es beinahe zum Zusammenstoß. Der andere Wagen war offenbar aufgrund der halsbrecherischen Fahrweise seines Lenkers weit über die Mittellinie geraten, und viel hätte nicht gefehlt, um den Ermittlungen der beiden Beamten ein rasches Ende zu bereiten.

»Das war doch wieder dieser verdammte Journalist!«, rief Thomsen fassungslos.

»Fährt wieder mol en heiße Reife, de Riesle«, bestätigte Winterhalter, der das Ganze naturgemäß etwas lockerer sah.

»Das werden die nächsten Ermittlungen gegen diesen Kerl«, knurrte Thomsen. Das Gerät zum Abhören des Polizeifunks hatte der Journalist abgeben müssen, möglicherweise aber schon einen neuen Weg gefunden, die polizeilichen Ermittlungen zu verfolgen …

24. FAHRTENBUCH

Winterhalter wollte die Ergebnisse von Küblers Befragung diskutieren, aber das war mit Tho msen schwierig. Der Chef suchte immer nur dann das Gespräch, wenn sein Schwarzwälder Kollege ihm durch seine Kenntnis von Land, Leuten oder Pilzen weiterhelfen konnte. Fortschritte bei Ermittlungen oder gar Erfolge zu teilen, das war nicht Thomsens Sache.

»Und wa haltet Sie allgemein vu dere Pilzfirma?«, fragte Winterhalter dennoch und begutachtete die mit liebevoller Schrift verzierte eben erworbene Kräutermischung, die freilich genauso gut aus der Provence hätte stammen können.

Thomsen grummelte ein »Mal sehen« und konzentrierte sich auf die kurvige Straße: Nicht dass ihm noch ein weiterer Irrer entgegenkam.

»I halt den Mann für glaubwürdig«, entschied Winterhalter und zeigte auf ein überdimensionales Schild, das den Weg zur Fernblickklinik anzeigte. »Vielleicht bringt de Obduktionsbericht vu dem Tote ebbes Neus«, sagte er – mittlerweile zu sich selbst, da sonst ja keiner mit ihm sprach.

Thomsen war von der Fernblickklinik beeindruckt. Ein porentief reines Vorzeigeprodukt. Noch dazu waren ihm hier keine Magen-Darm-Infekte, keine Vergiftungen und keine Patienten namens Hummel bekannt.

Sie hatten sich vorher angemeldet und wollten den »Chef des Fuhrparks« sprechen. Einen solchen gab es nicht, aber der Verwaltungsdirektor kümmerte sich um die beiden Beamten. Er war vor allem erleichtert, dass die Kriminalisten in Zivil gekommen waren. »Wegen unserer Gäste, Sie verstehen …«

Thomsen verstand keineswegs, kam aber gleich zur Sache. »Über wie viele Autos verfügen Sie?«

Dem Verwaltungsdirektor schwante Übles: »Gab es … einen Unfall? Mit Fahrerflucht?«

Winterhalter schaltete schnell: »Wieso? Wisset Sie vu einem?«

Das verneinte der Verwaltungsdirektor und beschloss, von nun an nur noch zu reden, wenn er gefragt wurde.

Neun Autos, alle Kleintransporter, alle weiß, alle mit

WT-FK im Kennzeichen. »Als Corporate Identity«, fügte er doch noch hinzu.

Dann sollte er Auskunft geben, ob eines der Autos vor zwei Tagen in der Tannenklinik in Königsfeld gewesen sei. Er verneinte, besann sich dann aber eines Besseren: »Jedenfalls nicht, dass ich wüsste.«

»Gibt es bei Ihnen Fahrtenbücher?«, fragte Thomsen.

Fünf Minuten später waren sie auf dem Hof der Klinik, wo zwei Drittel der Flotte bereitstand.

Winterhalter sammelte die Bücher ein und legte sie auf Thomsens Wunsch auf der Motorhaube des Kripowagens aus, da dieser selbst keines anfassen wollte.

»Bonndorf ... Waldshut ... Tanken ... Bahnhof ... wieder Bahnhof ... Titisee-Neustadt ... Rheinfelden ...« Links waren Ausgangspunkte und Ziele eingetragen, rechts die gefahrenen Kilometer sowie der jeweils neue Gesamttachostand. Der Kriminalhauptkommissar brauchte nur wenige Sekunden, um das Ganze zu überfliegen und im Kopf nachzurechnen. Dem einen oder anderen der herumstehenden Fahrer war Thomsens Akribie etwas unheimlich.

»Da waren vorher zwei Journalisten da, die sich auch für die Autos interessiert haben«, meinte schließlich einer von ihnen.

Thomsens Kopf schnellte nach oben: »Vom Schwarzwälder Kurier?«, fragte er.

Der Fahrer nickte: »Die wollen 'ne große Reportage über die Klinik machen. Haben sogar alle verfügbaren Autos fotografiert.«

»Das stimmt«, bestätigte der Verwaltungsdirektor. »Mit Professor Walger haben die Herren auch gesprochen.«

»Doof isch de Riesle jo nit – und gut vernetzt«, meinte Winterhalter anerkennend. Thomsen befahl ihm wutschnaubend mit einer leichten Kopfbewegung, sofort das nächste Fahrtenbuch zu öffnen.

Da trudelte Auto Nummer sieben ein. Auch ein weißer Kleintransporter mit der Aufschrift »Fernblickklinik – Das Höchste im Schwarzwald«. Vom Werbeschriftzug der Autos hatten die Zeugen in der Tannenklinik nichts gesagt. Aber hätte ihnen der nicht auch auffallen müssen? Zumal das Logo besonders war: stilisierte Tannen und ein schlossähnliches Gebäude, darunter war zu lesen: »Weil Sie es sich verdient haben.«

»Hey, Richard, warsch du vorgeschtern in Königsfeld?«, fragte einer der Kollegen.

Richard verneinte.

»Zeig emol dei Fahrtebuch her. D' Kripo möcht's sehe.«

Richard zog die Stirn in Falten, händigte aber bereitwillig das Buch aus, das nun Thomsen unter Zuhilfenahme von Winterhalter durchstudierte.

Bahnhof ... St. Blasien ... Tanken ... Schluchsee ... Bahnhof Neustadt ...

Zehn Sekunden später sagte Thomsen: »Da stimmt was nicht.«

»Wieso?«, wollte Richard wissen.

»Fahren Sie immer dieses Auto? Auch vorgestern?«

Richard nickte.

Thomsen schaute ihn aufmerksam an. »Ich kenne mich hier in der Gegend ja nicht so gut aus wie der Kollege Winterhalter«, sagte er dann. »Aber bei der Gesamtkilometerzahl nach dieser Fahrt zum Schluchsee am Mittwochmorgen haben Sie sich um genau hundert verrechnet. Sie haben bei der Strecke insgesamt dreißig Kilometer eingetragen. Das könnte ja hinkommen.«

Thomsen lächelte – und sein Kollege wusste: Wenn er das tat, glaubte er, einen Schlüssel zur Lösung gefunden zu haben.

»Also«, sagte Thomsen, der vor Eifer das Buch doch selbst in die Hand nahm: »Tachostand zuvor: 28 412 Kilometer. Tachostand danach: 28 542.«

153

»Des wär mir jetzt nit aufg'falle«, gab Winterhalter zu.

»Ich war schließlich mal Dritter beim Bundesjugendwettbewerb Mathematik …«, sagte Thomsen etwas selbstzufrieden, um sofort wieder dienstlich zu werden: »Herr …«

»Richard Dorfer.«

»Herr Dorfer – und vor vier Tagen sind Sie morgens nach Titisee-Neustadt gefahren. Achtundsechzig Kilometer hin und zurück. Doch auch hier weicht der Tacho laut Fahrtenbuch um hundert Kilometer ab. Warum?«

»Des muss e Versehe g'wese sei«, meinte Dorfer, während sich die Kollegen umso dichter um seinen Wagen drängten. Immerhin war wenigstens der Verwaltungsdirektor schon wieder weg, um irgendwelche wichtigen Gäste zu begrüßen.

»Dann schauen wir doch auf den Tacho. Wenn's ein Versehen war, dann müsste die Anzeige ja um zweihundert Kilometer geringer sein, als hier im Fahrtenbuch angegeben«, meinte Thomsen und ließ Winterhalter im Wagen Platz nehmen. »Laut Fahrtenbuch müssten es jetzt 29 005 Kilometer sein«, sagte Thomsen. »Und laut Tacho …«

»29 005«, bestätigte Winterhalter. »Komma vier.«

»Wenn das stimmt, wo sind dann die zweihundert nicht aufgelisteten Kilometer geblieben, Herr Dorfer?«, fragte Thomsen freundlich, während er sich im Auto umschaute – freilich, ohne irgendetwas anzufassen.

»Des kann doch mol passiere, dass mer ufs Eintrage nit so achtet«, meinte Dorfer.

»Ja, aber Ihren Kollegen ist es nicht passiert«, sagte Thomsen – immer noch freundlich. Der achte Wagen der Flotte, der eben auf den Parkplatz fuhr, interessierte ihn so wenig wie die beiden Fernblickfahrzeuge, die ihn eben wieder verließen, um neue Gäste an den Bahnhöfen des Südschwarzwaldes abzuholen. Sie waren schließlich kontrolliert worden. »Kann es sein, dass Sie vielleicht doch nach Königsfeld gefahren sind? Das könnte von der Entfernung ziemlich genau hinkommen ...«

Richard Dorfer schüttelte den Kopf. Ihm war das alles sichtlich unangenehm.

»Was sollte ich denn in Königsfeld?«

»Kofferraum auf!«, sagte Thomsen so bestimmt, dass Dorfer und Winterhalter gleichzeitig gehorchten.

»Nix«, sagte Winterhalter nach dem ersten Blick, um von Thomsen angeraunzt zu werden: »Nix ist das nur, wenn man ein etwas eigentümliches Verhältnis zu Reinlichkeit besitzt.«

Winterhalter schaute nun genauer hin. Es sah aus, wie es eben in einem Kofferraum so aussieht – außer in dem von Thomsen vielleicht. Krümel, etwas Schmutz, kaum sichtbare Reste von einem ...

»Ein Pilzpartikel«, sagte Thomsen, schaute wieder in den Kofferraum und lächelte erneut kaum merklich. Mittlerweile hatte er sich die Handschuhe übergezogen und rollte zwischen seinen Fingern ein Teilchen, das kaum größer als eine Erbse war. Er nahm eine Cellophantüte zur Hand und verstaute darin sorgfältig das Beweisstück. Ganz offensichtlich hatte er das Auto und den Fahrer gefunden, die die Angestellten der Tannenklinik auf dem Parkplatz beobachtet hatten.

»Ui«, meinte Winterhalter. »Wenn des Stückle jetzt vu nem Giftpilz isch, dann habet Sie en ziemliches Problem. Und vielleicht au no irgendwelche Komplize in dere Prachtklinik ....«

Der Verwaltungsdirektor kam wieder aus dem Gebäude und teilte ihnen devot mit, nun könne er auch das Fahrtenbuch des neunten und letzten Autos zur Verfügung stellen.

»Danke«, meinte Thomsen. »Vielleicht später. Jetzt bräuchten wir nur ein Zimmer, in dem wir uns mit Herrn Dorfer ungestört unterhalten könnten.«

155

Sie durften im schönen, modernen Sitzungsraum mit schwarzen Ledersesseln, einem riesigen ovalen Glastisch und einem bildlichen Schnelldurchlauf durch die Bau- und Umbauzeit der Klinik Platz nehmen. Zwei weitere Fotos zeigten irgendwelche Scheichs, die sich offenbar bereits zur Kur in den heiligen Hallen aufgehalten hatten.

Den nun doch etwas beunruhigten Verwaltungsdirektor hatten sie vor der Glastür zurückgelassen.

»Also?«, fragte Thomsen freundlich. Am liebsten hätte er auch auf Winterhalter verzichtet, doch der wusste das und drängte sich demonstrativ als Erster auf einen der Lederstühle.

»Also gut: Ich sag alles«, meinte Dorfer, eigentlich ein stattliches Schwarzwälder Mannsbild, nun aber ein Häufchen Elend. »Aber des mit dem Giftpilz …«

»Eins nach dem anderen«, unterbrach ihn Thomsen. Er überlegte, ob er den Mann gleich mit aufs Revier nehmen lassen sollte. Ein schneller Erfolg, jetzt galt es nur noch, die Hintergründe zu klären, dann sollte Winterhalter den Papierkram machen, und er selbst konnte endlich wieder im »Einbruchsdelikt zum Nachteil des Claas Thomsen«, wie das Ganze dienstlich hieß, tätig werden.

»Also«, sagte Thomsen. »Sie haben die Pilze also abgeliefert.«

Dorfer nickte.

»In wessen Auftrag?«

Dorfer stutzte. »In meinem eigene, also …«

»Sie wolltet sich räche?«, mischte sich Winterhalter in die Vernehmung ein.

»Räche?«, wiederholte Dorfer.

»Herr Dorfer«, insistierte Thomsen. »Ein Geständnis kann sich nur dann strafmildernd auswirken, wenn Sie wirklich alles sagen.«

Dorfer nickte. »Scho, aber …«

»Na, sehen Sie.« Thomsen klang nun fast wie jemand, der wirklich über Sozialkompetenz verfügt. »Und nun noch mal von vorn. Also: Wo hatten Sie die Pilze her?«

»Aus dem Wald. Ich kenn einige sehr gute Stelle, die die Schweizer no nit abgegrast habe. Geh seit fünfundzwanzig Johr in d' Pilz.«

»Gut«, meinte Thomsen und nickte. Der Mann hatte die Giftpilze eigenhändig gesammelt, um sie der Tannenklinik unterzuschieben, damit deren Ruf litt. »Und wie viele waren das?«

»Letzschtes Mol so siebe Kilo an zwei Dag. War e Heidearbeit.«

»Siebe Kilo?«, rief Winterhalter entsetzt.

»Und was heißt letztes Mal?«, erkundigte sich Thomsen, der weiter sachlich blieb. »Haben Sie solche Aktionen etwa schon öfter durchgeführt?«

Dorfer schnaufte tief durch. »Jetz isch's jo eh scho raus«, meinte er dann resignierend. »Ein- bis zweimal die Woch – natürlich nur in de Pilzzeit …«

Die beiden Beamten schauten sich ziemlich fassungslos an.

»Dann wundere ich mich, dass das nicht schon früher aufgefallen ist«, sagte Thomsen schließlich.

Dorfer stimmte zu. »I bin froh, dass i jetzt aufg'floge bin«, meinte er dann.

»Und was war das Motiv?«, fragte Thomsen weiter.

»I brauch halt Geld.«

»Wie viel haben Sie dafür bekommen? Und von wem?«

»Ha, vu de Schweizer halt. Es waret … so insgesamt dreihundertfünfzig Franke.«

»Dreihundertfünfzig Franke?« Nun war Winterhalter völlig entsetzt. »Sin Sie blöd, Mann?«

»Ein Franken ist weniger wert als ein Euro, oder?«, fragte Thomsen zur Sicherheit nach. Winterhalter nickte.

157

»Wieso? Was hätte Sie denn verlangt?«, fragte Dorfer nun fast beleidigt.

»I? I dät so en Scheiß nit mache«, sagte Winterhalter. »Wisset Sie, was dabei passiere kann? Für dreihundertfünfzig Franke vergifte Sie Mensche?«

»Die Pilze waret eiwandfrei«, meinte Dorfer.

»Jo sicher!«, höhnte Winterhalter. »Nu halt e weng giftig …«

»Giftig?«, wiederholte Dorfer. »Was habet Sie denn immer mit dem ›giftig‹?«

»Jo, wollet Sie etwa behaupte, dass Sie ganz normale Speisepilze nach Königsfeld bringe und dann dem Mittagesse untermische?«

Dorfer starrte die beiden Beamten abwechselnd mit großen Augen an. »Wieso denn scho wieder Königsfeld?«

Winterhalter hatte nun die Vernehmung endgültig an sich gerissen. »Wollet Sie uns verarsche?«

Thomsen blieb äußerlich völlig gelassen. »Herr Dorfer, von was reden wir hier?«

Dorfer fasste sich und begann zu erzählen: Dass er jede Woche ein- bis zweimal morgens drei Stunden mit dem Dienstwagen in die Pilze gefahren sei und vorwiegend Steinpilze gesammelt habe, sich unter Ausreden von den Kollegen abgesetzt habe beziehungsweise nach Aufträgen nicht sofort zur Klinik zurückgekehrt sei. Dass er die Pilze schließlich in die benachbarte Schweiz gefahren und sie – zuletzt in St. Gallen – auf Märkten oder auch an einzelne Hotels verkauft habe, wo man viel bessere Preise als im Schwarzwald erzielen könne. Dass er dafür das Fahrtenbuch »frisiert« habe und über die grüne Grenze illegal ein- und ausgereist sei, da der Zoll ja nur ein Kilogramm Pilze pro Person erlaube. Und dass ihm das Ganze ausgesprochen leid tue.

»Dann war das gar kein Rest eines Giftpilzes, den wir da in Ihrem Kofferraum gefunden haben?«, meinte Thomsen.

Dorfer schüttelte den Kopf. »Sicher nit. Ich kenn mich da gut aus.«

»Wir werden das natürlich noch mal überprüfen. Auch der Pilzrest geht ins Labor«, sagte Thomsen, der aber schon in diesem Moment wusste, dass die Untersuchung nichts mehr bringen würde.

Winterhalter wurde allmählich wütend. Auf diesen Idioten, mit dem man hier die Zeit verplemperte, auf sich selbst, dem die Kompetenz seiner Frau fehlte, denn die hätte selbst aus diesem kleinen Reststummel im Kofferraum erkannt, welcher Pilz das war, und auf diese Schnöselklinik, die Scheichs anlockte, nachdem sie vorletztes Jahr noch auf einigermaßen normale Patienten wie seine Schwiegermutter Wert gelegt hatte.

Auch Thomsens Laune verschlechterte sich. Von wegen Klärung des Falles: Sie hatten den falschen Fisch an der Angel. Er würde sich jetzt noch kurz die beiden übrigen Fahrtenbücher und diesen Chefarzt vornehmen, mit dem Riesle ja wohl bereits geplaudert hatte. Winterhalter sollte sich um diesen Südschwarzwälder Pilzwurm kümmern.

Die Rückfahrt fünfundvierzig Minuten später verlief noch schweigsamer als der Hinweg. Thomsen hatte weder bei den Fahrtenbüchern noch beim Chefarzt große Erfolge erzielt – außer dass er diesen aus einer Besprechung hatte holen lassen. Und Winterhalter? Dessen gutes Herz hatte wieder einmal gesiegt. Er hatte Dorfer das Versprechen abgenommen, nie wieder während der Dienstzeit in die Pilze zu fahren, und dafür dem Verwaltungsdirektor versichert, dass Herr Dorfer freundlicherweise als »Zeuge in einem Pilzdiebstahl« ausgesagt habe. Er danke der Klinik und Dorfer für die gute Zusammenarbeit und habe keine weiteren Fragen.

25. DAS RENDEZVOUS

Hubertus sah den Brief schon von Weitem, obwohl er zur Hälfte unter der Tür zu seinem Zimmer durchgeschoben war. Er beschleunigte die Schritte, während sein Herz heftig klopfte: Der Erpresser hatte sich wieder gemeldet!!

Als er sich bückte, um das Schreiben aufzuheben, fiel ihm noch ein anderer möglicher Absender ein. Vielleicht war der Brief, so weiß auch sein Umschlag sein mochte, ein blauer und stammte von der Klinik! Sie würden ihn rauswerfen, weil er nicht nur eine einzelne Anwendung, sondern gleich den ganzen Vormittag geschwänzt hatte. Plus das Mittagessen. Diesmal hatte er ein Fast-Food-Restaurant den Kochkünsten des Maître vorgezogen. Mit zwei Hamburgern, einigen Chicken Wings, den Pommes plus Ketchup, der Cola und diesem dickflüssigen Zeug, das als »Shake« angeboten wurde, hatte er vermutlich seinen wöchentlichen Kalorienbedarf gedeckt und wieder mal die Kontrolle über sich verloren. Vermutlich würde ihm spätestens Dr. Auberle bei der nächsten EKG-Belastungsfahrt die Rote Karte zeigen.

Da half auch die Karotte, die er sich als Vitamin-C-Alibi zum Nachtisch gegönnt hatte und deren Stummel er neben dem Wecker in seinem Zimmer ablegte, nichts mehr.

Er riss das Kuvert auf – und war überrascht: kein Erpresser und auch kein Stempel von der Tannenklinik, sondern eine handschriftliche Mitteilung.

Bitte komm doch heute Abend um sieben Uhr in den Goldenen Löwen nach Triberg. Ich freu mich – Elke.

Der Nachmittag verging wie im Flug, weil Hubertus so sehr in Gedanken vertieft war. Er ärgerte sich darüber, dass er sich fast wie vor einem Rendezvous fühlte. Dabei war das doch seine Exfrau, verdammt noch mal. Ihm war etwas flau im Magen, was zweifelsohne nicht zuletzt an der geballten Fast-Food-Kost liegen mochte. Kaum zu fassen, dass er damals als Führerscheinneuling und mit Riesle im Schlepptau mindestens zehnmal nach Tübingen und Freiburg gefahren war – nur, weil dort die US-Burger-Ketten bereits Dependancen errichtet hatten, als man in Villingen einen Hamburger noch mit Freddy Quinn und dem Ohnsorg-Theater in Verbindung gebracht hatte.

Hundertneunzehn Kilogramm zeigte die Waage an, was Dr. Auberle zu einem miesen Trick nutzte. Oder war es ihm ernst?

»War mir klar, dass Sie nicht die Disziplin haben«, brummte der nämlich mit seiner Raucherstimme. »Aber irgendwann macht's halt bumm – und dann ist Feierabend.«

»Ich esse, Sie rauchen«, hatte Hummel zurückgegeben.

»Und bald sind wir beide tot«, hatte der Arzt locker aus der Hüfte pariert und rasselnd gelacht.

Hubertus beschloss, im Goldenen Löwen einen Salatteller zu essen.

Der Sachse, dem er beim Aquajogging begegnet war, wollte im Gegensatz zu Hummel weiter dem Klinikessen treu bleiben. »Kost jo nix«, hatte er gemeint.

»Vielleicht das Leben halt«, gab Hummel zu bedenken.

»Mochen Se's doch wie die da«, schlug der Ostdeutsche vor und zeigte auf eine füllige Dame mittleren Alters. »Ich hab gehört, se isst weiter hier – und geht gleich danach noch an diesen Kebabstand …«

Tratsch und Klatsch verbreiteten sich in der Klinik schnell. Hubertus schien aber kein geeignetes Objekt dafür zu sein. Das Einzige, das sich von ihm herumgesprochen hatte, war sein Ausraster in der Gruppentherapie gewesen. Seitdem hielt man ihn für einen Miesepeter – aber offenbar keinen sehr interessanten.

Außer dem Sachsen (»War'n Se mit eener Ihrer Frauen unterwegs?«) schien auch seine Abwesenheit niemandem aufgefallen zu sein. Bei den freiwilligen Angeboten wie Square Dance schaute man eh nicht so genau, wer gerade da war, und Frau Bertsche-Hundammer hatte ihn in der Gruppentherapie wohl endgültig abgeschrieben. In diesem Arrangement konnte er sich wiederfinden ...

Um zwanzig vor sieben verließ Hubertus die Tannenklinik. Den Trainingsanzug hatte er durch Jackett und Hemd ersetzt. Jetzt noch ein Versuch, Carolin telefonisch zu erreichen – doch zum dritten Mal heute hatte er Pech. Am Morgen und am frühen Nachmittag hatte sie Unterricht gehabt, und auch jetzt war die Teilnehmerin vorübergehend nicht erreichbar. Frauen, das war offensichtlich eine Grundregel der modernen Kommunikation, gingen nie ans Handy, wenn man sie anrief. Nie!

Er musste daran arbeiten, die Beziehung zu Carolin zu intensivieren – Kur hin oder her. Ein minimal schlechtes Gewissen, sich jetzt mit seiner Exfrau zu treffen, hatte er zwar, doch erschien ihm Carolins Eifersucht unangebracht. Eine gewisse Verantwortung für die gemeinsame Tochter Martina und natürlich den Enkel Maximilian hatte er ja zweifelsohne – und worum sollte es sonst bei einem solchen Treffen mit Elke gehen?

Hummel tippte darauf, dass es zwischen Martina und Didi, ihrem Liebsten, Probleme gab, die Elke nun mit seiner Hilfe zu lösen gedachte. Er schnaufte tief durch: Vermutlich sollte er wieder einmal ein »gutes Gespräch« mit Didi von Mann zu Mann führen.

Allerdings war diese Beziehungsproblematik immer noch besser als etwaige gesundheitliche Probleme von Maximilian oder was sonst man sich an Unbilden lieber nicht vorstellen mochte.

Hummel genoss die fünfzehnminütige Fahrt durch den frühherbstlichen Schwarzwald. Bunt gefärbte Laubbäume wechselten sich mit den dominanteren dunklen Fichten ab und bildeten insgesamt einen ansprechenden Farbteppich. Er war endlich einmal nicht in Hektik, konnte sich in die dahinschleichenden Touristen hineinversetzen und auch einen Blick links und rechts der Straße werfen.

Kein Zweifel: Er hatte es schon gut getroffen mit seinem Schwarzwald. Es galt nur, den Touristenblick, das Wertschätzen der Wälder, das Staunen über jene Postkartenidylle zu übernehmen, die Freude über die kleinen Bäche und das Reh, das sich scheu seinem Blick in Richtung Wald zu entziehen versuchte. Im Alltag etwas Urlaub und Erholung zu finden. Das war es doch, was mit Lebensumstellung gemeint war. Und welche Gegend bot sich dazu besser an als der Schwarzwald? Der frühe Morgen und die sich allmählich ankündigende Dämmerung waren dafür die idealen Zeiten.

Hubertus nahm sich vor, gleich morgen früh eine Stunde vor Svetlanas Weckdienst aufzustehen und in Ruhe durch Königsfeld, vor allem aber durch die angrenzenden Wiesen und Wälder zu schlendern. Frühtau und Morgennebel auf sich wirken zu lassen. Aufzutanken. Den Schwarzwald erwachen zu sehen. Das war wichtiger als eine zusätzliche Stunde Schlaf. Viel öfter sollte er das tun. Eigentlich beschämend: Da mussten erst Kurgäste aus Sachsen und sonstwoher kommen, um ihm die Vorzüge seiner Heimat vor Augen zu führen.

Je näher er Triberg kam, umso mehr fragte er sich, warum Elke etwaige Probleme unbedingt an einem solchen Ort mit ihm besprechen musste. Immerhin war es ihm so lieber, als wenn sie wieder die halbe Klinikbelegschaft in Beschlag genommen und sich wie sein Vormund aufgespielt hätte.

Den Goldenen Löwen fand er sofort: »Romantik-Hotel und -Restaurant« nannte er sich. Hubertus schluckte.

Die Einrichtung des Löwen war ... ja, romantisch. Kitschig, hätte Hummel sogar gedacht, doch war sein Gemüt nach den schönen Eindrücken von der Fahrt milde gestimmt. Plüschsofas, Springbrunnen, wie man es sonst nur von asiatischen Restaurants kannte, verwunschene Eckchen, in denen die Pärchen ungestört kuscheln konnten, und an den Wänden gehirnbetörende Farbüberdosierungen. Dazwischen schauten Hubertus mal Humphrey Bogart und Ingrid Bergman, mal Julia Roberts und Richard Gere an, und auch Herr DiCaprio durfte nicht fehlen: Filmplakate der großen Liebesschnulzen von »Casablanca« über »Vom Winde verweht« und »Doktor Schiwago« bis zum »Letzten Tango in Paris«, der etwas aus dem Rahmen fiel, wie Hubertus fand.

Diesen Film hatte er während der gemeinsamen Studienzeit mit Elke in einem der Alternativkinos von Freiburg angeschaut. Es hatte ihn unangenehm berührt, ja fast beschämt, dass die Sexszenen auf der Leinwand viel weiter als das gegangen waren, was er sich mit Elke in diesen ersten Wochen ihrer Beziehung hätte erträumen können. Noch fünfundzwanzig Jahre später überzog sich sein Gesicht in der Erinnerung daran mit einer leichten Rötung. Elke hatte ihm den cineastischen Ausflug aber keineswegs übel genommen. Schließlich seien sie beide »aufgeklärte Wesen«, wie sie ihm mitgeteilt hatte. Was zu diesem Zeitpunkt nur teilweise stimmte. Zumindest, wenn man Marlon Brando zum Maßstab nahm.

Nun also wieder Elke. In diesem Lokal, das allein schon deshalb nicht zu ihr passte, weil sämtliche spirituellen Anleihen fehlten. Keine Buddhas wie beim Thailänder, keine hinduistischen Gottheiten wie in einem indischen Restaurant, nicht der Herrgottswinkel einer gemütlichen Schwarzwälder Gastwirtschaft und auch keine Statue von Lucidus, dem Sektenoberhaupt der »Kinder der Sonne«, denen Elke bis vor Kurzem – und vielleicht noch immer – zugeneigt gewesen war.

Weitere Überlegungen verhinderte die freundliche Kellnerin, die Hummel an ein ganz besonders lauschiges Plätzchen führte – eine Ecke, die beinahe schon Höhlencharakter hatte.

Hier würden sie tatsächlich vollkommen ungestört reden können. Hubertus vermochte in den anderen Verzweigungen des Romantik-Restaurants kaum weitere Gäste auszumachen. Der Zauber entfaltete sich wohl ohnehin erst richtig, wenn es draußen dunkel wurde.

Auf dem Tisch, an den Hummel sich setzte, wurden zwei Kerzen angezündet. Ein Strauß roter Rosen, ein Glas mit Rosenblüten und ein aufdringlicher Duft von Moschus.

Jesses nei!

Und es ist *doch* Kitsch, dachte Hubertus. Er fühlte sich wie damals, wenn er zu viele Süßigkeiten gegessen hatte. Die erste Praline schmeckte fantastisch, die zweite auch noch, aber irgendwann wurde der Gaumen des Süßen überdrüssig. So erging es jetzt Hummels Augen.

Andererseits: Die Fressattacke im Kurpark hatte bewiesen, dass er mittlerweile schon fünfundvierzig Minuten ohne jede Regung seines Gehirns drauflos essen konnte.

Er legte sein Jackett ab und fragte sich, was Elke mit dem Treffen wohl bezweckte. An dem klebrigen Aperitif, den ihm die Bedienung hingestellt hatte und der genauso süßlich schmeckte, wie es hier aussah, nippte er nur.

Panik war es noch nicht, die Hummel erfasste, aber doch ein etwas unangenehmes Gefühl. Das Ambiente, um etwaige familiäre Probleme zu besprechen, war so falsch gewählt, dass mehr dahinterstecken musste.

165

In ihm bahnte sich der Gedanke Raum, Elke wolle ihn wieder zu sich zurückholen. Bei näherer Betrachtung und ohne jede Eitelkeit ließ die Wahl des Etablissements genau genommen keinen anderen Schluss zu. Sie hatte ihn hierhergebeten, um ihn in einem Mix aus Holzhammerromantik, süßen Likören und unwiderstehlicher Abendgarderobenweiblichkeit zu verführen. Wer weiß, welches Medium ihr das wieder eingeflüstert hatte.

Elke kam zehn Minuten zu spät und ohne Abendgarderobe: mit etwas verwuschelten Haaren, Jeans und einer Batikbluse. Wie immer eben.

Sie hatte sich gerade ihm gegenüber niedergelassen und wollte sich erklären, da erschien auch schon der Inbegriff eines jeden Candlelight-Dinners in der Nischenhöhle des Nochehepaars Hummel, in der sich Hubertus mittlerweile wie ein Gefangener vorkam: ein Geiger im Frack, der zu jedem Saitenstrich angestrengt Grimassen zog. Was er spielte, wusste Hummel nicht, nur, dass es schnulzig war und dass allmählich die Wut in ihm aufstieg. Wenn er sich nur irgendwie hätte verständlich machen können, wäre eine Rüge für Elke fällig geworden.

Da waren sie nach langem Hin und Her getrennt. Er hatte sich nach bitteren Monaten und unter Gewissensbissen eine neue Beziehung aufgebaut, sie so getan, als fände sie das alles gut und richtig und als ginge es nur darum, als »aufgeklärte Wesen« einander freundschaftlich verbunden zu bleiben.

Und nun? Sie schleppte ihn in ein Romantik-Hotel, folterte ihn mit den Ergüssen eines Geigers und hatte demnach, kaum dass er anderweitig vergeben war, ihre Meinung wieder einmal komplett geändert. Frauen seien »hormongeschüttelte Monster«, hatte ihm Riesle vor einigen Monaten volltrunken zugelallt. Nicht alles, was sein Freund so im Suff von sich gab, war falsch.

Hummel mochte Elke, er respektierte sie – trotz ihrer Macken. Und das störte ihn jetzt fast am meisten: Er hatte den Eindruck, dass sie sich hier erniedrigte. Das war nicht die aufrichtige, mit sich selbst und ihrer Existenz ringende Elke, die ihren Weg unbeirrt weiterschritt, um ihr Karma oder was auch immer zu verbessern.

Die Suppe kam. Ging der Geiger? Keineswegs. Der war hart im Nehmen, da konnte Hummel noch so desinteressiert schauen. Und Elke? Hubertus vermochte ihren Blick nicht recht zu deuten. Auch sie schien zumindest etwas unangenehm berührt. Immerhin.

Klar: Sie hatte zu dick aufgetragen.

Hummel blickte auf seinen Teller: Champignoncreme, na, großartig. Er überlegte sich, ob er die Pilzsuppe zurückgehen lassen sollte. Nach seinen Erfahrungen in der Klinik war er eigentlich noch nicht bereit dafür – mal abgesehen davon, dass das Fast Food vom Mittag und die unangenehme Situation den Hunger nicht gerade beförderten.

Hubertus kostete ganz vorsichtig zwei, drei Löffel, Elke tat es ihm gleich. Er ärgerte sich, dass es ihm schmeckte.

Sie öffnete den Mund, um etwas zu sagen, lächelte aber um Verständnis, als es ihr wegen der Lautstärke der Musik nicht gelang.

Hummel dankte Gott, als der Geiger nach drei Stücken endlich verschwand. Elke klatschte pro forma Beifall – ihr Mann ersparte es sich.

»Hubertus«, setzte Elke schließlich zu einer Erklärung an, während Hummel noch Ohrensausen von der Intensität der Geige hatte.

Die Wut über den klebrigen Geiger war mittlerweile dem Mitleid gegenüber seiner Frau gewichen. Er atmete tief durch. Wie sollte er ihr nur sagen, dass er das ja sehr schätzte, aber …

Er trank den mittlerweile servierten Rotwein, der »in vortrefflicher Weise zu Ihrer Hauptmahlzeit, dem Bœuf Bourguignon« passte, wie ein weiterer Kellner geflötet hatte.

Bœuf? Hatte Elke ihm zuliebe nun sogar von ihrem Vegetarierdasein Abstand genommen? Sie konnte nur wieder einmal in einer veritablen Lebenskrise stecken.

Er prostete ihr zu, worauf sie sich wieder anschickte, das Wort zu ergreifen.

Sie kam jedoch erneut nicht dazu. In diesem Moment ertönte nämlich ein gurgelndes Geräusch aus dem Gang, nur zwei Meter von ihrer Höhle entfernt.

Dort stand die Kellnerin mit Carolin – und die war von dem Anblick ihres Lebensgefährten, der in einer kuscheligen Nische eines Romantik-Restaurants bei Kerzenschein seiner Exfrau mit einem Rotwein zuprostete, alles andere als erbaut.

Er meinte zu hören, dass Carolin ihn ein Schwein und Elke eine Schlampe nannte. Dann rannte sie nach draußen.

Es war schade um das bereits vorbereitete Bœuf Bourguignon und auch um den Rest der Pilzsuppe sowie den Wein, aber Hubertus hielt nichts mehr. Er versuchte sich umständlich aus der Nische zwischen Tisch und Bank zu befreien und verlor dabei wertvolle Zeit.

»Hubertus«, begann Elke wieder, aber Hummel winkte barsch ab. »Du solltest dich schämen«, raunzte er sie an.

Den Weg zurück zum Eingang schaffte er dreimal so schnell wie beim Hereinkommen, aber doch nicht schnell genug. Carolin war bereits weggefahren, und auf dem Handy meldete sie sich zum dritten Mal an diesem Tag nicht.

Diesmal drückte sie Hummels Anruf absichtlich weg.

Hubertus nahm die Verfolgung auf – doch vergebens. Ihm fehlte die skrupellose Rennfahrerattitüde seines Freundes Riesle. Für die Dämmerung im romantischen und doch eigentlich so erholsamen Schwarzwald hatte er nun keine Sensoren mehr. Er fuhr – von einer tiefen Unruhe ergriffen – direkt zu

Carolins Wohnung nach St. Georgen, doch sein Klingeln wurde nicht erhört. Wollte sie nicht öffnen – oder war sie gar nicht nach Hause gefahren? Und wo war ihr Auto?

»Lassen Sie den Wein ruhig stehen«, befahl Klaus Riesle der Kellnerin, als auch Elke den Goldenen Löwen verlassen hatte, um perplex nach Hause zu fahren. »Sie können uns jetzt das Fleisch bringen.«

Er prostete an ebenjenem Platz, wo das Ehepaar Hummel gerade noch gesessen hatte, einer jungen Frau zu. »Das ist doch insgesamt gar nicht so schlecht gelaufen.«

Die junge Frau nickte – und die Sommersprossen auf ihrer Stupsnase leuchteten vor boshaftem Vergnügen. »Ich schwöre dir, diese Carolin wird meinen Vater nicht bekommen«, sagte sie.

»Auf das baldige Ende der Beziehung zwischen Huby und Carolin«, lautete Riesles Trinkspruch.

»Auf die Ehe meiner Eltern«, entgegnete Martina.

26. DER OBDUKTIONSBERICHT

Der Obduktionsbericht war die spannendste Morgenlektüre für Kriminalhauptkommissar Winterhalter. Die gefaxten Blätter mit dem Absender »Albert-Ludwigs-Universität Freiburg – Abteilung Gerichtsmedizin« waren ihm schon beim Hereinkommen auf Thomsens Schreibtisch aufgefallen. Er hatte sie gleich an sich genommen. Winterhalter war nun mal »wunderfitzig«, wie seine Großmutter immer gesagt hatte (»Wunderfitz hät d'Nase g'spitzt«). Und auch wenn der Bericht außer an die Staatsanwaltschaft nur noch an Thomsen adressiert war, konnte der Neugierige einfach nicht widerstehen.

Sein Vorteil war, dass sein Chef noch nicht im Büro war. Er hatte angerufen und verkündet, dass er noch mal beim Einbruchsdezernat vorbeischaue (»In der Sache Riesle muss endlich etwas passieren!«). Nach Winterhalters Meinung litt sein Kollege schlicht an Verfolgungswahn.

Winterhalter und Thomsen waren in den letzten Tagen meist die ersten Kriminalisten im Haus gewesen. Der Nebenerwerbslandwirt hatte seinen Dienstbeginn seit jeher auf sieben Uhr justiert. Bis dahin war er stets schon zwei Stunden auf den Beinen: Kühe, Schweine, Frühstück, Dusche (optional), Fahrt nach Villingen lauteten seine Stationen.

In Thomsen war ihm nun eine echte Frühaufsteherkonkurrenz erwachsen. Immer noch hatte der Chef Probleme mit der Akklimatisierung an seine neue Wohnung, kroch meist schon vor fünf Uhr dreißig aus seinem Bett, glättete das Laken sorgfältig und duschte dann ausgiebig. Wirklich über dienstliche Belange nachdenken konnte er während der fünfundvierzigminütigen Reinigung kaum. Immer wieder schaute er durch den Duschvorhang in Richtung der schemenhaft zu sehenden Toilette. Grauenvoll, sich vorzustellen, dass dieser Riesle hier gesessen haben mochte. Mindestens so sehr störte Thomsen auch, dass er immer noch im Dunkeln darüber tappte, was der Journalist gestohlen hatte. Und warum? In der Nacht hatte er sogar mit einer Auflistung seines gesamten Hab und Gutes erfolglos versucht, Licht in den Fall zu bringen. Von A wie Ananas (Stückchen in Dose) bis Z wie Zahnpflegeset (a: Zahnbürste 1 x grün, gebraucht – 1 x gelb, verpackt, b: Zahnpasta 1 x gebraucht, 1 x neu 250 ml, c: Munddusche, neu). Zu seinem Leidwesen war das Gedankenprotokoll wieder vollständig gewesen.

Dass der Obduktionsbericht eingetroffen war, hatte Winterhalter Thomsen am Telefon lieber verschwiegen. Ohnehin hätte der Chef ihm den Bericht erst mal vorenthalten und sich später vermutlich nur häppchenweise die Informationen aus der Nase ziehen lassen.

Dass Dietrich Reinstetter an Amanitin – dem Gift des Knollenblätterpilzes – gestorben war, wie der Obduktionsbericht preisgab, war für Winterhalter keine Überraschung. Der Patient war ja aufgrund seiner Erkrankung in einem körperlich derart schlechten Zustand gewesen, dass die Vermutung nahelag, die Pilzvergiftung habe ihm den Rest gegeben, während die anderen Patienten die Folgen der Pilzsuppe so viel besser weggesteckt hatten.

Umso mehr überraschte ihn ein anderes Ergebnis: Die Giftkonzentration in Reinstetters Körper war etwa sechsmal höher als bei den anderen Patienten!

Als Thomsen im Büro eintraf, machte er keinen guten Eindruck. Er war übernächtigt, und sein Gesicht wies eine ungesunde, leicht rötliche Färbung auf. Die Tatsache, dass ihn die Kollegen von der Kriminalinspektion 2 nochmals aufgefordert hatten, seine Anzeige gegen den Journalisten zurückzuziehen (»Herr Thomsen, das führt doch zu nichts. Die Sache wird eh eingestellt. Aufwand und Ertrag stehen in keinem Verhältnis ...«), trug nicht gerade zu seinem Wohlbefinden bei. Er hatte sich erneut geweigert. Am liebsten hätte er jetzt alleine vor sich hingegrübelt, doch stattdessen musste er sich das Büro mit diesem Landwirtschaftskriminalisten teilen, der am frühen Morgen nach Kuhmist roch, weil er wohl auf das Duschen wieder mal verzichtet hatte.

»De Obduktionsbericht im Fall Reinschtetter isch eitroffe«, sagte Winterhalter und winkte ihm mit den Papieren zu.

»Geben Sie her! Eigentlich erwarte ich, dass dieser mir zuerst vorgelegt wird. Wieso haben Sie schon Ihre Finger daran gehabt?« Er streifte rasch seine stets griffbereit daliegenden weißen Handschuhe über, schnappte sich den Bericht und sah, dass dieser an ihn adressiert war.

»Ich lasse mir solche Unverschämtheiten von Ihnen nicht bieten, Winterhalter. Hier: Zu Händen von KHK Thomsen persönlich. Lesen können Sie doch …«

KHK Thomsen war verbittert. Alle waren sie gegen ihn. Die Kollegen von der Kriminalinspektion 2. Winterhalter. Riesle. Dieser unzuverlässige Zeuge Gartmann …

»Des isch mer gar nit ufg'falle'«, gab Winterhalter den Ahnungslosen, um umgehend die Aufmerksamkeit auf den Fall zu lenken. »De Obduktionsbericht sagt, dass de Dietrich Reinschtetter im Verhältnis zu de andere Patiente d' sechsfache Giftdosis Amanitin im Körper g'habt hät. Unglaublich: d' sechsfache Giftdosis«, wiederholte er und setzte auf den Überraschungseffekt.

Winterhalters Stragetie schien aufzugehen. Thomsen war wirklich völlig perplex. Er las den Bericht kurz quer. Der Gerichtsmediziner attestierte »nekrotisierte Schleimhautareale in Dünn- und Dickdarm«. Besonders interessierte den Kommissar das Analyseverfahren, mit dem der Amanitinwert bestimmt worden war. Der Gerichtsmediziner hatte Reinstetter Urin entnommen und den Schnelltest »Elisa« durchgeführt – den gleichen Test wie bei den anderen Patienten, die Vergiftungserscheinungen aufgewiesen hatten. Dieser zeigte eindeutig, dass die Konzentration um das Sechsfache höher war als der Durchschnittswert der übrigen Untersuchten. Das errechnete Thomsen blitzschnell, da er die Werte der anderen Patienten vom toxikologischen Schnelltest noch im Kopf hatte.

»Wieso kommen wir erst jetzt drauf, dass Reinstetter eine so hohe Giftdosis hatte?«, fragte Thomsen zerknirscht.

»Weil de Test bei de lebende Patiente natürlich dringlicher war. Die musset jo rasch entsprechend behandelt werde. Mit einem Knolleblätterpilz isch nu mol nit zum Spaße. Beim Reinschtetter war's jo eh scho zu spät. Außerdem habet mir seinen Leichnam jo beschlagnahmt und in die Rechtsmedizin nach Freiburg abtransportiere lasse. Dort konntet erscht im Auftrag vu de Staatsanwaltschaft alle notwendige Teschts durchg'führt werde.«

Thomsen klatschte den Bericht auf den Schreibtisch.

»Trotzdem: Wir hätten gleich noch einen Schnelltest bei Reinstetter veranlassen sollen. Sie gelten doch hier als Spezialist für Kriminaltechnik, oder? Sie hätten darauf kommen müssen!«

Thomsen hielt es nicht einmal für ausgeschlossen, dass Winterhalter vielleicht schon früher über die erhöhte Dosis Bescheid gewusst hatte. War der vielleicht Teil einer Verschwörung? Falls ja, war es wirklich Mobbing reinsten Ausmaßes. Falls nein, war er vielleicht auch etwas übermüdet, überlegte sich Thomsen und konzentrierte sich wieder, um Winterhalters Dialekt zu verstehen.

»Aber Chef, mir leget doch keinen Katheter a de Leich. Außerdem: Wer konnt des ahne, dass de Reinschtetter mehr Gift erwischt hät? Und überhaupt: Des könnt doch theoretisch sei, dass er sechs Teller vu dere Supp g'esse hät?«

»Halte ich für sehr unwahrscheinlich«, meinte Thomsen, bei dem das Rötliche wenigstens allmählich aus dem Gesicht verschwand. Gesünder sah er dadurch noch immer nicht aus. »Immerhin war dieser Reinstetter doch todkrank. Da hätte er ja schon einen sehr gesunden Appetit haben müssen. Außerdem war in der Auflistung der Klinik nur von einem Teller Suppe die Rede. Wir sollten trotzdem noch einmal das Klinikpersonal befragen.«

»Welche mögliche Erklärunge gibt's sonscht no für des sechsfache Gift im Körper vum Reinschtetter?«, fragte Winterhalter, der um einen konstruktiven Dialog bemüht war.

Thomsen blätterte wieder im Obduktionsbericht.

»De Reinschtetter hät en Teller Supp mit extrem hoher Giftdosierung erwischt – rein zufällig ebe. Pech halt«, versuchte Winterhalter sich selbst eine Antwort zu geben. »Aber isch des glaubhaft?«

»Halte ich bei einer Pilzcremesuppe für sehr unwahrscheinlich.« Thomsen blickte auf, starrte aus dem Fenster des Kommissariats auf die vorbeisprudelnde Brigach, die in der morgendlichen Herbstsonne glitzerte. »Im Übrigen hätten dann ja auch die Giftwerte der anderen Patienten stärker voneinander abweichen müssen. Haben sie aber nicht. Die hatten alle ähnliche Werte.«

»Vielleicht hät de Reinschtetter no auswärts irgendwo Giftpilz g'esse? In em Restaurant zum Beispiel?« Aber Winterhalter klang selbst nicht ganz überzeugt von der Idee.

»Sehr unwahrscheinlich. Dann wäre er ja zweimal vergiftet worden. Das halte ich für nahezu ausgeschlossen«, sagte Thomsen.

»Oder de Reinschtetter isch gezielt um'brocht worde'«, ging Winterhalter einen Schritt weiter.

»Aber das wäre doch auch widersinnig. Reinstetter war schwerstkrank. Praktisch schon dem Tode geweiht. Wer sollte denn einen Patienten umbringen wollen, der nur noch wenige Wochen, allenfalls Monate zu leben hat? Zumindest war das die Auskunft der Tannenklinik. Sechs Monate maximal, hieß es.«

»Vielleicht sollte mer mol die Angabe überprüfe. Vielleicht stimmt des jo gar nit und war nur e Täuschungsmanöver?«

»Oder Reinstetter hat versucht, Selbstmord zu begehen. Möglicherweise hat ihm jemand mit dem Gift des Knollenblätterpilzes Sterbehilfe geleistet! Vielleicht hatte er Angst vor der Qual des ihm bevorstehenden Todes«, räsonierte Thomsen und blickte wieder auf den Fluss. »Ich habe mich eingelesen: Bei einem Lungenemphysem kann das sehr qualvoll werden, bis man schließlich gar keinen Sauerstoff mehr bekommt.« Er schaute nochmals in den Obduktionsbericht, blätterte mit spitzen Fingern um. »Allerdings war das mit den Pilzen ja nun auch keine sehr angenehme Todesart. Das geht offenbar mit schlimmen Krämpfen einher.«

»Außerdem: Welchen Sinn hätt's dann gehabt, andere Patiente au no zu vergifte? Um d' Sterbehilfe zu vertusche? E bissle viel Aufwand.«

»Richtig. Das alles bedeutet, wir stehen wieder ganz am Anfang der Ermittlungen. Wir sollten noch mal das Personal der Tannenklinik befragen«, sagte Thomsen. Und der Tonfall verriet, dass dies kein Vorschlag, sondern ein Befehl war.

Sie brachen sofort auf.

27. DOPPELVERNEHMUNG

Winterhalter bekam bei den Befragungen wieder Dr. Hilbert zugeteilt. Ein Grund mehr, erneut eine Überrumpelungstaktik anzuwenden. Er teilte Hilbert mit, dass Reinstetter im Verhältnis zu den anderen Patienten das Vielfache an Gift im Körper gehabt habe. Für Hilbert war das neu, denn der Obduktionsbericht ging nicht der Klinik zu.

»Wir vermuten, dass er gezielt umgebracht worden ischt«, bemühte sich Winterhalter um ein passables Hochdeutsch, das zu dem vorwurfsvollen Ton in seiner Stimme einfach besser passte. »Um's noch mol klar zu sagen: Hier handelt sich's wohl nicht mehr um en Giftanschlag gege die Klinik, sondern vermutlich um Mord.«

Das wussten die Ermittler zwar selbst noch nicht so genau. Aber vielleicht bekam man so mehr aus Hilbert heraus.

»Der Reinschtetter war doch au wirklich todkrank, oder?«

Hilbert nickte.

175

»Wie lang?«

Hilbert schaute ihn ratlos an.

»Wie lang hätt er noch zu lebe g'habt?«, insistierte Winterhalter.

»Ohne dem Herrn Prof...«

»Jo, jo – ohne Ihrem Herrnprofessor vorzugreife ... Wie lang?«

»Drei ... maximal sechs Monate.«

»Heilung ausg'schlosse?«

Hilbert nickte vorsichtig. »Es ging hier primär darum, Herrn Reinstetter zu stabilisieren.«

Winterhalter überlegte. »Und wer wär so blöd und bringt en Todkranke um?«, fragte er mit großem Nachdruck.

Hilbert zuckte mit den Schultern.

»Sie habet doch die Leicheschau a' dem Mann vorg'nomme?«, vergewisserte sich Winterhalter und war bereits wieder voll im Dialekt. »Isch Ihne do nix B'sonderes aufg'falle?«

Hilbert schluckte. »Nein. Ich meine, ich glaube jedenfalls nicht. Zu dem Zeitpunkt, als wir ihn tot gefunden haben, war ja noch nicht einmal klar, dass es sich um eine Pilzvergiftung handelte. Und wie hätte ich die an der Leiche erkennen sollen?«

»Aber Ihne müsst doch vorher mol was aufg'falle sei? Wenn Patiente so e heftige Knolleblätterpilzvergiftung habe, do hän die doch schlimme Krämpf und blutige Durchfall?«

Winterhalter hatte sich bei seiner Frau noch mal schlau gemacht. Es war allerdings kein schönes Frühstücksthema gewesen. Wobei der Beamte abgehärtet war: Geburten und Fehlgeburten, Blut und Kot, Leben und Sterben bekam er täglich auf seinem Bauernhof mit – oft schon gleich nach dem Aufstehen. Nicht alle Tiere waren so zurückhaltend wie das Kälbchen Claas.

»Das war ja das Merkwürdige. Die anderen Patients, die

Magen-Darm-Probleme hatten, haben sich beim Personal gemeldet. Herr Reinstetter jedoch hat nichts von sich hören lassen. Als die Krankenschwester bei ihm nach dem Rechten sehen wollte, lag er schon tot im Bett.«

»Und wieso hän Sie dann bei de Leiche'schau ang'kreuzt, dass die Todesursach unklar war?«

»Wir hatten ja in Reinstetters Badezimmer bemerkt, dass auch er heftige Magen-Darm-Beschwerden gehabt haben musste. Ich erspare Ihnen die Details.«

»Redet Sie nu', wenn's Ihne' hilft«, brummte Winterhalter.

»Jedenfalls schien ein Zusammenhang mit den Beschwerden der anderen Patienten durchaus möglich. Ich habe es als meine Pflicht angesehen, so zu handeln. Erst neulich habe ich in einer Fachzeitschrift gelesen, dass manche Kollegen vorschnell eine natürliche Todesursache bei Patienten annehmen. Wir sind schließlich eine Klinik mit hohem ethischem Anspruch. Wenn ich aus dem jüngsten Ethikvortrag von Professor Krieg zitieren darf: ›Ethik ist kein Luxus, sondern unabdingbarer Bestandteil der Tannenklinik. Ethik ist darüber hinaus …‹«

Brav auswendig gelernt, dachte Winterhalter und widmete sich seinen Gedanken. Den Sympathiepunkt, den der Arzt wegen des Ankreuzens der »unklaren Todesursache« eingeheimst hatte, war durch diese Plattitüden schon wieder verspielt. Er überlegte: Reinstetter hatte von derselben Suppe und eine ähnliche Menge wie die anderen vergifteten Patienten gegessen – zumindest war das die Auskunft der Küche gewesen. Am Ende hatte er aber eine um ein Vielfaches schlimmere Vergiftung gehabt, was sich nicht einmal annähernd durch seinen geschwächten Zustand erklären ließ. Also musste die zusätzliche Dosis Amanitin zwischen der Zubereitung in der Küche und dem Servieren in Reinstetters Zimmer ins Essen gelangt sein. Vorausgesetzt, man hatte ihm das zusätzliche Gift nicht noch auf anderem Wege verabreicht.

»Die Pilzsupp gab's jo zum Mittagesse. Wisset Sie, wer alles Zugang zum Teller vum Dietrich Reinschtetter g'habt habe könnt?«

»Oje«, seufzte Hilbert, dem nicht entgangen war, dass Winterhalter einen Teil des Ethikvortrags ignoriert hatte. »Die Mahlzeiten werden denjenigen, die nicht im Speisesaal essen, ja aufs Zimmer gebracht. Dabei stehen sie in einem Rollwagen, in den auch die Portionen der anderen bettlägerigen Patienten geschoben werden. Da hätte praktisch jeder Zugriff, zumal der Wagen ja auch unbeaufsichtigt ist, bevor die Tabletts serviert werden.«

Dann fügte er noch hinzu: »Mit so etwas kann man ja nicht rechnen.« Eventuell wollte dieser Polizist der Klinik wieder irgendein Versäumnis vorwerfen.

Gelegenheit für Winterhalter, zum Angriff überzugehen, auch wenn es sich dabei eigentlich nur um eine Routinefrage handelte: »Herr Doktor Hilbert, wo waret Sie denn zwischen de Zubereitung vum Mittagessen und dem Einsammeln vu de Teller?«

»Ich? Ich … habe doch selbst gegessen … Aber etwas anderes, keine Pilze … Und zwar in meinem Büro.«

»Habet Sie Zeuge, die des bestätige könne?«

»Nein. Ich … also, warum?« Der Assistent schien ehrlich verzweifelt. Winterhalter grinste in sich hinein. Diese Ärzte! Der Einzige dieser Berufsgruppe, den er akzeptierte, war der Tierarzt bei ihm im Dorf. Der fühlte sich in seinem Stall so wohl wie in seiner Praxis. Dieser Hilbert hingegen war das schiere Gegenteil. Hinter dem Standesdünkel verbarg sich die Unsicherheit eines Menschen, der ohne seinen weißen Kittel wahrscheinlich schon beim Lebensmitteleinkauf überfordert war.

»Keine Zeuge'«, wiederholte Winterhalter und setzte noch einen drauf. »Do werdet mir uns wohl no mol unterhalte müsse.«

178

Das Gespräch zwischen Thomsen und Professor Krieg verlief freundlicher und hatte auch mehr den Charakter einer Befragung denn eines Verhörs. Eine große Hilfe war Krieg jedoch nicht, er wahrte völlig die Contenance und ließ sich nicht in die Karten blicken. Bestimmt war er aber insgeheim beruhigt: Die Tatsache, dass der Patient Reinstetter und nicht die Klinik als solche ins Zentrum der Ermittlungen rückte, kam ihm vermutlich ganz gelegen.

Andererseits blieb die Frage, ob nicht doch ein Mitverschulden der Klinik durch eine fahrlässige Vergiftung angenommen werden konnte. Und die Frage, was es mit dem ominösen Auto der Fernblickklinik auf sich hatte, das die Zeugen in der Nähe der Küche gesehen hatten.

Aufmerksam schaute sich Thomsen wieder im Chefarztbüro um. Die Urkunden, der Bilderrahmen, von dem er nur die Rückseite sehen konnte, der Schreibtisch selbst – alles war blitzblank poliert und wirkte so, als könne jeden Moment ein Fotograf kommen, der Werbeaufnahmen schießen wollte. Für die neue Schwarzwaldklinik mit Professor Krieg statt Professor Brinkmann. Dem Arzt, dem nicht nur die Frauen vertrauten.

»Sie wirken müde«, sagte Professor Krieg.

Thomsen war es nicht gewohnt, dass die Leute ihn beobachteten. Aufmerksam zu sein, sich nichts entgehen zu lassen – das war doch eigentlich sein Job. »Schlafstörung«, antwortete er knapp, denn zu große Vertraulichkeit wollte er nicht aufkommen lassen. Die Schlaftabletten, die Professor Krieg ihm schließlich mitgab, waren aber vom Wert her weit unter der Bestechlichkeitsgrenze angesiedelt.

179

28. SOLEKLINIK

Hummel rutschte allmählich in eine kleine Depression hinein. Während er sich im Rahmen der einstündigen medizinischen Trainingstherapie auf einem Crosstrainer abmühte, fielen ihm reichlich Gründe dafür ein.

Erstens: Trotz aller Gelber Rüben und Bewegungsübungen wie dieser hier bekam er seine Figurprobleme nicht richtig in den Griff – und das, obwohl er sich in den ersten Kurtagen doch ungeheuer kasteit hatte.

Zweitens: Ein Teil seiner Frustration rührte sicher von dem gänzlich missglückten Vorabend, diesem seltsamen Treffen mit Elke und dem entsetzlichen Abschluss, als Carolin sie überrascht hatte. Wobei überrascht das falsche Wort war: Sie hatten sich ja nichts zuschulden kommen lassen. Zumindest er nicht.

Wie standen wohl die Chancen, dass Carolin genau in einem solchen Moment ausgerechnet in dieses Restaurant kam? Eins zu tausend? Eins zu zehntausend? Er hätte Caro zu gerne gefragt, ob das Zufall war oder ob jemand nachgeholfen hatte. Ein Jemand namens Elke …

Carolin war auch am Morgen weder über Handy noch über Festnetz erreichbar gewesen. Er musste heute Abend wieder bei ihr vorbeifahren. Hubertus hatte schon überlegt, in der Schule anzurufen und sie über Lautsprecher ausrufen zu lassen, um in Kontakt mit ihr zu kommen. Um im Rektorat darum zu bitten, hätte er sich aber wohl unter einem falschen Namen melden müssen.

Folgerichtig hatte er den Gedanken wieder verworfen.

Der dritte Grund für seine drohende Depression: Die Erpressungsgeschichte war undurchsichtiger denn je. Er fühlte sich nicht direkt bedroht. Eher beunruhigte ihn, dass dieser

Erpresser so unkalkulierbar war. Wer wusste denn, was man diesem Typen zutrauen konnte? Um das herauszubekommen, musste er vermutlich diesen Vergiftungsfall lösen.

Beim Besuch der Fernblickklinik hatte sich ja herausgestellt, dass der dortige Chefarzt den Chef der Tannenklinik kennen musste. Wenn die Fernblickklinik in diese Vergiftung verwickelt war, lag es nahe, in der gemeinsamen Vergangenheit der beiden Chefärzte zu kramen.

Hubertus stieg schnaufend vom Crosstrainer. Endlich Mittagessenszeit.

Kebab? Oder doch lieber die Diätration im Speisesaal?

Erst noch ein Versuch bei Carolin. Die fünfte Stunde musste gerade vorbei sein, vielleicht war sie im Lehrerzimmer des Romäus-Gymnasiums.

War sie nicht. Oder wenn sie's war, ging sie jedenfalls nicht ans Handy.

Dafür bat Klaus auf der Mailbox um Rückruf. Er tat ihm den Gefallen.

»Abfahrt Punkt halb zwei«, rief der. »Ich hol dich ab. Wart an der Pforte.«

Typisch Klaus: Wozu und warum, darüber sagte er nichts.

Hummels psychisches Tief hatte indes auch keine triftigen Gründe dagegen vorzubringen, erneut ein paar der nachmittäglichen Klinikanwendungen sausen zu lassen. Brachten ja eh nichts. Sollten sie ihn doch rauswerfen. Er versuchte die Reste seines schlechten Gewissens damit zu becircen, dass er immerhin beim Mittagessen durch Anwesenheit glänzte.

Nach den Berichten um das vergiftete Klinikessen litt die Beteiligung der übrigen Patienten weiterhin massiv – da konnte nicht einmal der Salat mit Putenstreifen als Lockmittel viel ausrichten. Selbst der Sachse war nicht zu sehen. Zuckschwerdt schob das Essen gewohnt wortkarg in sich hinein, sodass Hummel seinen eigenen Gedanken nachhängen konnte.

Es war ein wenig bizarr: Er hatte Herzprobleme, wurde in eine psychosomatische Klinik delegiert, ohne dass er diesbezügliche Beschwerden hatte. Nun aber, nach einer Woche, schien er ähnliche Probleme zu haben wie die anderen Patienten. Seine Psyche war tatsächlich instabil. Vermutlich sollte er doch mit jemandem darüber reden. Klaus?

Hubertus fiel ein, dass er beim allmorgendlichen Blick in den Kurier keine Riesle-Geschichte über den Vergiftungsfall gelesen hatte. Das war auffällig.

Der Freund kam pünktlich. Hummels Frage nach dem ausgebliebenen Artikel führte zu einer spontanen Beschleunigung des Kadetts. Falsches Thema, ganz offensichtlich.

»Schreibverbot!«, erklärte Klaus einige Kurven später, nachdem er wild hin und her geschaltet und mehrere Kurgäste von den Zebrastreifen gejagt hatte. »Dieser Professor Walger von der Fernblickklinik hat sich beim Chefredakteur über uns beschwert!«

»Über uns?«, echote Hummel.

Riesle nickte und beschleunigte Richtung Villingen.

»Muss man sich mal vorstellen«, sagte er dann. »Ist das ein Eingriff in die Pressefreiheit oder nicht?«

»Schon«, beschwichtigte Hummel und sah die Silhouette Villingens mit den Münstertürmen an sich vorbeiflitzen. Auf ihn selbst traf das freilich weniger zu, denn streng genommen war er ja gar kein Journalist. Deshalb musste er auch weniger empört als vielmehr besorgt darüber sein, es könne sich herumsprechen, dass er sich als Fotograf bei einer Zeitung verdingte, während er krankgeschrieben und eigentlich zur Reha in einer Klinik war.

»Wo fahren wir denn hin?«

»Ich lasse mir doch nicht selbst recherchierte Geschichten wegnehmen«, meinte Riesle und schlug wütend auf das

Lenkrad. Zum Glück waren sie in diesem Moment auf einer geraden Strecke der B 33.

»Klaus, wo fahren wir denn hin?«, insistierte Hummel.

»Erst mal was essen.«

»Ich habe schon gegessen«, wehrte Hummel ab. »Außerdem ...« Er zeigte dem Freund zwei Karotten, die er aus der Hose geholt hatte.

Riesle grinste. Er bog mit quietschenden Reifen in einen Fast-Food-Drive-in ab und wettete schon in der Autoschlange gedanklich, dass Hubertus nicht würde widerstehen können.

An der Ausgabestelle überreichte er Hummel eines der beiden Menüs, legte seine eigene Cola in der Becherkonsole ab und begann den ersten Fettmacher aus dem Papier zu pulen. Er lenkte den Kadett nun mehr oder weniger mit den Oberschenkeln.

Hubertus biss mit erloschenem Gesichtsausdruck in seinen Burger und erzählte Klaus vom gestrigen Abend und dem Romantik-Restaurant.

»Seltsame Sache«, mampfte Riesle. »Aber jetzt haben wir einen ganz anderen Termin.«

»Bei wem?«

»Einfache Internetrecherche«, sagte der Journalist, mit dem ein präzises Gespräch heute nur schwer möglich schien.

Immerhin erfuhr Hummel, dass es nach Bad Dürrheim ging. Riesle hatte nämlich alles, was im Internet über die Chefärzte der beiden Kliniken verfügbar war, gesammelt und ein »Bewegungsbild«, wie er es hochtrabend nannte, angefertigt.

Inhalt des imaginären Bildes: Walger und Krieg hatten beide in Freiburg studiert. Möglicherweise stammte auch das Foto, das Hummels scharfes Auge an der Wand der Höchenschwander Klinik entdeckt hatte, vom gemeinsamen Studienabschluss.

Außerdem waren beide Oberärzte an der Soleklinik in Bad Dürrheim gewesen. Und nun, so Riesle, während er sich großzügig Pommes aus der Box in den Mund stopfte, profitierten sie einmal mehr von seinen Kontakten. An der Soleklinik kannte er nämlich einen Pfleger – und mit diesem waren sie nun verabredet.

Vor allem hatten sie erst einmal eine Verabredung mit einem der dortigen Waschbecken. Beide hatten sich während der Fahrt nicht unerheblich mit Currysauce, Ketchup und weiteren Schweinereien bekleckert, sodass dem Treffen mit dem Pfleger eine ausgiebige Säuberung auf dem WC vorausging.

»Klaus«, sagte Hubertus dann. »Ich möchte nachher mit dir aber unbedingt noch über etwas anderes sprechen. Elke und Carolin. Ich brauche jemanden, der mir einen Rat gibt, wie ich weiter vorgehen soll.«

Während er in sein gealtertes und keineswegs dünner gewordenes Spiegelbild auf dem WC der Bad Dürrheimer Soleklinik schaute, hatte er den Eindruck, dass es wohl doch ein ziemlicher Fehler sei, Klaus in privaten Dingen um Rat zu fragen. Der war zwar unbestritten sein ältester Freund, aber unstet und mochte Carolin nicht besonders, war also parteiisch.

»Komm jetzt«, sagte Riesle und führte ihn in die Cafeteria der Kurklinik, wo bereits der Pfleger auf sie wartete, der sich Hubertus als Tobi vorstellte. Er war schon von Riesle instruiert worden und hatte einen älteren Exkollegen mitgebracht: Gerhard, der nun »vom Krieg erzählte«, wie er sich ausdrückte. Gerhard war Betriebsrat und ein idealer Informant.

Das Ende der Zusammenarbeit zwischen den damaligen Doktoren Krieg und Walger sei alles andere als harmonisch gewesen, wusste er zu berichten und warf einen flüchtigen Blick durch die Fensterfront auf den Salinensee. Die beiden hätten als Oberärzte ziemlich gut harmoniert. Fachwissen, Ehrgeiz, Standesdünkel.

»Als männlicher Pfleger warst du für beide ein Niemand«, erinnerte er sich. »Ein Versager.« Dann lächelte er ironisch: »Und als Betriebsrat ein Kommunist. Mindestens. Krieg und Walger waren gute Freunde, soweit ich mich erinnern kann. Haben zusammen an der Uni Freiburg geforscht, sich auch ungefähr gleichzeitig habilitiert.«

»Und dann?«

»Aus Freundschaft wurde Wettbewerb, Rivalität – so ist das halt in diesen Kreisen. Krieg war meist einen klitzekleinen Schritt voraus«, erinnerte sich Gerhard. »Ein paar Publikationen mehr, ein bisschen teurere Autos. Er bekam auch als Erster den Zuschlag für eine der Oberarztstellen hier an der Soleklinik.«

»Und dann?«, fragte Riesle gespannt.

»Sollte Krieg hier einer der Chefärzte werden«, sagte Gerhard.

»Aber es wurde Walger?«, fragte Hummel.

»Keiner der beiden wurde es«, meinte Gerhard. »Es gab nämlich Gerüchte, dass die zwei eine gemeinsame Forschungsarbeit ... na, ja.«

»Geschönt hätten?«, schlug Riesle vor und erntete ein Nicken.

»Nennen wir's vielleicht sogar gefälscht«, verschärfte Gerhard. »Endgültig nachgewiesen werden konnte es aber nicht. Jedenfalls schienen die beiden Herren für eine Leitungsposition in dieser Klinik nicht mehr infrage zu kommen.«

Hubertus war etwas enttäuscht, mit welcher Regelmäßigkeit ihn seine Menschenkenntnis im Stich ließ. Professor Krieg hätte er von einem solchen Verdacht eigentlich jederzeit freigesprochen. Gerhard wirkte allerdings überzeugend, kein blinder Klassenhass-Gewerkschafter. Außerdem hätte er bis gestern auch Elke von dem Verdacht freigesprochen, sich mit ihm in einem Romantik-Hotel zu verabreden, um

Carolin dorthin zu locken und so eine Beziehungskrise auslösen zu können.

»Eine Fälschung haben sie aber nie zugegeben?«, fragte Hummel.

»Jeder hat im Zuständigkeitsbereich des anderen Unregelmäßigkeiten gesehen«, sagte Gerhard, während Hubertus gegen sein Sodbrennen Kamillentee orderte. »Ab da war jedenfalls Schluss mit lustig – und die Monate danach haben die beiden sich bekämpft. War mitunter richtig peinlich in den Versammlungen.«

»Ist einer der beiden mal in eine Erpressung verwickelt gewesen?«, erkundigte sich Hummel.

Gerhard blickte ihn verwundert an und schüttelte dann den Kopf. »Ich weiß nur noch, dass sich anschließend beide auf die Stelle des Chefarztes in der Königsfelder Tannenklinik beworben haben.«

Keine Erpressung? Hummel war fast etwas enttäuscht. Riesle hatte es schneller begriffen, aber der hatte ja auch nur eine Mittagessensportion inne, weshalb sein Denkapparat besser funktionierte. »Walger wollte also auch Chefarzt der Tannenklinik werden?«

Gerhard nickte. »Weiß ich sicher. Aber es wurde ...«

»Krieg«, war Hubertus nun wieder auf dem Laufenden.

»Aber wieso sollte sich Walger jetzt rächen? Das ist doch ein paar Jahre her – und der hat doch jetzt einen sehr guten Job«, wandte Klaus ein.

»Der ist in Höchenschwand, in der Fernblickklinik«, sagte Gerhard – in Betriebsratskreisen kannte man sich offensichtlich aus.

Riesle und Hummel nickten, Tobi drehte sich eine Zigarette und machte Anstalten, sich diese auch anzuzünden, bis eine Cafeteria-Angestellte das unterband.

»Das ist doch ein Aufstieg«, meinte Riesle.

»Aus gewerkschaftlicher Sicht nicht. Gibt immer viele

Beschwerden in solchen seit Neuestem auf Luxus getrimmten Privatkliniken. Die Mitarbeiter werden ausgebeutet – da macht ihr euch keinen Begriff! Und so, wie die geklotzt haben, ist das kein Wunder. Die Fernblickklinik hat viel investiert. Die Anteilseigner wollen schnell Rendite sehen. Die Klinik steht gehörig unter Druck. Braucht eine hohe Patientenauslastung. Und wenn ich's recht mitbekommen habe, stehen bereits zugesagte öffentliche Fördergelder wieder auf der Kippe, weil andere Kliniken dagegen Klage eingereicht haben. Also in Walgers Haut möchte ich eigentlich nicht stecken.«

Riesle sah eine gute Gelegenheit, es dem Fernblickchefarzt heimzuzahlen, denn der hatte sich ja schließlich über ihn beschwert. »Da müssen wir unbedingt intensiver drüber reden«, meinte er.

»Kollegen, ich hab euch jetzt schon einiges erzählt – und ihr habt mir Informantenschutz zugesichert«, meldete sich Gerhard. »Jetzt erzählt mir doch mal, was los ist.«

Sie brachten ihn grob auf den aktuellen Stand.

Hummel überlegte derweil, gar nicht mehr in die Tannenklinik zurückzukehren. Gut, er musste natürlich noch seine Sachen abholen. Aber war man denn vor dem Erpresser nicht am sichersten, wenn man sich gar nicht mehr in seinem Einflussbereich aufhielt? Andererseits: Konnte man wirklich so genau sagen, wo dessen Einflussbereich endete? Zumindest würde er andernorts wohl nicht vergiftet werden.

Letztlich hatten die Tage in Königsfeld für mehr Aufregung als Entspannung gesorgt. Da schien es sinnvoller, einfach zu Hause das Private zu regeln und sich dann ein paar Wochen dort zu entspannen. Sein Gewicht musste er eben durch regelmäßige Spaziergänge im Schwarzwald reduzieren – im Zweifelsfall wirklich am frühen Morgen.

Das konnte er sich gut vorstellen – notfalls würde er sich sogar Nordic-Walking-Stöcke besorgen.

Und was die Essgewohnheiten betraf: Er war inzwischen richtiggehend karottenabhängig. Das war doch schon mal eine gesunde Basis!

Klaus hatte allerdings andere Pläne mit ihm: »Huby, du musst ein bisschen in der Umgebung dieses Tannenklinik-Chefarztes rumschnüffeln«, sagte er bestimmt. »Wir werden den Fall klären – und dann werden wir doch mal sehen, wer darüber im Kurier berichten wird!«

29. KUPPLUNGSPROBLEME

So früh Winterhalter stets zum Dienst erschien, so zeitig läutete er im Normalfall auch seinen Feierabend ein. Um siebzehn Uhr dreißig gab es zu Hause Abendessen. Das mochte dem Stadtmenschen, der erst um zwanzig Uhr zur Nahrungsaufnahme außer Haus ging, fremd sein, aber der Stadtmensch musste ja auch nicht um fünf Uhr morgens aufstehen. Zudem war ein fester Tagesablauf nötig, wenn man einen Bauernhof bewirtschaftete. Und wenn man eine Frau hatte, die bei Unpünktlichkeit keinen Spaß verstand und der Sekundärtugenden statt einer Rassel oder eines Schnullers in die Wiege gelegt worden waren.

Gott sei Dank, dachte Winterhalter, als er sich brav auf der hölzernen Kücheneckbank im Herrgottswinkel unter dem Kruzifix niederließ. Die große Kuckucksuhr schlug einmal – es war genau halb.

Genau genommen war er nämlich sehr zufrieden mit seiner Frau. Eine wie beispielsweise diese Elke Hummel, die ihren Gatten viele Jahre mit ihren immer neuen Selbstverwirklichungsmanien aus der Bahn geworfen hatte, hätte ihn wohl umgebracht. Zumindest aber die Tiere auf dem Bau-

188

ernhof, denn solche Leute waren meist nicht in der Lage, im Alltag zu bestehen. Das Leben bestand aber nun mal aus Alltag – und weniger aus Beschwörungen altindischer Gottheiten, Kursen in weiblichem Obertonsingen oder »total guten Gesprächen«. Winterhalter zog jederzeit die gute Arbeit dem »total guten Gespräch« vor. »Nit schwätze, schaffe«, lautete ein beliebter Spruch von ihm.

»Worüber grübelsch du denn?«, begann seine Frau ihre Art eines »guten Gespräches« und reichte ihm das Holzbrett mit dem Speck aus hauseigener Schlachtung. Winterhalter griff reichlich zu.

»De aktuelle Fall halt«, antwortete der Kommissar und richtete den Blick auf seine Frau, die eine mit Stickereien versehene Küchenschürze umhatte. Motiv Schwarzwaldfichte. Normalerweise redeten sie nicht viel. Und wenn, dann fast nur über den Alltag auf dem Hof. Es gab schließlich genug zu tun. Doch diesmal brannte ihm etwas auf den Nägeln: »Sag emol, du bisch doch so e Käpsele, was d' Pilz betrifft: Mir hän doch en Tote in de Tanneklinik, der d' sechsfache Giftdosis vu de andere Klinikpatiente im Körper hät. Älle hän aber vu deselbe Champignoncremesupp g'esse. Hätt'sch du e Idee, wie mer des erkläre könnt?«

Frau Winterhalter reichte ihrem Mann nun das Käsebrett und meinte: »Jo, falls du dabei g'wese wärsch …«

»Wieso?«

»Ha, du hätt'sch doch wohl d'sechsfache Menge vu ällene andere g'esse … Des git doch dann au s'sechsfache Gift – oder nit?«

»Ha, jetzt schwätz au nit.« Winterhalter erläuterte, warum das wohl auszuschließen sei. Vermutlich habe der Patient nur eine Portion gegessen, aber dennoch die sechsfache Dosis Gift erhalten. Seine Frau kannte sich zwar mit Pilzgerichten aus und konnte im Wald die giftigen von den

189

ungiftigen Pilzen unterscheiden, aber das machte noch längst keine Rechtsmedizinerin aus ihr.

Vielleicht sollten sie doch beide weiter strikt bei ihrer Zuständigkeit bleiben. Er mischte sich nicht in den Haushalt ein, sie sich nicht in seine Fälle. Gemeinsames Aufgabengebiet war nur die Landwirtschaft. Am Schluss endete das sonst noch wie bei Familie Hummel, wenn man die traditionellen Rollenverhältnisse so durcheinanderbrachte. Dienst war Dienst, Schnaps Schnaps. Er wäre ja auch nicht auf die Idee gekommen, nach Büroschluss mit Thomsen gemütlich einen trinken zu gehen und über Privates zu plaudern. Bei der Vorstellung musste er etwas grinsen.

»Was i mir überlegt han«, sagte Frau Winterhalter, während sie mit dem Abräumen begann, »dein Kollege Thomsen isch doch allei …«

»Logisch«, bestätigte Winterhalter, der sich seinen Chef beim besten Willen nicht mit einer Frau zusammen vorstellen konnte. Dass der tatsächlich einmal verheiratet gewesen war, wie ihm ein Kollege erzählt hatte … Das musste ein grauenvoller Irrtum gewesen sein – vor allem von Seiten der Frau.

»Des isch doch eigentlich en ganz nette Mann …«, meinte seine Frau nun vom Kühlschrank her, in dem sie gerade die ebenfalls selbstgemachte Butter deponierte.

Winterhalter wurde plötzlich misstrauisch. »Auf wa will'sch du denn bittschön raus?« Er blickte wieder auf die große Uhr. Zehn vor sechs, wie jeden Abend, wenn sie das »Veschper« beendet hatten.

»I hab nu denkt: D' Gretel … Dere Mann isch doch jetzt au scho drei Johr tot. Vielleicht könntet mir de Thomsen emol am Sonntag zum Kaffee eilade – und d'Gretel au …«

Bei aller Wertschätzung für die handfeste Art seiner Frau, aber das ging doch ein paar Kilometer zu weit. Genau genommen war das sogar der dümmste Vorschlag, seit seine

Frau in plötzlich aufkommendem – und glücklicherweise genauso schnell wieder abebbendem – Bildungshunger in der Volkshochschule Furtwangen einen Italienischkurs hatte belegen wollen, damit man im Urlaub auf dem Stammzeltplatz an der Adria wenigstens ein paar Sätze mit den Betreibern kommunizieren könne. Weil die doch immer so nett seien.

»De Thomsen und d' Gretel? Häsch du jetzt vielleicht au en Giftpilz g'esse?«, empörte sich Winterhalter und griff nach dem Flaschenöffner für sein Feierabendbier. Eigentlich übertraf das sogar den Vorschlag mit dem Italienischkurs. Mal ganz davon abgesehen, dass er gerade endgültig beschlossen hatte, Privates und Dienstliches nicht zu mischen.

»Außerdem hät de Thomsen schlicht und eifach einen a de Erbse.« Er unterstrich dies mit der Scheibenwischerbewegung. »Der hät beispielsweise en völlige Sauberkeitsfimmel!« Seine Meinung über die Gretel, die in der Nachbarschaft wohnte und eine mittlere Schreckschraube war, behielt er lieber für sich.

Frau Winterhalter, die in der Zwischenzeit schon irgendetwas in der Diele zu kruschteln gehabt hatte, kam wieder zurück in die Küche und baute sich vor dem Herrgottswinkel auf, wo ihr Mann immer noch saß: »Des möge die Fraue aber vielleicht!«

Und dann hatte sie noch einen ganz besonderen Giftpfeil für den Gatten: »I hätt au nix dagege, wenn du e paar mol öfter bade tätsch!«

30. ÜBERRASCHUNG!

Die fehlende Körperpflege war bei Hummel keineswegs das Problem. Auch jetzt war er wieder frisch geduscht auf den Straßen des Schwarzwald-Baar-Kreises unterwegs. Aber er machte sich Sorgen. Das letzte Lebenszeichen, das er von Carolin empfangen hatte, waren ihr fassungsloses Gesicht sowie ihre Beschimpfungen am Vorabend in diesem Romantik-Restaurant gewesen. Heute lautete seine Bilanz: fünf Telefonversuche, null Treffer.

Der Zauber des abendlichen Schwarzwaldes ergriff ihn nicht ganz so sehr wie am Vortag, die gedankliche Beschäftigung mit Carolin verhinderte dies. Dennoch nahm Hummel die Landschaft wahr: die rötliche Farbe des Himmels, die Bäume und Sträucher, deren Färbung in Grün, Orange und Braun changierte. Er wusste, was ihm zum puren Genuss außer seinen Sorgen noch im Wege stand. Der Geruch fehlte! Es reichte nicht, wenn man dem Schwarzwald im Vorüberfahren Blicke widmete, man musste die Natur riechen, vielleicht gar ertasten, spüren.

Ansonsten blieb man stets ein Betrachter statt ein Teil des Ganzen.

Die Lösung lag auf der Hand und war auch für seine Figurprobleme optimal: Er würde sich ein Fahrrad anschaffen. Zwar besaß er noch eines, das ganz hinten in der Garage hoffnungslos vor sich hin welkte – aber das war noch aus der Dreigangzeit. Ein neues, schickes würde es schon sein müssen. Eines, das ihn dazu verleitete, quasi alle privaten wie beruflichen Fahrten damit zu unternehmen. Und eines für Caro.

Ein wenig konterkarierte der Rupertsberg gerade sein schwärmerisches Vorhaben: Dessen Steigung war schon mit dem Auto eine Herausforderung. Hummel musste sogar die Karotte aus der Hand legen, weil er dauernd hin und her zu schalten hatte. Mit dem Rad aber, da kannte sich Hubertus gut genug aus, würde er nach der ersten Schinderei aufgeben. Und hier hinauf würde er noch öfter müssen, denn schließlich wohnte da seine Freundin. Von der er inständig hoffte, dass sie nun endlich zu Hause sein möge.

Als er um die Ecke bog, machte sein Herz einen leichten Hüpfer: Ihr Wagen stand vor der Tür.

Hubertus nahm die rote Rose, die er noch in Königsfeld erworben hatte, vom Beifahrersitz und klingelte an der Tür. Zurückhaltend erst, dann ein wenig bestimmter, schließlich ungeduldig.

Sie musste doch da sein. War sie so geknickt, dass sie überhaupt nicht mehr öffnete? Hatte sie ihn draußen auf der Straße gesehen und verweigerte sich jetzt jedem Gespräch?

Endlich knarzte die Sprechanlage, die schon lange reparaturbedürftig war. Für gewöhnlich verstand man kaum, was da von oben aus der Wohnung gesprochen wurde. Aber viele Möglichkeiten gab es ohnehin nicht: Meistens war es nicht mehr als ein »Ja?«, »Bitte?« oder »Hallo?«.

Hubertus stutzte, denn diesmal ergoss sich ein ganzer Wortschwall aus der Anlage. Dessen genaue Bedeutung konnte er nicht ermessen – er wusste nur: Wenn das Carolin war, hatte sie in den letzten vierundzwanzig Stunden reichlich Hormone zu sich genommen. Mit anderen Worten: Das war die Stimme eines Mannes!

»Mach auf!«, rief Hubertus und wurde durch den Summer erhört. Drei Stockwerke waren es und eine echte Herausforderung für seinen Körper. Hummel nahm nämlich zwei Stufen auf einmal – im zweiten Stock schien ihm die Mehrzahl seiner sich überschlagenden Gedanken zu signalisieren, dass es einen anderen Mann in Carolins Leben gab. Einen, mit

193

dem sie sich verdammt schnell getröstet hatte. Einer, der sich bei ihr schon so zu Hause fühlte, dass er die Sprechanlage betätigte.

Die Wohnungstür war angelehnt, doch niemand erwartete ihn. Hummel stürmte hinein und brüllte in einem veritablen Eifersuchtsanfall: »Wo ist er?« Die Rose in seiner Hand verlieh dem Ganzen eine noch skurrilere Anmutung.

Während Hubertus durch den Flur stürmte, schaute er links in die Küche, rechts ins Schlafzimmer, dann links ins Bad, rechts in die Abstellkammer. Nichts! Geradeaus befand sich das Wohnzimmer – und da war er, saß blöde lächelnd am Tisch. Der Mann, der ihm geöffnet hatte. Der Mann, den er hasste. Der Mann, der … Sein Nachbar Pergel-Bülow!

»Gut, dass du kommst, Huby«, sagte er gewohnt freundlich.

»Mein Herz«, keuchte Hubertus, für den das alles zu viel war. Er schnaufte schwer, beugte sich nach vorne, kämpfte mit dem Gleichgewicht, schnaufte wieder und plumpste matt an den Wohnzimmertisch, an dem auch Pergel-Bülow Platz genommen hatte.

Durch die breite Fensterfront konnte er die Silhouette St. Georgens sehen. Es dämmerte, und in den ersten Häusern flackerte Licht.

Neben Pergel-Bülow saß Carolin. Schweigsam und mit einem Blick in den Augen, den Hummel nicht zu deuten vermochte. Daraus sprachen Müdigkeit, Enttäuschung, vielleicht auch ein Schuss Aggressivität.

In Hubertus regte sich eine Mischung aus Übelkeit und schierer Fassungslosigkeit. Er wollte etwas sagen, schwieg dann aber, als er bemerkte, dass drüben in der Ecke, wo Carolins Stundenplan hing, noch eine Person saß.

Hubertus war zugleich entsetzt und doch beruhigt. Es war Regine Pergel.

»Gut, dass du kommst«, sagte Klaus-Dieter Pergel-Bülow

wieder. »Wir haben viel über dich gesprochen. Und jetzt ist es an der Zeit, dass auch du sagst, was du fühlst ... «

Hubertus schnaufte wieder und glotzte dann wie ein Karpfen den Nachbarn an. Als er genug Luft hatte, um lauter zu werden, entgegnete er: »Zunächst würde ich verdammt noch mal gerne wissen, was ihr hier macht!«

Dabei konnte er es sich denken. Pergel-Bülows waren Kollegen von Carolin. Sie hatten heute in der Schule bemerkt, dass es ihr schlecht ging, hatten ihr in ihrer unerträglich aufdringlichen Weise beistehen wollen und waren insoweit Experten, als sie Elke und Hubertus kannten. Das einzig Beruhigende war, dass sie Elke nicht mitgeschleppt hatten. Vielleicht war das auch beunruhigend, denn die hätte ja immerhin glasklar darüber Auskunft geben können, dass es ihre Schnapsidee gewesen war, Hummel in dieses Romantik-Restaurant einzubestellen.

»Wir sind doch alles reife Menschen«, begann Pergel-Bülow mit einem seiner Lieblingssätze, während Carolin immer noch dasaß, als sei sie einer mehrstündigen Psychofolter ausgesetzt gewesen.

Was sicher auch ziemlich genau der Fall gewesen war.

Regine Pergel begnügte sich mit einem Dauernicken, das offenbar schon fast meditative Züge trug. Dabei rührte sie gedankenverloren in ihrer Teetasse. Tee! Alle tranken Tee! Das ideale Beiwerk zu »guten Gesprächen«. Wo waren die Räucherstäbchen?

Hubertus fiel ein, dass er Fahrräder neben der Haustür gesehen hatte. Obwohl es ihm widerstrebte, musste er den Pergel-Bülows insgeheim Respekt zollen. Sie hatten sich offenbar auf ihren Rädern von Villingen nach St. Georgen und den Rupertsberg hoch gequält.

»Wir werden gleich noch mal Elke anrufen«, sagte Pergel-Bülow lächelnd. »Sobald wir sie erreichen, können wir das alles gemeinsam diskutieren.«

War es die psychosomatische Reha? Oder waren es einfach nur Pergel-Bülows? Hummel hatte allmählich den Eindruck, dass er verrückt wurde. Er war in einer Zeit und in einer Familie aufgewachsen, in der man Probleme dieser Art nicht unter dem Einsatz von esoterischen Mediatoren zu lösen versuchte. In der es solche Probleme gar nicht gegeben hatte – zumindest nicht nach außen. Die Selbstverständlichkeit, mit der sich Pergel-Bülows in sein Leben einmischten und seine intimsten Beziehungen klären wollten, ließ ihn halb hilflos, halb aggressiv werden.

»Weißt du«, sagte Pergel-Bülow wieder, »für die Carolin war das ein großer Schock gestern.«

Hummel nickte verbissen. Ja, für ihn auch. Der Schock hier konnte sich aber durchaus mit dem gestrigen messen.

»Vielleicht kannst du uns jetzt mal sagen, Huby«, fuhr der Nachbar unbeirrt weiter fort, »wer der Carolin den Brief geschrieben hat, dass sie um halb acht in diesem Romantik-Hotel sein soll?«

Hummel holte tief Luft. »Elke, fürchte ich«, sagte er dann leise, obgleich er sich ärgerte, dass er in diesem komischen Verhör überhaupt Antwort gab.

Nun mischte sich Regine ein. »Es ist gar nicht so selten, dass nach einer Trennung die Expartner wieder Gefühle füreinander entdecken. Zumal dann, wenn sie Seelenverwandte sind.« Sie schaute nun Carolin bedauernd an. »Und Elke hat wohl herausgefunden, dass sie und Hubertus Seelenverwandte …«

Hummel schickte ein Stoßgebet zum Himmel. Gnade! Für ihn und Carolin, die ihm einfach nur leid tat.

»Weißt du, Huby«, übernahm nun wieder Pergel-Bülow. »Für die Caro ist das Ganze ja auch so schwer, weil sie ein Baby haben möchte.«

Hummel war nun kurz davor, sich seine wenigen Haare auszureißen. Warum erzählte er ihm das? Woher wusste der Nachbar das überhaupt? Er, Hubertus Hummel, wusste es, verdammt noch mal – und das genügte. Er war schließlich der Lebensgefährte dieser bemitleidenswerten Person. Pergel-Bülow hingegen ein unsäglicher Wicht, der ihm zwar möglicherweise das Leben gerettet hatte, wie Hummel nun sich selbst gegenüber einräumen musste, den das alles hier aber dennoch einen feuchten Kehricht anging.

»Du, Elke«, hörte er Regine, die inzwischen das Telefon in der Hand hielt. »Könntest du mich dringend mal anrufen? Klaus-Dieter, die Carolin und der Hubertus sitzen hier bei der Caro – und wir sollten unbedingt was miteinander besprechen.«

Hummel schaute Carolin an, doch die erwiderte seinen Blick nicht und starrte ein Loch in den Tee. Er stellte sich vor, wie sie in wenigen Minuten zu fünft die Raupe durch Carolins Wohnzimmer machen würden, wenn das so weiterging. Auf das Wollknäuelwerfen konnte man wohl immerhin verzichten – sie kannten sich ja bereits alle.

»Weißt du, Huby«, meinte nun Regine mit ihrer sanftesten Stimme. »Unabhängig davon, wie unser Gespräch sich weiterentwickelt: Du musst versuchen, mit dir ins Reine zu kommen. Dein Misstrauen abzubauen. Nur so können sich echte Beziehungen entwickeln. Zu dir selbst – und zu deinen Partnerinnen.«

Doch, Regine Pergel machte das sehr gut. Vorausgesetzt, sie hatte zum Ziel, dass er kollabierte. »Unser« Gespräch? Am liebsten hätte er diese beiden Hobbylebensberater hinauskomplementiert und sich dann in Ruhe mit Carolin unterhalten.

Genau das sagte er den beiden auch, doch seine Freundin machte keinerlei Anstalten, ihn zu unterstützen. Sie hatte noch nicht einmal nachgefragt, ob er wirklich nichts mit dem Brief an sie zu tun hatte. Wahrscheinlich war sie zu wütend darüber, dass er sich auf das Treffen mit Elke eingelassen hatte.

Frauen!

»Weißt du«, meinte nun Regine zu Klaus-Dieter. »Ich glaube, ich rufe auch mal die Brinda an. Die hat doch noch mehr Erfahrung als wir – vor allem im stundenastrologischen Bereich der Partnerberatung. Vielleicht kann die gleich kommen.«

Natürlich. Warum nicht auch noch diese Brinda? Oder die ganzen Heinis aus dieser komischen Sekte, mit der ja auch die Pergel-Bülows schon zu tun gehabt hatten? Vielleicht konnte man auch noch Bhagwan persönlich in die Wohnung von Carolin dirigieren? Ach, der war schon vor Jahren gestorben? Aber das konnte doch wohl kein Hindernis für Pergel-Bülows sein ...

Als Regine tatsächlich jemanden erreicht hatte und zu einem »Du, Brinda ...« ansetzte, war es Zeit, Abschied zu nehmen.

Hubertus zerschmetterte mit aller Wucht die Rose auf dem Wohnzimmertisch, blickte dann Carolin an und sagte laut: »Ich würde mich gerne einmal unter vier Augen mit dir unterhalten. Ich liebe dich nämlich. Melde dich, wenn du dafür mal wieder Zeit hast.«

Er stand auf und ging, ohne Pergel-Bülows noch einmal eines Blickes zu würdigen. Regine telefonierte unverdrossen weiter mit Brinda.

31. DER SCHNÜFFLER

Klaus hatte seinen Freund Hubertus davon überzeugt, sich bei günstiger Gelegenheit »unauffällig« im Chefarztzimmer umzusehen. »Für dich als Patient ist es doch nicht schwierig, sich da mal Zugang zu verschaffen und ein bisschen in den Unterlagen herumzustöbern«, lautete Klaus' Plan.

Hummel war nach dem Schauspiel bei Carolin zunächst einfach nur erschöpft und deshalb nicht sonderlich begeistert gewesen. Er sah aber schließlich ein, dass wohl sonst alle Möglichkeiten, brauchbare Informationen über die Verbindung zwischen den Chefärzten der Kliniken herauszubekommen, vorläufig ausgeschöpft waren. Klaus hatte das Internet noch »restlos ausrecherchiert«. Und in der Fernblickklinik sollten sie sich die nächste Zeit wohl besser nicht blicken lassen.

»Vielleicht findest du bei Krieg auch irgendetwas über den Obduktionsbericht. Das Ergebnis müsste doch mittlerweile da sein.« Außerdem hatte Klaus folgende Vorgehensweise parat: »Wir sollten dein Inkognito als Patient keinesfalls lüften. Das ist einfach zu wertvoll.«

»Klaus, nur zur Erinnerung: Ich bin dort tatsächlich Patient und kein verdeckter Ermittler. Im Übrigen wissen nach deinen Artikeln und Holterdipolterauftritten eh alle über uns Bescheid«, hatte Hubertus zurückgegeben und den Kopf geschüttelt. Wenn das Jagdfieber ihn befallen hatte, benahm sich Klaus mitunter, als wäre er der Schwarzwaldableger von James Bond – mit der Lizenz zum Wichtigtun.

Er hatte schließlich dennoch zugestimmt – unter der Bedingung, dass Riesle vor dem Chefarztzimmer »Schmiere stand«, während er sich in diesem umsah. Die von Hubertus zunächst vorgeschlagene umgekehrte Konstellation hatte Klaus abgelehnt. »Wenn sie dich erwischen, fliegst du maximal aus der Klinik. Und du hast ja eh keine Lust mehr. Wenn sie aber mich erwischen, bin ich meinen Job los. Der Chefredakteur wartet nur auf eine günstige Gelegenheit. Es ist nun schon einiges zusammengekommen: Beschwerden der Kliniken, diese lächerliche Anzeige wegen Einbruchs und so weiter ...«

»Das in Thomsens Wohnung war ja auch eine ziemlich abseitige Nummer, Klaus. Ich verstehe nicht, warum du für so einen Quatsch Kopf und Kragen riskierst.«

»Investigativer Journalismus, mein Freund! Man muss immer auf der Suche nach neuen Informationsquellen sein. Thomsen ist nun mal eine heiße Quelle. Und deine ist Professor Krieg.«

Hubertus wusste, dass die Ärzte jeden Vormittag um elf Uhr eine Besprechung abhielten, bei der Professor Krieg immer wieder gerne auf die bei Dr. Auberle verhasste »Krawatten- und Anzugpflicht« verwies. »Wenn der sonst keine Probleme hat«, hatte der kürzlich bei einer Untersuchung Hummels gelästert. »Fehlt nur noch, dass ich demnächst meinen Bart abrasieren muss.«

In Kriegs Vorzimmer saß die Sekretärin, eine attraktive Enddreißigerin, sehr akkurat gekleidet, mit strenger Hochsteckfrisur und rot umrandeter, modischer Titanbrille. Hummel und Riesle lauerten auf dem Gang und besprachen flüsternd das weitere Vorgehen.

»Sollen wir warten, bis sie auf die Toilette geht?«, fragte Hubertus.

»Nein. Bis dahin ist die Besprechung womöglich schon zu Ende. War 'ne gute Idee von dir, mich mitzunehmen.« Er zwinkerte seinem Freund verschwörerisch zu. »Ich lenke sie ab. Schau zu, dass du den richtigen Moment abpasst, um reinzuhuschen.«

»Einen wunderbaren guten Tag, schöne Frau«, trällerte Klaus wenig später und klopfte dreimal gegen den Türrahmen. Immer die Holzhammermethode.

»Was kann ich für Sie tun?«, fragte die Vorzimmerdame in ihrer professionellen Mischung aus routinierter Freundlichkeit und kühler Distanz.

»Ich bin ein neuer Patient und suche den Bereich, wo ich die Fangopackungen und Massagen bekomme.«

»Abschnitt C, erstes Obergeschoss«, sagte die Sekretärin, ohne zu zögern, und widmete sich wieder ihren Unterlagen.

»Schöne Frau, ich habe eine so schlechte Orientierung. Könnten Sie mir's vielleicht genauer erklären?«

Sie stand auf, ohne sich etwas anmerken zu lassen, und ging mit Riesle auf den Gang. Dort verwickelte er sie in immer weitere Erklärungen, bis sie schließlich sogar paar Meter neben ihm herlaufen und ihm gestikulierend den Weg weisen musste.

»Noch mal das Ganze von vorne, bitte schön«, gab Klaus den Begriffsstutzigen und stellte sich so vor sie hin, dass sie Hummel im Rücken hatte. »Da, wo der Gang sich zweigt, muss ich also rechts?«

»Nein, links!« Die Sekretärin begann trotz ihrer professionellen Freundlichkeit allmählich zu verzweifeln und atmete gekünstelt tief durch. »Kommen Sie, ich begleite Sie ein Stück.«

Hummel hatte in der Zwischenzeit auf der Wartebank vor dem Vorzimmer des Professors Platz genommen. Nun ließ er die Zeitschrift, die sich mit Prävention von Schlaganfall und Herzinfarkt beschäftigte, unauffällig auf den gläsernen Beistelltisch rutschen, schlich durchs Vorzimmer und öffnete die Tür mit der Aufschrift *Prof. Dr. med. Dr. rer. nat. Krieg – Ärztlicher Direktor.* Zum Glück war diese geschlossen gewesen, sodass Hummel sie auch wieder hinter sich zumachen konnte. Krieg war offenbar kein Typ offener Türen.

Mit Riesle hatte er verabredet, dass dieser sich gleich wieder im Gang auf die Lauer legen und ihn auf dem Mobiltelefon anrufen, es aber nur einmal klingeln lassen sollte, falls der Chefarzt auftauchte.

Der Plan sah weiter vor, dass Hummel dann über die Terrassentür in Richtung Kurpark unbemerkt entkam. Zum Glück lag das Büro im Erdgeschoss.

Er warf einen flüchtigen Blick auf den Schreibtisch und sah endlich das vermeintliche Familienfoto, das ihn schon bei seiner ersten Behandlung so neugierig gemacht hatte.

Doch im Gegensatz zu seiner ursprünglichen Annahme strahlte ihn keine aristokratische Frau nebst herausgeputzten Kindern an. Der Herr Professor schaute in sein eigenes Antlitz, wenn er am Schreibtisch Patientenakten studierte. Das Foto zeigte ihn, wie er von einem anderen Mann – natürlich in Anzug und Krawatte – händeschüttelnd eine Mappe entgegennahm. Vielleicht ein medizinischer Forschungspreis? Reichlich selbstverliebt, dachte sich Hummel. Vermutlich hatte dieser Krieg so sehr mit Klinik und Karriere zu tun, dass gar keine Zeit für eine Familie blieb. Noch einmal hatte er sich in ihm getäuscht.

Hubertus spürte jetzt die Nervosität. Er zog eine seiner Karotten aus der Jackentasche und begann, daran herumzunagen. Derweil streifte sein Blick diverse Fachbücher vom *Pschyrembel* bis hin zu *Gehirn, Psyche und Körper – Neurobiologie von Psychosomatik und Psychotherapie,* dann einen großen Schrank mit mehreren Dutzend Ordnern. Hier waren die Patienten alphabetisch sortiert. Hummel widerstand der Versuchung, unter *Hu* wie Hummel nachzuschlagen, widmete sich dem Ordner *Ausbildung,* um dann festzustellen, dass es sich dabei nicht um die des Professors, sondern des Klinikpersonals handelte. Diverse Zeugnisse waren darin abgeheftet. Der Chefarzt war offenbar so streng, wie er aussah.

Bis hier nichts Persönliches.

Er öffnete den nächsten Schrank, fand dort sorgfältig gestapelte Fachzeitschriften sowie weitere Ordner. Einer trug den Titel *Abgelehnte Bewerbungen.* Auch hier vermied er, diesen aufzuschlagen. Zielführend vorgehen, ging ihm durch den Kopf. Und weiter an der Karotte nagen.

Also widmete er sich dem nächsten Ordner. Langsam wurde es interessant: *Fernblick.* Hummel fiel ein, dass er das Foto von Professor Walger noch anderen Leuten in der Klinik zeigen wollte, um herauszufinden, ob dieser schon einmal – womöglich mit dem verdächtigen Klinikauto – hier gesehen worden war. Der Sachse hatte ihn nicht gekannt, und das wollte einiges heißen.

Er überblätterte einige Zeitungsartikel über den Klinikneubau in Höchenschwand, fand ein Anschreiben des Rechtsanwalts an das Ministerium, in dem die Tannenklinik zusammen mit einigen anderen Kliniken eine »Klageandrohung« wegen eines Zuschusses für die Fernblickklinik aussprach. Außerdem ein Schreiben des Ministeriums mit der Aussage, dass man an der Zusage für den Zuschuss festhalten werde. Schließlich die wiederum via Rechtsanwalt eingereichte Klage beim Verwaltungsgericht und eine Beschwerde beim Landesrechnungshof. Zu Hummels Enttäuschung gab der Ordner weder etwas darüber preis, wie die Klage ausgegangen war, noch darüber, wie es um die aktuellen persönlichen Kontakte zu Professor Walger stand.

Er stellte die Ordner sorgfältig zurück und zog ein paar weitere mit der Aufschrift *Persönliche Korrespondenz* heraus. Analog zu den Patientenordnern ging es auch hier streng alphabetisch zu. Gerade hatte er sich den Ordner mit dem Buchstaben W geholt, als er im Vorzimmer Stimmen vernahm.

Hummel erstarrte für einen Moment. Professor Krieg! Allein die herrische Art ließ keinen Zweifel zu. Ein kurzer Blick auf sein Handy: Kein Warnanruf. Was war schief gelaufen?

Hubertus reagierte für seine Gewichtsverhältnisse enorm schnell. Er schob die Ordner innerhalb weniger Sekunden fast geräuschlos in den Schrank, schloss diesen behutsam, warf einen kurzen Blick auf die gesamte Front: Alles wie zuvor.

Ein rascher Blick nach rechts: Zur Terrassentür waren es circa fünf Meter. Blick nach links: Der altmodische Paravent, der offenbar für Patienten gedacht war, die sich bei Untersuchungen »bitte freimachen« sollten, stand gerade mal anderthalb Meter entfernt.

Hummel drehte sich um, nahm kurz den Türgriff ins Visier. Dieser setzte sich gerade in Bewegung. Es blieb nur der Paravent! Der war allenfalls einen Meter sechzig hoch, so dass er in die Knie gehen musste. Sein Bauch spannte unter dem Gummizug der Trainingshose.

»Er hat schon wieder angerufen«, sagte die Sekretärin gerade. »Hier ist noch mal die Nummer. Sie mögen bitte sofort zurückrufen. Andernfalls werde er unter anderem dem Verwaltungsdirektor Bescheid geben müssen. Sie wüssten schon, warum.«

»Schon gut, Fräulein Haas. Ich kümmere mich darum. Das ist ein Herr mit psychischen Problemen.«

»Sollen wir vielleicht die Polizei darüber in Kenntnis setzen? Ist das ein Stalker – oder wie die heißen?«, fragte sie nun.

»Nein, das ist nicht nötig. Dieser Mann braucht einfach nur Hilfe. In einer Klinik wie der unsrigen hat man nun eben mal ab und zu mit psychisch instabilen Menschen zu tun. Keine Sorge!«, sagte Professor Krieg und zog die Tür hinter sich zu.

Ein renitenter Patient, schoss es Hummel durch den Kopf. Von einem solchen hatte doch auch Dr. Auberle berichtet. Die gebückte Haltung bereitete ihm allmählich Atemnot. Wie lange würde er in dieser Stellung wohl verharren müssen? Vielleicht bis zur Untersuchung der nächsten Patientin, die dann unter einem hysterischen Aufschrei einen ungebetenen Gast hinter dem Paravent vorfand?

Als sich Professor Krieg nun auch noch zwei Zigaretten hintereinander anzündete und diese in wenigen Zügen wegrauchte, steigerten sich Hummels Atembeklemmungen. Gedanklich plädierte er für ein striktes Nikotinverbot in Chefarztzimmern.

Krieg wählte die Nummer, die ihm die Sekretärin gegeben hatte, und stellte das Telefon auf laut, um sich eine dritte

Zigarette anzünden zu können. War er Kettenraucher oder nur nervös?

»Herr Professor? Na endlich«, hörte Hummel eine männliche Stimme am anderen Ende der Leitung.

»Was willst du schon wieder?«, schlug der Professor einen unwirschen Tonfall an, der eigentlich gar nicht zu seiner distinguierten Erscheinung passte. Er blies eine große Wolke Zigarettenqualm in die Luft. Hummel versuchte weiter unauffällig zu atmen.

»Fünfundzwanzigtausend. Sie wissen ja, wohin Sie das Geld liefern sollten.«

»Das ist jetzt das vierte Mal! Das heißt, ich hätte dir damit hunderttausend Euro in den Rachen geworfen. Die Sache muss endlich ein Ende haben!«

Hummel vergaß für einen Moment seine missliche Lage. Professor Krieg wurde also erpresst! Da hatte er nach Mitpatienten gesucht, die wegen eines Kurschattens von einem Erpresser verfolgt wurden – und dann war der Chefarzt mitbetroffen ... Oder ging es hier um etwas ganz anderes? Und wer war der Erpresser? Gar Professor Walger oder ein Angestellter der Fernblickklinik? Er versuchte sich die Stimme des Höchenschwander Chefarztes zu vergegenwärtigen. Doch er war sich nicht sicher.

»Sie wissen, was passiert, wenn Sie nicht bezahlen«, sagte jetzt der Mann am Telefon. Er atmete fast so schwer wie Hubertus.

Noch eine Pilzvergiftung?, überlegte Hummel. Oder würde dann öffentlich gemacht, dass Krieg eine Affäre hatte?

»Ich weiß Bescheid. Bis wann habe ich Zeit, das Geld zu besorgen?«

»Morgen um achtzehn Uhr ist Ultimo. Ansonsten ...«, schnaufte der Mann.

»Ja, ich weiß ... Aber dann muss endgültig Schluss sein. Ein für allemal«, sagte der Chefarzt und beendete das Ge-

205

spräch per Knopfdruck. Hummel hörte, wie Krieg etwas aus einer Schublade herauszog und auf den Tisch legte. Dann erfolgte wieder das Knipsen des Feuerzeugs. Der Professor blätterte in irgendwelchen Unterlagen, stand auf und wanderte im Raum umher.

Hummel machte sich noch ein Stück kleiner, hielt nun komplett die Luft an, versuchte mit seinem Gehör zu ergründen, wo sich der Chefarzt in etwa hinbewegte.

Dann hörte er, wie die Tür aufging. Hubertus atmete erleichtert, aber ganz vorsichtig aus.

»Sie rauchen ja schon wieder, Herr Professor. Sie sollten besser auf Ihre Gesundheit achten«, sagte die Sekretärin, die sich offenbar mehr als andere Untergebene bei ihm herausnehmen durfte.

»Sind *Sie* jetzt die Ärztin?«, gab er zurück. Er lehnte die Tür an und erzählte irgendetwas von der »Bank« und dass man Dr. Hilbert damit beauftragen müsse, Geld abzuheben.

Hummel spürte, dass dies der richtige Moment war, um über die Terrasse zu verschwinden. Er trat hinter dem Paravent hervor und behielt dabei die angelehnte Tür und den Griff immer im Auge. Dann ging er am Schreibtisch entlang und warf einen flüchtigen Blick auf eine Mappe, die nun nach dem Telefonat aufgeschlagen neben der Computertastatur lag.

Universitätsklinikum Heidelberg – Transplantationszentrum stand auf dem Briefkopf eines Schreibens, das lose in der Mappe lag. Er war schon fast an der Terrassentür, als ihm noch die Betreffzeile ins Auge stach: »Organspende Patient Dietrich Reinstetter«.

Hummel machte einen Schritt zurück. Eine Organspende für Narben-Dietrich? Dabei achteten seine Ohren aufmerksam auf das Gespräch des Professors nebenan.

Ihm fiel eine handschriftliche Bemerkung auf dem Schreiben auf: *Erledigt!!!* stand dort in großen Buchstaben.

»Dann ist so weit alles klar«, hörte er den Chefarzt sagen.

Hummel war bis in die Spitzen seines schütteren Haupthaars angespannt: Nichts wie weg. Als er die Freitreppe in Richtung Kurpark hinunterstürzte, duckte er sich und drehte sich dann noch mal kurz um. Der Chefarzt steckte sich gerade die nächste Zigarette an. Hummel hingegen inhalierte erleichtert die gute Schwarzwälder Luft des Höhenkurortes.

Was er nicht mehr mitbekam, war, dass Professor Krieg beim Ausdrücken der Zigarette eine angeknabberte Karotte neben dem Aschenbecher vorfand.

»Fräulein Haas, Sie haben nicht zufällig bei mir im Büro gegessen?«

32. TAUSCHBÖRSE

Riesle war mit Hubertus recht zufrieden. Umgekehrt war das allerdings nicht der Fall: »Ich habe mich auf dich verlassen, Klaus! Und wo warst du, als der Chefarzt aufgetaucht ist? Wir hatten verabredet, dass du mich warnst!«, schimpfte Hummel.

»Ich habe mich wirklich nur fünf Minuten mit meinem Informanten unterhalten, dann war ich wieder auf dem Posten.«

»Fünf Minuten, die alles hätten zunichte machen können«, ereiferte sich der Freund. »Und sagst du mir vielleicht endlich, wer dieser ominöse Informant ist?«

»Ich kann nur wieder mal sagen: Informantenschutz«, lautete die Antwort. Hummel war beleidigt.

Aus dem Schreiben der Klinik und dem mitgehörten Telefonat konnten sich die beiden noch keinen rechten Reim machen. Dass der Chefarzt erpresst wurde, war eindeutig und für Hubertus einmal mehr die Bestätigung, dass auch er es mit einem gefährlichen Menschen zu tun hatte. Doch womit und von wem wurde Krieg erpresst? Von einem Kurschatten konnte bei ihm wohl kaum die Rede sein.

Die Geschichte mit Reinstetter war noch undurchsichtiger. Hätte mit einem Spenderorgan doch noch die Chance bestanden, ihn zu retten? Steckte vielleicht gar Organhandel dahinter? Eine »ganz große Nummer«, wie Riesle mit glänzenden Augen mutmaßte? Für den Journalisten war klar: Sollten die Puzzleteile ihrer Recherche endlich ein halbwegs vollständiges Bild ergeben, musste er Thomsen anzapfen. Und diesmal wollte er das ganz offen tun. Immerhin hatte er mit dieser geplanten Organtransplantation zumindest ein Pfund, mit dem er wuchern konnte.

Vielleicht ließ sich Thomsen ja auf einen Handel ein: Obduktionsergebnis gegen »Organinfo«. Denn wenn er die ausreichend spektakulären Informationen hatte, würde sein Chefredakteur gar nicht anders können, als ihn diese sensationelle Geschichte schreiben zu lassen!

Claas Thomsen hatte immer noch zwei Fälle parallel in Bearbeitung. Den Klinikfall, bei dem er leider nicht so richtig weitergekommen war, und den Einbruch in seine Wohnung. Zumindest bei Letzterem gab es an diesem Tag Positives: Er hatte bei den für Einbruchsdelikte zuständigen Kollegen erreicht, dass man Riesle eine freiwillige erkennungsdienstliche Behandlung vorschlagen werde, um zu sehen, ob einer der Fingerabdrücke in Thomsens Wohnung mit denen des Journalisten übereinstimmte.

»Ohne die Kooperationsbereitschaft von Herrn Riesle geht es aber nicht. Zwangsweise vorladen wird der Richter ihn nicht lassen«, hatte der Beamte gesagt und gehofft, dass der Kollege nun endlich Ruhe geben werde.

Zumal noch ein anderes Angebot im Raum gestanden hatte, das Thomsen aber von sich aus hatte ablehnen müssen: Der ermittelnde Kriminalbeamte hatte »die beste Spürnase der Polizeidirektion«, nämlich den Diensthund Hasso, in Thomsens Wohnung zum Einsatz bringen wollen. Zu diesem Zwecke wäre die freiwillige Herausgabe eines Kleidungsstücks des Journalisten vonnöten gewesen. Selbst wenn Riesle aber beispielsweise seine alte Jeansjacke zur Verfügung gestellt hätte – einen Hund in seiner Wohnung wollte Thomsen selbst angesichts eines so gravierenden Deliktes wie eines Einbruchs nicht haben. Ihm reichte immer noch die Erinnerung an den Kuss des Kälbchens Claas.

Zum ersten Mal, seit er in seiner neuen Wohnung war, verspürte Thomsen so etwas wie Entspannung. Als es an der Tür klingelte, war er gerade beim Verzehr seines etwas kargen, aber hygienisch einwandfreien Abendbrots – gut verpackte Astronautenkost. Der Kommissar schaute auf die Uhr. Sieben. Wer konnte das sein? Vermutlich der Hausmeister oder seine Frau. Vielleicht konnte der sich doch noch zu einer klaren Aussage durchringen. Das wäre natürlich das Sahnehäubchen.

Vielleicht war es auch Riesle, der gestehen wollte? Nein, eher nicht. Der Journalist hatte kein Gewissen.

Thomsen öffnete die Tür. Vor ihm stand ein Mann mit dichten schwarzen Haaren und dunkler Hautfarbe.

»Ja?«

»Hallöle! De Bobby vom Bombayservice. I han do dei Beschtellung«, sagte der und streckte ihm eine Tüte und eine Flasche entgegen. Nicht schon wieder Rotwein! Vorsicht!

»Macht genau en Zwanziger«, sagte Bobby.

Jetzt sprachen selbst die Inder schon im Schwarzwälder Idiom! Thomsen war so erstaunt über den Kontrast zwischen Zungenschlag und äußerer Erscheinung, dass er schon geneigt war, zu seinem Geldbeutel zu greifen. Gerade noch

209

rechtzeitig besann er sich: »Ich habe aber nichts bei Ihnen bestellt, Herr Bobby.«

»Du därfsch ruhig du zu mir sage. Wie isch denn dein Name?«

»Äh ... Claas«, sagte Thomsen verdattert. Und, da ihm die Frage einfach auf der Zunge lag: »Sind Sie ein echter Schwarzwälder?«

»So dunkel wie de Schwarzwald«, sagte Bobby seinen Standardspruch und grinste. »Meine Eltern kumme us Indien. Aber i bin vu do. Wa isch jetzt mit de Bestellung? Du bisch doch de Riesle?«

Thomsen hatte verstanden. »Nein, der wohnt da drüben, nebenan.«

»Jesses nei«, sagte Bobby. »Tschuldigung – un ade.«

Thomsen schloss die Tür. Netter Kerl. Kurioserweise fühlte er sich in diesem Moment etwas einsam: Wenn er sich schon darüber freute, dass jemand versehentlich an seiner Tür klingelte und sich mit ihm unterhielt ...

Etwa zwanzig Minuten später klingelte es schon wieder. Inzwischen müsste Bobby Riesle aber gefunden haben. Oder?

Er öffnete in Erwartung des indischen Schwarzwälders die Tür. Und tatsächlich stand da wieder ein Mann mit einer Weinflasche.

Klaus Riesle!

Wollte er etwa doch gestehen?

»Was wollen *Sie* denn hier?«, rief Thomsen.

»Mit Ihnen Bruderschaft trinken«, sagte Riesle trocken und wartete gespannt auf die Reaktion. Die Flasche schlenkerte so in der Hand, dass Thomsen ein Déjà-vu hatte: Dieser Tölpel brachte es fertig und würde nochmals seinen kompletten Wohnungsflur verunreinigen.

»Seien Sie doch vorsichtig!«

Dann erst drang zu ihm durch, was Riesle gerade gesagt

hatte: »Bruderschaft? Ich glaube, Sie sind jetzt schon nicht mehr ganz nüchtern?«

Thomsen wollte die Tür schon zuschlagen. Ohnehin galt es, dem Journalisten den Weg in seine Wohnung zu verwehren. Sonst wären etwaige Spuren, die Hasso dort von Riesle finden mochte, möglicherweise nicht verwertbar.

»Nein, das war natürlich ein Scherz. Im Ernst: Ich möchte mich mit Ihnen in Ruhe unterhalten, weil ich ein Angebot für Sie habe. Außerdem möchte ich Ihnen ein Glas Wein spendieren und mich für neulich entschuldigen, als ich die Flasche bei Ihnen fallengelassen habe.«

Thomsen starrte ihn an.

»Wir können auch gerne zu mir gehen«, beeilte sich der Journalist zu sagen.

»Zu *Ihnen?*« Thomsen schluckte. Dieser Riesle war irgendwie unberechenbar. Vielleicht sogar gefährlich.

»Na gut«, sagte Riesle. »Dann eben bei trockener Kehle. Also: Sie sollten nach Möglichkeit die Anzeige wegen dieser Einbruchsgeschichte zurückziehen.«

»Das liegt jetzt nicht mehr in meinem Ermessen«, sagte Thomsen.

»Wie meinen Sie das?«

»Die Kollegen von der Kriminalinspektion 2 fahren jetzt das große Programm. Es ist geplant, Ihre Fingerabdrücke mit denen in meiner Wohnung zu vergleichen. Ich rate Ihnen gut, sie freiwillig abzugeben. Falls nicht: Ich habe die Scherben der von Ihnen zerbrochenen Rotweinflasche aufbewahrt. Darauf dürfte sich zur Not auch noch ein Fingerabdruck für den Dakty-Abgleich finden.« Thomsen kam langsam in Fahrt.

Riesle rief sich die »Recherche«, wie er sie nannte, in Thomsens Wohnung noch mal in Erinnerung. Er war eigentlich sehr sorgfältig vorgegangen. Nein, keine Fingerabdrücke! Eigentlich konnte er guten Gewissens diese erkennungsdienstliche Behandlung machen. Dann war vielleicht endlich mal Ruhe. Und genau das sagte er auch dem Kommissar.

»Gut«, meinte Thomsen. »War's das dann?«

»Nein. Ich hätte da noch etwas, das Sie interessieren könnte.«

»Habe ich richtig gehört: *Sie* haben etwas, das *mich* interessieren könnte?« Jetzt klang Thomsen fast schon hämisch.

»Ja. Mein Freund Hummel ist in Besitz eines Dokuments gekommen, das ein völlig neues Licht auf den Fall Dietrich Reinstetter wirft.«

Jetzt begann Thomsen, sich zu amüsieren. Zumindest ein bisschen, denn zu echtem Humor war er gar nicht in der Lage.

»Sie halten die Kripo wohl für dumm! Wir wissen, dass Reinstetter die sechsfache Dosis Pilzgift im Körper hatte. Nur weil Sie wieder irgendwelche Mitarbeiter geschmiert und diese Informationen bekommen haben, wollen Sie mir die jetzt verkaufen, um sich in dieser Einbruchsgeschichte reinzuwaschen. Ich habe Sie durchschaut.«

Riesle hätte nun fast wirklich zum zweiten Mal eine Flasche Rotwein fallen lassen. »Die sechsfache Dosis?«, rief er begeistert.

Thomsen schwieg zunächst betreten. Dieser Einbruch machte ihn noch zum psychischen Wrack, benebelte seinen doch eigentlich so klaren Verstand. Dann sagte er: »Was wollten Sie mir denn nun mitteilen? Was ist mit diesem Dokument, von dem Sie sprachen?«

»Ach ... nichts von Bedeutung.« Riesle grinste. Sensationell! Thomsen würde sich entleiben, wenn ihm endgültig klar geworden war, was er ausgeplaudert hatte. »Ich gehe jetzt einen trinken. Und zwar allein. Und danach schmeiße ich diese Flasche in den Restmüll. Sie können mich dann ja bei der Gartmann anzeigen. Schönen Dank noch mal für Ihre Information.«

Das hatte gesessen.

»Moment, Herr Riesle … Sie hatten mir gerade mitgeteilt, dass Ihr Kompagnon in Besitz eines brisanten Dokuments sei, das für den Fall Dietrich Reinstetter interessant sein könnte. Also raus mit der Sprache.«

»Schönen Abend noch, Herr Kriminalhauptkommissar«, verabschiedete sich Riesle in einem Singsang. »Und was Ihre Anzeige anbelangt: Da bin ich ganz gelassen. Mein Gewissen ist so rein wie die Donauquelle. Die Kollegen werden nichts finden.«

»Herr Riesle! Sie dürfen uns keine Beweismittel vorenthalten. Damit machen Sie sich schon wieder strafbar!«

Riesle hatte jedoch die Wohnungstür schon hinter sich zugeknallt, um gleich darauf genussvoll den Rotwein zu öffnen. Mittlerweile war nämlich auch der Korkenzieher aus seinem Chaos wieder aufgetaucht.

Thomsen überlegte: Wahrscheinlich hatte es der Journalist einzig und allein auf seine Dienstgeheimnisse abgesehen. Wenn er ihn drankriegen würde, dann doch mindestens wegen Hausfriedensbruchs sowie Ausspähung von Daten. Laut Strafgesetzbuch stand darauf immerhin noch bis zu drei Jahre Gefängnis.

33. DER BRUDER

»Die sechsfache Dosis Gift! Hubertus, stell dir das mal vor!«, redete Riesle auf seinen Freund ein, während sie am Ortseingang von Schwenningen im Stau standen. Vermutlich wieder mal eine Großveranstaltung auf der Landesgartenschau.

»Die hätten die Ortseinfahrt dafür vierspurig machen sollen. Am besten gleich sechsspurig. So ist das wirklich eine

Zumutung.« Klaus war wieder ganz in seinem Element als Autolobbyist und drückte kräftig auf die Hupe in der vagen Hoffnung, dass sich der Stau dadurch schneller auflöste. Die italienische Methode. Im Grunde nur ein Ablassventil für angestaute Aggressionen.

Wenn es danach gegangen wäre, hätte Hubertus stundenlang dauerhupen müssen: Weder mit Carolin noch mit Elke hatte er die Beziehungswirren bislang entflechten können. Vor allem die Funkstille mit seiner Freundin bereitete ihm Kummer. Er ging psychisch auf dem Zahnfleisch. Und zwar so, dass beim Gespräch mit der Psychotherapeutin der Tannenklinik am Morgen tatsächlich ein paar Tränen geflossen waren. Bei ihm, wohlgemerkt! Hinterher war ihm das überaus peinlich gewesen. Aber immerhin schien er der Therapeutin damit eine Freude gemacht zu haben: Sie hatte sich überaus zufrieden mit ihm gezeigt.

Klaus hatte er davon lieber nichts erzählt. Hubertus war überhaupt ziemlich schweigsam, als sie nun das Messegelände hinter sich ließen und beim nächsten Kreisverkehr nach rechts abbogen. Riesle und Hummel waren unterwegs zum Bruder von Dietrich Reinstetter, seinem offenbar einzigen Verwandten. Der Landesgartenschau-Tross nahm zum Glück eine andere Ausfahrt.

»Die sechsfache Dosis Amanitin, Hubertus!«, konnte sich Riesle überhaupt nicht beruhigen. »Jemand muss Narben-Dietrich gezielt getötet haben! Aber dieser Höchenschwander Professor kommt dann wohl eher nicht mehr für den Mord in Frage, oder?«

»Es sei denn, es gab irgendwelche Verbindungen zwischen diesem Professor Walger und Dietrich.«

»Aber welche? Auf dem Bild in Walgers Büro war ja wohl nicht auch noch Narben-Dietrich zu sehen, oder?«

Hubertus schüttelte den Kopf. »Es muss einen anderen Hintergrund geben. Vielleicht wurde er ja auch erpresst –

wie Professor Krieg und ich. Übrigens würde ich dich dringend bitten, nicht mehr den Namen Narben-Dietrich zu verwenden. Das könnte beim Bruder des Toten etwas seltsam ankommen«, mahnte er.

»Ja, ja«, machte Klaus, dessen Wortschatz heute begrenzt war. »Die sechsfache Dosis! Kein Wunder, dass es ihm recht schnell das Licht ausgeblasen hat. Zumal er ja in so schlechter Verfassung war. Wie hieß die Krankheit gleich noch mal?«

»Lungenemphysem.«

»Kannst du mir das genauer erklären, Herr Lehrer? Du bist doch im Bilde, oder?«

Hubertus hatte sich als Lehrer wie als Hypochonder und als Fastfreund von Narben-Dietrich über das Krankheitsbild des Lungenemphysems mittlerweile recht gut informiert. Er beschränkte sich zunächst auf eine lexikalisch-kurze Wiedergabe. »Überblähung der Lunge. Ist irreversibel. Führt bei schweren Verläufen immer zum Tod.«

»Dietrich wäre also definitiv daran gestorben?«

»Ja. Innerhalb von wenigen Monaten. Und das wusste er auch«, klärte Hubertus ihn auf.

»Und dann diese geplante Organtransplantation! Nehmen wir mal an, er sollte eine neue Lunge bekommen: Dann wollte das vermutlich noch jemand verhindern?«, überlegte Klaus.

In diesem Moment erhob sich vor ihnen ein schmuckloses dreistöckiges Mietshaus, das früher einmal ockergelb gewesen war. Mittlerweile war die Farbe verblasst, und der Putz hatte Risse bekommen.

Sie klingelten bei Hermann Reinstetter.

»Ja?«, kam es schnaufend aus der Sprechanlage.

»Mein Name ist Riesle vom Kurier. Wir haben telefoniert.« Klaus hatte beim Bruder des Mordopfers angerufen und ihm mitgeteilt, dass man ihm interessante Informationen über das Ableben seine Bruders mitteilen wolle. Und dass dies nur im Rahmen eines persönlichen Gesprächs er-

215

folgen könne. Außerdem bringe er einen Freund von Dietrich mit, den dieser in der Tannenklinik kennengelernt habe.

Als ihnen der Mann im Hausflur gegenüberstand, erschrak Hummel. Er hatte die gleichen verhärmten Gesichtszüge, die gleiche ausgemergelte Statur wie sein Bruder, mochte aber ein paar Jahre älter sein, so Ende fünfzig. Vielleicht wirkte er aber auch nur so alt. Die Narbe allerdings fehlte, dafür schimmerte das Gesicht gelblich. Und: Der schmächtige Mann hatte einen kugelrunden Bauch.

Bier formte diesen wunderschönen Körper – Hubert ging die Aufschrift eines T-Shirts durch den Kopf, das ihm Klaus vor Jahren einmal geschenkt hatte.

Riesle machte den Anfang: »Herr Reinstetter, das ist Hubertus Hummel. Er hat Ihren Bruder gut gekannt.«

Herr Reinstetter schaute etwas apathisch drein und sagte zunächst nichts.

Als Hummel die ersten Schritte in die Wohnung machte, wünschte er sich, er wäre in der Klinik geblieben. Es roch unangenehm nach Katze, und das Ganze machte einen eher unordentlichen Eindruck. Eine Frau im Haus hätte bestimmt aufgeräumt – oder wäre gleich wieder ausgezogen ... Hubertus konnte nicht umhin, gewisse Parallelen zum Zustand von Riesles Apartment zu ziehen. Sich selbst hielt Hummel zugute, dass der Auszug von Elke nichts an der Reinlichkeit und Ordnung in seinem Haus geändert hatte. Allerdings hatte er vor ein paar Wochen die Klassenarbeiten der 7b irgendwo verbummelt. Insofern war sein Kuraufenthalt eine willkommene Ausrede, diese bis auf Weiteres nicht mehr zurückgeben zu müssen. Er würde noch früh genug in Erklärungsnöte geraten.

Im Flur der Wohnung waren Schuhe und Kleider verteilt, ein Staubfilm lag auf den Schränken. Im Wohnzimmer bestimmte ein großer, etwas schäbiger Kratzbaum älteren Datums das Bild.

»Sie haben Katzen?«, fragte Hubertus.

»Fünf Stück«, erwiderte Reinstetter wortkarg.

Hummel atmete möglichst flach. Zu viele. Viel zu viele. Klaus schien das alles nichts auszumachen. Gleich und gleich gesellt sich gern …

»Erst noch unser Beileid zum Ableben Ihres Bruders. Wirklich tragisch«, kondolierte Riesle. Hummel schloss sich an.

Der Mann nickte und schaute noch betretener als bei der Begrüßung.

»Sie wollten mir etwas mitteilen?«, sagte er ungeduldig und rieb sich das unrasierte Kinn.

»Ganz recht. Deshalb sind wir hier«, ergriff Riesle wieder die Initiative und setzte sich auf das mit Katzenhaaren übersäte Sofa. Hubertus nahm ganz am Rand Platz, ohne sich anzulehnen. Er fühlte erstmals, wie es Thomsen tagein, tagaus gehen musste.

Zur Ablenkung musterte er das karge Bücherregal mit einer überschaubaren Mischung aus Konsalik-Wälzern, medizinischen Fachbüchern und Kriminalliteratur. Ansonsten gab es primär Zeitschriften zum Thema Unterhaltungselektronik.

»Wir haben im Fall Ihres Bruders recherchiert und herausgefunden, dass er am Pilzgift Amanitin gestorben ist«, sagte Riesle.

»Das weiß ich schon. Hat mir die Polizei mitgeteilt. Die war gestern hier«, antwortete der Bruder. Eine schwarze Katze huschte ins Wohnzimmer und auf Reinstetter zu. Der begann sie mit seinen trockenen Händen zu kraulen.

»Dann wissen Sie aber noch nicht, dass Ihr Bruder wahrscheinlich Opfer eines Anschlags war?«, fragte Riesle und senkte dabei die Stimme.

»Ein Anschlag gegen die Klinik, ja. Oder ein Unfall, haben die Beamten gesagt. Auf jeden Fall war wohl die Suppe vergiftet.«

217

Riesle beugte sich nach vorne, so als wolle er Reinstetter etwas zuflüstern. Er senkte seine Stimme noch etwas. So klang sie verschwörerischer.

»Herr Reinstetter: Wir sind ziemlich sicher, dass es wohl jemand *gezielt* auf Ihren Bruder abgesehen hatte. Er hatte im Vergleich zu den anderen Patienten die sechsfache Dosis Amanitin im Körper.«

Riesle begann nun, das Gespräch fast zu genießen. Hummel kannte diesen Tonfall. Er mochte ihn nicht.

Hubertus ließ seinen Blick weiter über die Wohnzimmereinrichtung wandern. Schweres Eichenmobiliar mit klobigen Verzierungen. Achtzigerjahre. Der braune Teppich musste dem Geruch und der aschfahlen Patina nach schon eher aus den Sechzigern stammen. Von den zahlreichen Flecken ganz zu schweigen. Einen eigenartigen Kontrast dazu bildete ein überdimensionaler Flachbildschirm inklusive Stereoturm. Beide schienen neueren Datums zu sein. Hubertus griff gedanklich in die Vorurteilskiste. Kein Geld für eine vernünftige Einrichtung, aber bei der Unterhaltungselektronik wurde geklotzt. Ein Hartz-IV-Phänomen, das aber zunehmend auch die Mittelschicht ergriff. Inklusive seiner Schüler. Das Schlimme war, dass auch die Lehrerschaft von diesen Oberflächlichkeiten nicht verschont geblieben war. Was die Kollegen teilweise für iPhones und sonstigen Schnickschnack ausgaben ... Da konnte er als wertkonservativer Bildungsbürger nur beunruhigt den Kopf schütteln.

Andererseits: Hermann Reinstetter war ja ganz offenbar alleinstehend. Da hatte er etwas Zerstreuung sicher nötig. Nach dem Ableben Dietrichs hatte er wohl niemanden mehr außer seinen Katzen. Den Zustand der Wohnung konnte man somit durchaus entschuldigen.

Der Bruder, der zunächst wie erstarrt dasaß, sah Riesle zum ersten Mal direkt in die Augen.

»Sie wollen mir sagen, dass mein Bruder gezielt ermordet

wurde?«, fragte er. Sein Gesicht nahm einen noch gelberen Teint an.

»Ich fürchte, so sollte man es wohl ausdrücken«, sagte der Journalist.

Reinstetter kniff die Lippen zusammen. Schließlich schlug er mit der flachen Hand auf den mit Keramikkacheln besetzten Wohnzimmertisch.

»Verdammt!« Er lehnte sich in den Sessel zurück, kraulte wieder die Katze, die nach dem kurzen Ausbruch zunächst einmal das Weite gesucht hatte. Dann schien er sich etwas zu beruhigen. »Wer könnte das getan haben?«

»Das versuchen mein Freund und ich ja gerade herauszubekommen. Die Polizei kommt in der Sache einfach nicht weiter«, sagte Riesle. »Der ermittelnde Kommissar, müssen Sie wissen, ist ... na, ja – etwas unfähig.«

Klaus schaute mit Verschwörerblick zu Hubertus, der so verkrümmt dasaß, dass er beinahe von der Sofakante gefallen wäre.

»Ich verspreche Ihnen aber, dass wir alles tun werden, um den Mörder zu fassen.« Riesle in seiner Rolle als Kriminalkommissar ehrenhalber ... Das Gespräch verlief genau nach seinen Vorstellungen.

Allerdings nicht gerade nach den Vorstellungen von Hummel, der sich jetzt einschaltete.

»Ich war mit Ihrem Bruder in der Klinik«, sagte er. »Ich habe ihn sehr gemocht. Er hatte einen trockenen Humor, der mir gefiel. Und sein Tod hat auch mich tief getroffen.«

Jetzt huschte ein sanftes Lächeln über die schmalen Lippen von Hermann Reinstetter.

»Ihr Bruder hatte ja ein Lungenemphysem. Haben Sie eine Idee, warum ihm zusätzlich jemand nach dem Leben hätte trachten können?«

»Wollen Sie etwas trinken?«, fragte Reinstetter statt einer Antwort. »Cognac!« Der Mann stellte zwei Schwenker hin.

219

»Sie trinken nicht?«, wollte Riesle wissen.

»Nein, ich vertrage keinen Alkohol«, erklärte Hermann Reinstetter und schenkte üppig ein. Er selbst entschied sich für Mineralwasser aus der Quelle der benachbarten Kurstadt.

Der nun noch etwas steifer dasitzende Hubertus brauchte einige Sekunden, um seinen Ekel zu überwinden. Man trank auf den Toten – und das konnte er kaum verweigern.

Der Geruch des Cognacs vermischte sich mit dem des Katzenklos.

Also runter mit dem Zeug, dachte Hummel und leerte das Glas in einem Zug.

Reinstetter wirkte nun etwas redseliger. »Mein Bruder war eine Seele von Mensch, müssen Sie wissen. Hilfsbereit. Ich habe ihm viel zu verdanken …«

Dann kraulte er wieder die schwarze Katze, die es sich mittlerweile in eingerollter Haltung auf seinem Schoß bequem gemacht hatte.

»Er war der einzige Angehörige, der mir geblieben ist. Meine Eltern sind schon lange tot. Ich selbst bin Frührentner …«

»Welchen Beruf haben Sie eigentlich ausgeübt?«, schaltete sich nun wieder Riesle ein.

»So ziemlich jeden«, antwortete Reinstetter mit etwas Galgenhumor. »Taxifahrer, Erzieher, Krankenpfleger, Verkäufer im Elektroniksegment – und Versicherungen habe ich auch schon verkauft. Das war so ziemlich das Schlimmste …«

»Hatte Ihr Bruder denn eigentlich Streit mit irgendjemandem? Hatte er Feinde?«, wollte Riesle wissen.

»Feinde? Dietrich doch nicht. Er hatte eine raue Schale, aber einen weichen Kern. Und Streit ging er eher aus dem Weg.«

»Sie wussten, dass ihm nur noch wenige Monate geblieben wären?«

Reinstetter nickte. »Aus seiner Krankheit hat er keinen Hehl gemacht.«

Jetzt, da der Bruder im Redefluss war, fiel Hubertus auf, dass dieser eine für ihn sehr vertraute Stimme hatte. Sie hatte einen warmen Ton, stand fast im Widerspruch zu seiner äußeren Erscheinung. Auch dieser Mann sah nämlich alles andere als gesund aus. Die Stimme erinnerte ihn an Dietrich. Verblüffend, wie ähnlich die beiden sich waren.

»Ich habe Dietrich wirklich bewundert. Er hat sein Schicksal so tapfer ertragen«, drängte es Hummel, etwas Aufrichtiges zu sagen.

Hermann Reinstetter lächelte erneut. »Er war eine Kämpfernatur.«

Klaus legte die Arme auf seine Oberschenkel und lehnte sich nach vorne.

»Herr Reinstetter, da ist noch etwas, was ich Ihnen sagen wollte.« Kunstpause. »Wir haben beim Chefarzt der Tannenklinik herausgefunden, dass Dietrich einen Termin in einem Organtransplantationszentrum in Heidelberg gehabt hätte. Können Sie sich das erklären?«

Reinstetter betrachtete die Katze auf seinem Schoß, blickte dann auf. Er schenkte den Gästen das zweite Glas Cognac ein. Ohne zu fragen.

»Hatte er vielleicht eine rettende Spenderlunge in Aussicht?«, spann Riesle den Faden weiter. »Das wäre doch eigentlich die einzige Erklärung. Wir haben in Heidelberg angerufen, aber dort wollte man uns keine Auskunft geben. Datenschutz und so weiter.«

Reinstetter zuckte mit den Schultern und leerte sein Wasserglas.

»Vielleicht wurde Dietrich erpresst. Eventuell in Zusammenhang mit dieser Organtransplantation. Oder hatte auch er einen Kurschatten?«, warf Hummel ein.

»Einen Kurschatten?« Reinstetter war völlig baff. »Mein

221

Bruder hatte ja nicht mal eine Frau!« Er stellte das Glas ab und schaute nachdenklich auf die Katze. »Sie meinen, er hatte sich mit einer anderen Patientin angefreundet, deren Mann das mitbekommen hat?«

»Wenn, dann habe zumindest ich das nicht mitbekommen«, wehrte Hummel ab. »In der Tannenklinik gibt es aber Patienten, die offenbar wegen eines Kurschattens erpresst werden. Und diese Erpressung macht uns ziemliche Sorgen. Denn …«

»Könntest du jetzt vielleicht mal mit dieser albernen Erpressungsgeschichte aufhören, Hubertus?«, platzte es aus Riesle heraus. »Ich würde diese ganze Angelegenheit nicht so ernst nehmen. Und ich bin mir sicher, dass das nichts mit dem Fall zu tun hat. Das ist allenfalls ein Trittbrettfahrer.«

»Nicht ernst nehmen? Ich habe dir doch den Brief gezeigt«, rief Hummel aufgeregt. »Es ist nicht jeder so dickfellig wie du!«

Erstaunt beobachtete Reinstetter den Disput der beiden Gäste.

»Entschuldigung«, wandte sich Riesle nun wieder an Reinstetter. »Sie müssen wissen: Mein Freund wurde selbst erpresst, hat aber nie mehr etwas von diesem sogenannten Erpresser gehört.«

»Dabei habe ich gar keinen Kurschatten«, beeilte sich Hummel zu versichern.

Klaus ärgerte sich darüber, wie sein Freund ihm mit dieser blöden Erpressungsgeschichte in die Parade gefahren war. Noch mehr war er allerdings auf sich selbst wütend: Wieso hatte er sich bloß diesen dummen Scherz mit der Erpressung erlaubt? Martina und er waren doch ohnehin schon auf einem guten Wege, Hummel und diese Lehrerin auseinanderzubringen. Er hatte die Wirkung eines solchen Briefes auf seinen Freund völlig falsch eingeschätzt. Selbst ein Minderbemittelter hätte doch merken müssen, dass das keine echte Erpressung war.

»Hubertus, lass uns das nachher besprechen«, meinte Riesle schließlich.

Hummel sackte auf dem Sofa in sich zusammen.

»Es tut mir wirklich leid, aber ich kann momentan wohl nicht mehr zu Ihren Recherchen beitragen.« Reinstetter krallte sich in das Fell seiner Katze. »Bin auch etwas in Eile heute.«

Klar, dachte der nun wieder aufnahmefähige Hummel. Privatfernsehen wartet.

Er war eigentlich froh, die Wohnung verlassen zu dürfen. Den dritten Cognac hätte er nicht ohne größeren Schaden überstanden.

Als Hubertus und Klaus wieder im Kadett saßen, platzte Riesle der Kragen.

»Hör mal, Hummel, hör endlich mit dieser Erpressungsgeschichte auf! Haben sich diese Erpresser denn noch mal bei dir gemeldet?«

Hummel schüttelte den Kopf.

»Solange sie sich nicht bei dir melden, brauchst du dir auch keine Sorgen zu machen«, versicherte Klaus. »Wie gesagt: Das sind bestimmt nur Bluffer.«

»Und was ist mit der Erpressung von Professor Krieg?«, fragte Hummel empört. »Ist das auch ein Bluff?«

»Keine Ahnung. Ich weiß nur, dass wir irgendwie rauskriegen müssen, was es mit Dietrichs Termin in dem Transplantationszentrum auf sich hatte. Das ist der Schlüssel zu unserem Fall.«

Riesle schlug mit der Hand gegen das Lenkrad, sodass erneut die Hupe ertönte. »Verdammt! Durch unseren blöden Streit habe ich vergessen, Hermann Reinstetter zu fragen, ob er für uns in Heidelberg anruft. Ihm müssten sie doch eigentlich Auskunft über diese Transplantation erteilen. Du hast

223

mich mit deiner Erpressungsgeschichte vorhin völlig aus dem Konzept gebracht!«

»Also gut«, schnaufte Hummel. »Wo ist die Nummer? Du rufst jedenfalls nicht an, während du fährst.«

Riesle reichte Hubertus sein Handy und diktierte ihm die Nummer.

Fünfmal klingelte es, dann sprang der Anrufbeantworter an:

»Hier ist der Anschluss von Hermann Reinstetter …«

In diesem Moment überschlugen sich Hubertus' Gedanken. Hermann Reinstetters Stimme hörte sich telefonisch noch vertrauter an. Sie hatte immer noch eine gewisse Ähnlichkeit mit der von Narben-Dietrich, doch kam sie ihm aus einem anderen Zusammenhang ungleich bekannter vor.

Schule? Nein, in noch jüngerer Vergangenheit.

Tannenklinik? Vielleicht.

Einige Sekunden brauchte er noch.

Dann hatte er es.

»Mensch Klaus, dass ich da nicht gleich drauf gekommen bin. Die Stimme!«

»Die Stimme?«

»Der Bruder!«

»Könntest du vielleicht netterweise Klartext mit mir reden?«

Hummel rief sich das Telefonat im Büro des Chefarztes in Erinnerung, das er mit angehört hatte:

»Die Stimme des Anrufers bei Professor Krieg! Der Erpresser! Das war die Stimme von Hermann Reinstetter! Zuerst dachte ich, sie wäre mir so vertraut, weil sie Dietrich ähnelte. Aber jetzt, wo ich sie am Telefon höre …«

»Bist du dir ganz sicher?«, fragte Riesle aufgeregt und hätte den Wagen fast in den Graben der B 33 gelenkt. Der Kadett geriet ins Schlingern.

Nachdem Hummel die Schrecksekunde verdaut hatte, wählte er noch einmal die Nummer und hörte sich erneut Reinstetters Ansage an. Jetzt war er sich ganz sicher.

»Hermann Reinstetter erpresst den Chefarzt der Tannenklinik, in der sein Bruder in Behandlung war. Bei dem steht eine Organtransplantation bevor. Doch zuvor wird er vergiftet. Kannst du dir einen Reim auf diese Geschichte machen?«, fragte Riesle.

»Klaus, ich habe kein gutes Gefühl. Sollen wir nicht lieber die Kripo einschalten?«

»Bist du verrückt? Uns fehlt nur noch so wenig zur Lösung des Falles ...« Riesle hielt Daumen und Zeigefinger der rechten Hand vor Hubertus' Gesicht. »Der Herr Hummel möchte aber lieber die Polizei alarmieren und Thomsen die Meriten zuschustern. Und der verhängt sicher sofort eine Informationssperre ... Lass uns lieber überlegen, wie wir herauskriegen, was dieses Transplantationszentrum genau mit Reinstetter vorhatte.«

»Ich weiß nicht recht.« Hummel wurde die Sache etwas zu heiß. Er überlegte hin und her und sagte dann: »Ich habe morgen übrigens einen Termin bei Professor Krieg ...«

»Wo findet der üblicherweise statt? In seinem Büro?«

»Üblicherweise schon. Morgen aber in einem separaten Behandlungszimmer. Geht wohl auch ums EKG.«

»Sehr gut ... Ja, so könnten wir's doch machen: Während er dich behandelt, beschäftigst du ihn so lange wie möglich. Frag ihn einfach zu Herz-Kreislauf-Erkrankungen aus. In der Zwischenzeit versuche ich, in sein Büro zu gelangen. Mit dieser Sekretärin werde ich schon irgendwie fertig.«

»Und Einbruchserfahrung hast du ja jetzt auch schon gesammelt«, sagte Hummel so, dass man es je nachdem ironisch oder sachlich verstehen konnte.

»Du meintest ja, er hat die Akte Reinstetter in seinem Schreibtisch aufbewahrt«, fuhr Riesle fort, ohne auf Hummels Bemerkung einzugehen. »Dort muss ich also nach der Akte und nach weiteren Unterlagen zur Organtransplantation suchen. Vielleicht kriegen wir ja etwas über einen möglichen Spender heraus. Wann ist eigentlich dein Termin bei Krieg?«

»Um zehn Uhr.«

Da musste sich Riesle noch eine gute Ausrede ausdenken, damit er die Redaktionskonferenz schwänzen konnte.

Als er Hummel in der Tannenklinik absetzte, verstärkte sich dessen ungutes Gefühl. Er ließ auch die nächste Anwendung sausen und machte stattdessen einen ausgedehnten Spaziergang durch Königsfeld. Auf einem Schild sah er, dass der Ort sich gleich mit vier Titeln schmückte: Solarkommune, Naturwaldgemeinde, Kneippkurort und Heilklimatischer Kurort. Außerdem frönte Königsfeld mit den Bezeichnungen von Häusern, Kliniken und Schulen ganz offensichtlich der Liebe zu seinem Ehrenbürger Albert Schweitzer.

Auf der Terrasse des Parkcafés war die Bedienung emsig damit beschäftigt, Tabletts mit Torten im Slalom um die Tische zu balancieren. Am Haus des Gastes warben Plakate für Brauchtumsveranstaltungen.

Hubertus beobachtete, wie ein paar Kinder Vögel und Eichhörnchen fütterten. Erstaunlich, wie zutraulich die kleinen Nager waren. Sie holten sich die Nüsse direkt aus den Händen der Spaziergänger. Alles schien so geordnet, so unaufgeregt. Jedes Ding hatte in diesem idyllischen Anblick seinen Platz.

So sollte ein Kuralltag aussehen – und nicht mit der hektischen Suche nach Verbrechern, mit Besuchen auf katzenhaarbesetzten Sofas und mit Ehe- und Beziehungsproblemen verbracht werden. Hummel benötigte Harmonie.

Stattdessen erfasste ihn eine große innere Unruhe, mehr oder weniger im Zentrum einer Erpressung zu stehen. Und Mitwisser einer weiteren zu sein. Er durfte der Kriminalpolizei diese Information eigentlich nicht vorenthalten.

Zwar hatte er durchaus Verständnis dafür, dass Klaus Hauptkommissar Thomsen nicht in diese Sache einweihen wollte. Aber konnte man nicht wenigstens Winterhalter ins Vertrauen ziehen? Der war integer – mit dem konnte man sicher auch vereinbaren, dass Riesle die Geschichte exklusiv journalistisch vermarkten durfte.

Ein Kompromiss – und zwar ein guter. Als Hummel wieder auf seinem Zimmer war, stand der Entschluss fest: Er rief bei der Kripo Villingen-Schwenningen an.

Thomsen war am Apparat.

»Ähm ... Hummel ... Hubertus Hummel.«

»Traut sich der Kriminelle nun schon nicht mehr selbst anzurufen?«

Hummel musste nachdenken, bevor er schaltete. »Sie meinen Ihren Nachbarn?«

»Was ist der Grund Ihres Anrufes?« Thomsen kam zur Sache.

»Dürfte ich wohl Kriminalhauptkommissar Winterhalter sprechen?«

Thomsen betrachtete den Kollegen gegenüber. Etliche Dosen mit Wurst aus eigener Schlachtung stapelten sich auf der Schreibtischauflage. Winterhalter hatte seinen Bauchladen ausgebreitet.

»Kollege Bartlewski: fünf Mal Blutwurst, drei Mal Lyoner, sechs Mal Leberwurst.« Winterhalter zählte die entsprechenden Konserven in eine weiße Plastiktüte und heftete einen Zettel mit dem Namen des Kollegen und dem offenen Betrag daran.

Thomsen schaute angewidert auf die Ware. Auch wenn diese Dosen verschlossen waren, glaubte er, den Geruch von Winterhalters Hof in der Nase zu haben.

Inzwischen hatte Thomsen sich trotz allen Misstrauens entschlossen, den Anruf weiterzuleiten. »Für Sie, Winterhalter. Dieser Hummel will Sie sprechen. Persönlich!« Thomsen

227

warf seinem Kollegen einen giftigen Blick zu. Hatte der hinter seinem Rücken in der Tannenklinik recherchiert? Womöglich noch mithilfe dieses schmierigen Journalisten und seines Freundes? Der saß ja als Patient an der Quelle.

»Winterhalter«, meldete sich dieser jovial, klemmte den Hörer zwischen Ohr und Schulter und packte die nächste Tüte. Die Kripochefin Frau Bergmann war neuerdings ganz begeistert von der Dosenwurst und hatte von jeder Sorte gleich ein Dutzend geordert. Sie war auch der Grund, weshalb Winterhalter seinen »Bauernmarkt«, wie Thomsen ihn nannte, während der Arbeitszeit abwickeln konnte.

»Kann ich Sie unter vier Augen sprechen? Ich meine, unter vier Ohren«, sagte Hummel.

»Jo klar. Brauchet Sie e paar Diättipps?«

Hubertus blieb die Antwort schuldig.

»Im Ernscht: Isch's dringend? I hab nämlich grad wahnsinnig viel zum due.«

Thomsen, der gerade noch mal den Obduktionsbericht durchging, kniff die Augen zusammen.

»Eigentlich schon«, insistierte Hummel.

»Also guet. Bleibet Sie am Apparat.« Winterhalter stellte das Gespräch ins Konferenzzimmer. Thomsen schaute dem Kollegen argwöhnisch hinterher.

»So, jetzt sin mer ung'stört«, meldete sich Winterhalter nach ein paar Sekunden wieder.

Hummel berichtete ihm von dem brisanten Schreiben über Dietrich Reinstetters Termin im Transplantationszentrum. »Wir vermuten, dass er ein Spenderorgan erhalten sollte. Immerhin war Reinstetter ja schwer lungenkrank. Herr Winterhalter, ich kann Ihnen leider nicht sagen, wie ich davon Kenntnis erlangt habe. Aber Sie müssen mir glauben.«

»Weiß de Riesle, dass Sie mich a'rufe?«

Hummel stockte. »Äh, nein.«

Winterhalter lachte dröhnend. »Han i mer denkt. Der

würd doch eher sei Handy aufesse, als uns vorzeitig eizuschalte.«

»Ich hätte da noch eine interessante Information«, redete Hummel weiter, ohne preiszugeben, warum er gegen den Willen von Klaus anrief. »Falls sie zur Lösung des Falles beiträgt, meinen Sie, Sie könnten Herrn Riesle eine exklusive Berichterstattung über den Fall einräumen?«

»Wollet Sie mit mir handle?«, fragte der Kommissar mit Ironie in der Stimme.

»Nein, das ist nur eine Bitte.«

Winterhalter überlegte. Thomsen würde davon nicht begeistert sein. Aber musste er erfahren, dass es diese Abmachung gab?

»I schau mal, was i für de Herr Riesle due ka.«

Aus dem Munde Winterhalters war das schon eine neunundneunzigprozentige Zusage. Hummel berichtete von dem Telefonat, das er im Zimmer des Professors mit angehört hatte und aus dem hervorgegangen war, dass Krieg erpresst wurde.

»Herr Winterhalter, ich habe die Stimme erkannt. Es war der Bruder des Toten, Hermann Reinstetter aus Schwenningen.«

Jetzt löste sich Winterhalter geistig endgültig vom Handel mit den Wurstkonserven. »Moment emol, Herr Hummel.«

Er nahm ein Blatt Papier zur Hand und kritzelte ein paar Namen nieder: *Dietr. Reinstetter, Prof. Krieg* und *Herm. Reinstetter.* Zwischen Hermann Reinstetter und Professor Krieg zeichnete er einen Pfeil und schrieb daneben *Erpressung.* Dann machte er einen Verbindungsstrich zu *Dietr. Reinstetter* und notierte das Stichwort *Organtransplantation.* Schließlich zeichnete er einen weiteren Pfeil von *Dietr. Reinstetter* nach oben und schrieb *Pilzvergiftung 6-fache Dosis* daneben.

Er betrachtete das improvisierte Schaubild und fokussierte

die Wörter *Organtransplantation* und *Pilzvergiftung*. Zwischen diesen beiden sprangen seine Pupillen hin und her.

»E g'sunde Lunge hät der Reinschtetter also braucht«, murmelte Winterhalter.

Hummel bejahte. »Wer könnte denn etwas dagegen gehabt haben? Es spendet doch nur jemand Organe, der auch zuvor sein Einverständnis erklärt hat«, überlegte er.

»Jo – eher unwahrscheinlich, dass irgendwer erscht zug'stimmt hat un dann de Empfänger umbringt, weil er doch nimmer spende will«, meinte Winterhalter und blickte wieder auf sein Schaubild. »Un wa ka des mit dere sechsfache Dosis Gift zu tun habe?«, fuhr er fort. Mit Hummel als Partner machte das Rätseln irgendwie mehr Spaß als mit Thomsen.

»Der arme Dietrich«, meinte Hubertus. »Nicht nur, dass er getötet wurde – dazu noch so grausam! Diese Überdosis Gift muss ja seinen Körper von innen fast völlig zerstört haben.«

Winterhalter stimmte zu.

Und plötzlich waren seine Gedanken so klar wie der tiefblaue Schwarzwälder Herbsthimmel an diesem Tag. Und sein Stolz so groß, dass er sich am liebsten selbst auf die kräftige Schulter geklopft hätte.

Dafür hatte er allerdings keine Hand mehr frei, sodass er schlicht sagte: »Herr Hummel, Sie sin genial! I glaub, i weiß, warum de Reinstetter vergiftet worde isch. Wenn jemand e Pilzvergiftung hät, dann greift des Amanitin vor allem die Organe an. D'Leber un d'Niere. Sie sage, dass de Reinstetter en Termin im Transplantationszentrum g'habt hät. Aber wer sagt denn, dass er e Organ empfange sollt? Vielleicht sollt er au eines spende? Wartet Sie, bis ich da bin«, sagte Winterhalter und legte auf.

Hummel saß auf dem Bett in seinem Zimmer und schwieg verblüfft.

34. HINTER DEM PARAVENT

Professor Kriegs Sekretärin verabschiedete sich in den Feierabend.

»Haben Sie den Termin mit diesem Hummel vereinbart, Fräulein Haas?«, fragte der Professor noch.

»Ja, ich habe ihn auf morgen um zehn Uhr gelegt«, sagte sie und lächelte.

»Aber in mein Büro kommt der Herr nicht mehr!«

»Nein, Herr Professor – das sagten Sie ja. Ich habe ihn deshalb in Behandlungsraum 3 bestellt!«

Sie hatte gute Arbeit geleistet, sich umgehört: Dieser Hummel war mittlerweile für seine »Karottensucht« im Hause bekannt. Da lag es nahe, dass der Rest auf dem Chefarztschreibtisch von ihm stammte. Rückstände angeknabberter Karotten pflasterten den Weg seiner Behandlungen und Anwendungen. Allerdings hatte sie in Erfahrung gebracht, dass Hummel in den letzten Tagen mehrere Termine nicht wahrgenommen hatte.

Und noch etwas war bis zu ihr durchgedrungen: Hummel war befreundet mit dem Journalisten, der neulich diesen fürchterlichen Artikel über die Tannenklinik geschrieben hatte. Professor Krieg war davon ausgegangen, dass es einen »Maulwurf« in der Klinik geben musste. Es galt also, schnell zu handeln.

Krieg ging wieder in sein Büro und schloss die Terrassentür, denn die frühabendliche kühle Herbstluft zog mit einem sanften Wind herein. Er beobachtete einen Moment lang gedankenverloren die Eichhörnchen im Kurpark und setzte sich dann an seinen Schreibtisch. In seinen Terminkalender trug er für den nächsten Tag *10 Uhr: Hummel – Möhre!* ein.

231

Aber was genau hatte der Patient hier bei ihm gewollt? Und was hatte er bei seinem Aufenthalt mitbekommen?

Was indes Krieg nicht mitbekam, war die Tatsache, dass sich erneut jemand in kniender Position hinter seinem Paravent verschanzt hatte. Und dieser Jemand kämpfte wie Hummel tags zuvor damit, ein Schnaufen zu unterdrücken.

Krieg war derweil in seine Unterlagen vertieft. Plötzlich glaubte er, ein Rasseln zu hören. Ganz leise.

Der Chefarzt legte den silbernen Füller, mit dem er gerade Papiere unterzeichnet hatte, beiseite.

Das Geräusch war verschwunden.

Schwungvoll setzte er seinen Namenszug unter das nächste Dokument: *Prof. Dr. Dr. P. Krieg.*

Doch es war nicht der Füller, der das Geräusch verursachte.

Er verharrte mitten in der nächsten Unterschrift: *Prof. Dr.* – weiter kam er nicht.

Krieg fuhr herum. Er benötigte nur wenige Sekunden, um zu bemerken, dass sich hinter dem Paravent jemand befand.

»Es geht mittlerweile um drei Morde, Herr Professor!«, sagte dieser Jemand, nachdem er sich aufgerichtet hatte und nun auf Krieg zukam. »Und für zwei davon werden Sie nicht nur finanziell büßen.«

Eine, vielleicht zwei Schrecksekunden benötigte der Professor. Dann wahrte er wieder die Contenance. Aufrecht saß er in seinem Sessel – Anzug, Krawatte, weißer Arztkittel.

»Was willst du?«, fragte er sachlich.

»Zunächst einmal, dass Sie mich siezen«, forderte Hermann Reinstetter, dem das Atmen so schwer fiel, dass er seine Anwesenheit ohnehin nicht länger hätte verbergen können. Warum sollte er auch? Es war ja nun niemand mehr in der Nähe.

»Dich siezen?«, fragte Krieg. »Wir sind keineswegs auf Augenhöhe – weder moralisch noch gesellschaftlich.«

Er blickte den Eindringling verächtlich an. »Ich bin der tragende Pfeiler dieser Klinik, habe beträchtliche medizinische Verdienste. Du hingegen bist ein heruntergekommener Erpresser und ein …«

»… einfacher Pfleger?«, schlug Reinstetter vor.

»Ärzte werden gesiezt, Pflegepersonal wird geduzt«, unterstrich Professor Krieg. »Wie kommst du dazu, mir drei Morde zu unterstellen?«

Er erwog, das Gespräch einfach abzubrechen. Um Hilfe zu rufen würde keinen Sinn ergeben, schließlich war Fräulein Haas schon weg, die Türen dicht und sein Büro im etwas abgelegenen Seitentrakt der Klinik.

Der aufgebrachte Krankenpfleger machte einen weiteren Schritt auf den Chefarzt zu und beschloss, ihn von nun an auch zu duzen. »Mord Nummer eins dürfte dir klar sein. Soleklinik in Bad Dürrheim, ein eigentlich schöner Junitag.«

Der Arzt behielt weiterhin die Nerven und die Strenge im Ausdruck. »Ich verbiete dir, mich zu duzen«, sagte er, als wäre das angesichts einer solchen Anschuldigung das Hauptproblem.

»Wagemann, Angelika, geboren am 19.3.1954«, fuhr Reinstetter fort. »Eine Patientin mit Darmkrebs. Um ihre Prognose zu verbessern, hattest du eine Chemotherapie angeordnet.«

Krieg schaute sein Gegenüber scharf an. »Mord?«, sagte er dann verächtlich. »Mord nennst du das? Du bist verrückt!«

»Heilungschance neunzig Prozent«, sagte der Mann weiter. »Wenn man die Dosierung des Fluorouracil richtig berechnet – allerdings nicht, wenn man die Zehnerpotenz verwechselt.«

»Ich verbiete dir, meine Arbeit zu beurteilen«, erwiderte Krieg. »Und ich bin jemandem wie dir in keiner Weise

Rechenschaft schuldig. Du weißt nichts von der großen Verantwortung eines Arztes. Du weißt nichts von der Schwierigkeit, anhand der Körperoberfläche die Dosierung des Zytostatikums berechnen zu müssen.«

»Da kann man sich schon einmal um das Zehnfache vertun …«, meinte Reinstetter sarkastisch.

»Du weißt genau, dass es ein Unfall war«, gab Krieg zurück, der immer noch aufrecht am Schreibtisch saß und seinen Besucher mit dem Blick fixierte. »Kriminell war lediglich, was du getan hast: Als die Patientin verstorben war, hast du ihr heimlich Haare ausgerissen, um einen Beweis für die Überdosierung des 5-FU zu haben …«

»Das weiß nicht jeder der von dir so verächtlich behandelten Pfleger, dass man anhand der Haarwurzeln eine Fehlmedikation nachweisen kann. Außerdem hast du damit angefangen, mich zu bestechen, damit ich über den Vorfall schweige.«

»Das war lediglich eine kleine Aufmerksamkeit für deine Hilfe. Aber stattdessen habe ich einen widerlichen Erpresser herangezüchtet«, sagte Krieg, der sich offenbar damit abgefunden hatte, von Reinstetter geduzt zu werden. Er überlegte, wie er aus der Geschichte herauskommen könnte. Vielleicht per Telefon. Aber war ein Anruf bei der Polizei wirklich eine so gute Idee?

»Ich hatte meine Bedenken wegen dieser Dosierung noch angemeldet«, sagte Reinstetter. »Aber du hast meine Einwände natürlich nicht ernst genommen. Außerdem hast du mich selbst auf die Idee gebracht, von dir Geld zu nehmen. Aber ich habe es erst getan, nachdem ich selbst unverschuldet in Not geraten bin.«

»Du bist der Verbrecher«, stellte Krieg klar und fixierte nun den Gegenstand, den der Besucher mitgebracht hatte.

»Drei Morde …«, wiederholte der.

»Das erste war schon mal ein Unfall. Und der angebliche zweite Mord?«

»Du hast meinen Bruder vergiftet«, sagte Hermann Reinstetter.

»Wie kommst du denn darauf?«

»Dietrichs Körper wies eine sechsfach höhere Dosis Amanitin auf als die der anderen Patienten, die diese Pilzsuppe gegessen haben – glaubst du, das war Zufall?«

Krieg blieb die Antwort schuldig. »Und was soll ich damit zu tun haben?«

»Du …« In Hermann Reinstetter brach sich die Wut Bahn. Sein blasses Gesicht lief rot an. »Du Schwein! Ich habe deinen Plan durchschaut. Dietrich hatte dir nichts getan!«

»Wenn es wirklich eine absichtliche Pilzvergiftung war, dann würde ich mal in der Fernblickklinik nachschauen. Immerhin wurden ja mehrere Patienten vergiftet«, lenkte der Chefarzt nun ab. »Zeugen haben einen Wagen dieser Klinik unmittelbar nach dem Anliefern der Pilze …«

»Die Fernblickklinik deines alten Freundes Walger!«, höhnte Reinstetter. »Der sitzt doch auf genauso einem hohen Ross wie du. Auch einer, der zur Not über Leichen gehen würde. Auch einer, der in seiner Bad Dürrheimer Zeit vor Hochmut triefte.«

Professor Krieg widersprach nicht. Er wartete einfach nur ab, wie gut Hermann Reinstetter wirklich informiert war.

Sehr gut, wie sich zeigte. »Nein, du wolltest ihm etwas in die Schuhe schieben, weil du noch eine Rechnung mit ihm offen hattest. Oder aus Neid! Aber du allein bist der Verantwortliche. Du hast Dietrich umgebracht! Die hohe Giftdosis in seinem Körper hat mir die Gewissheit gegeben.«

Krieg gab sich ahnungslos. »Warum sollte ich das tun?« Er nestelte an seiner Krawatte. »Du hast völlig recht: Ich hatte nichts gegen ihn. Abgesehen davon wäre er an seinem Lungenempyhsem ohnehin in wenigen Monaten verstorben. Oder willst du das etwa bestreiten?«

Reinstetter schüttelte den Kopf. »Nein, diese Diagnose

stimmte ausnahmsweise – sie war ja auch schon in einer anderen Klinik gestellt worden, nicht hier. Aber du hast herausbekommen, dass Dietrich einen Termin im Heidelberger Transplantationszentrum hatte. Es ging um eine Leberteilspende, für mich! Seine Lunge mochte todkrank sein, die Leber war noch funktionsfähig. Und du weißt auch, dass die Leberteilspende unter Geschwistern besonders erfolgversprechend ist. Dietrich wollte, dass wenigstens ich weiterleben kann.«

Krieg schaute mit einer geballten ärztlichen Hybris auf den zunehmend wütender und damit kurzatmiger werdenden Gesprächspartner, als würde ihn das alles gar nicht weiter betreffen.

»In drei Wochen wäre der Termin für die Spende gewesen. Dietrichs Zustand sollte hier stabilisiert werden. Dass dafür die Tannenklinik ausgewählt wurde, darauf hatte ich keinen Einfluss. Ich war womöglich auch etwas zu naiv, habe dir so etwas dann doch nicht zugetraut. Aber du hast nicht davor zurückgeschreckt, ihn umzubringen!«

Vielleicht wurde es nun doch allmählich Zeit für einen Polizeianruf.

»Du hast von meiner Leberzirrhose erfahren. Spätstadium. Du wusstest, dass eine solche Spende für mich lebensnotwendig war.«

»Jetzt, wo du hier vor mir stehst, muss ich dir sagen: Man sieht es auch«, sagte Krieg abfällig. »Gelbliche Gesichtsfarbe plus Aszites – das klassische Exemplar eines Wasserbauchs.«

Reinstetter ließ sich nicht beirren. »Du wusstest außerdem, dass eine massive Überdosierung von Knollenblätterpilzen die Leber und die Niere zersetzen kann!«

»Davon muss man im Falle Dietrich Reinstetters wohl ausgehen«, bestätigte Krieg und klang doch keineswegs so, als wolle er damit seine Schuld eingestehen. Er dachte an den Moment, als er beim Patienten Reinstetter zur Mittagszeit noch mal nach dem »Rechten« geschaut und schließlich das Amanitin in die Pilzsuppe geträufelt hatte, die auf dem Rollwagen im Flur bereits auf ihren Verzehr wartete. Um die Mittagszeit war es immer sehr ruhig in der Tannenklinik, niemand hatte ihn bemerkt. Krieg hatte extra stark dosiert, damit die Organe des Patienten auch wirklich angegriffen wurden und eine Spende damit unmöglich gemacht wurde.

Dietrich Reinstetters Tod hatte er billigend in Kauf genommen. Dass dann aber gleich die sechsfache Dosis im Urin des Toten nachgewiesen wurde? Hatte er wirklich so viel Amanitin verabreicht?

»Du hast Dietrich umgebracht«, betonte Hermann Reinstetter wieder. »Und die Zerstörung seiner Leber ist nun auch mein Todesurteil. An mir hast du somit deinen dritten Mord begangen – einen indirekten.« Er sagte es gefasst, sachlich.

Die Rötung im gelblichen Gesicht sprach gleichwohl dagegen.

Langsam zog Reinstetter eine Spritze aus seiner Jackentasche – eine Spritze, die Blut enthielt. »Ich werde dich jetzt mit meinem Blut infizieren«, sagte er und bewegte sich noch einen Schritt auf Krieg zu. »Ich muss dir nicht sagen, welche Folgen das für dich haben wird. Ich habe Hepatitis C – die schlimmste Form, wie du weißt.«

Sein rechter Arm schnellte nach vorne.

In den ruhig dasitzenden Chefarzt kam Bewegung. Er wich aus, doch auch Reinstetter setzte nach. Es entwickelte sich ein kurzes Handgemenge, bei dem unter anderem das gerahmte Bild vom Schreibtisch fiel.

Da klopfte es an der Tür.

Krieg und Reinstetter hielten inne.

Noch ein Klopfen.

»Ja?«, rief Krieg laut.

Durch die schwere Tür trat Dr. Hilbert und sagte unterwürfig: »Verzeihung, Herrprofessor, ich wollte nur sagen, dass Ihr Auftrag, den Sie mir wegen des Geldes gegeben haben, erledigt wurde.«

Er nickte nochmals, wünschte einen »schönen guten Abend« und zog die Tür hinter sich zu.

Draußen brauchte Dr. Hilbert drei Sekunden, ehe ihm auffiel, was an der Szenerie nicht gestimmt hatte. Normalerweise hatte der Arzt die Spritze in der Hand und nicht der Patient. Dass nun dieser damit herumgefuchtelt hatte, war überaus ungewöhnlich. Mehr noch: beängstigend.

Er riss diese Tür zum ersten Mal in seinem Leben auf, ohne zuvor zaghaft angeklopft zu haben, und sah, dass er dringend gebraucht wurde.

Die Tatsache, dass sein geliebter Herrprofessor ernsthafte Probleme hatte und ihn sogar aufforderte, ihm zu helfen, genügte, damit sich Dr. Hilbert todesmutig auf Reinstetter stürzte. Als dieser erfasste, dass Krieg Unterstützung bekam, steigerte dies seine Kampfeslust nur noch. Mit großer Wucht setzte er erneut an, dem Professor die Spritze zu verpassen. Einmal bekam Krieg den Arm seines Gegners gerade noch zu fassen. Beim nächsten Stoß war es die Hand von Hilbert, die zupackte und den Angreifer abhielt. Gemeinsam überwältigten sie Reinstetter schließlich und entwanden ihm die Spritze. Stolz zeichnete sich in Hilberts Gesichtszügen ab. Er hatte seinen Herrnprofessor vor Schlimmem bewahrt – was auch immer in dieser Spritze sein mochte.

Die Situation ganz in seinem Sinne aufzulösen war für Krieg allerdings schwierig. Vermutlich wäre er mit seinem Versuch, Reinstetter als gemeingefährlichen psychisch Kranken darzustellen, bei Hilbert noch durchgekommen. Bei Winterhalter und Hummel, die jetzt ins Chefarztbüro stürmten, war diese Mühe jedoch vergebens.

»Sie sin vorläufig feschtg'nomme«, keuchte Winterhalter, der von zwei Beamten in Uniform begleitet wurde. »Zunächst mol wege Mordes an Dietrich Reinstetter. Mol sehe, was no dazukommt.«

»Wer?«, fragte Krieg unbeteiligt.

»Sie, Herr Professor Krieg!«, verdeutlichte Winterhalter – und erntete ein »Wie bitte?« vom entsetzten Hilbert.

»Wo ist denn Kriminalhauptkommissar Thomsen?«, fragte Krieg nun.

»Wollet Sie sich etwa ganz standesgemäß nur vum Chef feschtnehme lasse? Handschelle!«, wies er die beiden anderen Beamten an.

Jetzt war auch Hummel obenauf. »Ich hoffe, Sie verzeihen, dass ich etwas zu früh dran bin«, sagte er in Anspielung auf seinen morgigen Termin.

Doch Professor Kriegs Antwort kratzte arg an seinem Selbstbewusstsein.

»Wer sind Sie denn überhaupt?«

Dass er vorläufig ausgespielt hatte, war dem Professor klar, als Hermann Reinstetter sich bereit erklärte, der Polizei die als Tatbeweis für die Tötung der Krebspatientin aufbewahrte Dose mit den Haaren der Toten zu übergeben.

»Wo hän Sie die denn?«, wollte Winterhalter wissen.

»Es ist einmal bei mir eingebrochen worden – ich vermute, auch auf Geheiß von Krieg hin«, sagte Reinstetter, der den Chefarzt jetzt weder duzte noch siezte, sondern nur noch mit Nachnamen bezeichnete – gewissermaßen die allerverächtlichste Form. Auf jeden Fall hatte er die Dose mit den Haaren gut versteckt – sie befand sich im hohlen Stamm des Katzenkratzbaums.

239

Ein Geständnis gab es von Krieg dennoch nicht. Seine Mimik suggerierte nach wie vor, dass er sich völlig im Recht fühlte. Er verlangte nach seinem Anwalt und schwieg ansonsten. Hummel und Winterhalter waren sich dennoch sicher, den richtigen Täter gefasst zu haben.

Dann tauchte Klaus Riesle auf, der bitter entsetzt war, dass die Polizei den Fall offenbar bereits gelöst hatte.

»Wie kamen Sie denn auf die Lösung?«, wollte Riesle wissen.

Winterhalter schmunzelte – er würde Hummel nicht verraten, das hatte er diesem versprochen.

Hilbert wirkte immer verstörter. Vor allem, nachdem Reinstetter seine Version der Geschichte erzählt und die Erpressung Kriegs eingestanden hatte. Zu verlieren hatte er ohnehin nichts mehr. Allerdings hatte Reinstetter Wert darauf gelegt, erst dann zum Erpresser geworden zu sein, nachdem er aufgrund seiner Krankheit in finanzielle Probleme geraten war.

Nun war Winterhalter an der Reihe.

»E Frag no, Herr Professor: Wolltet Sie die andere Klinik in Verdacht bringe? Und wieso habet Sie die andere Patiente glei mitvergiftet?«

Krieg blieb auch diese Antwort schuldig.

Die anderen Patienten. Sie waren Kollateralschäden seines genialen Plans gewesen – und außer Reinstetter war ja niemand dauerhaft in seiner Gesundheit beeinträchtigt worden. Die Patienten waren für ihn schon lange keine individuellen Schicksale mehr, sondern Nummern, die die Klinik finanzierten, die ein paar Wochen hier waren und dann in ihr kümmerliches Leben zurückgingen, um einige Zeit später wieder in einer ähnlichen Klinik aufzuschlagen. Er hatte den Mord gegenüber diesem Erpresser verschleiern müssen. Wäre die Pilzvergiftung Reinstetters sonst herausgekommen, wäre zumindest der Verdacht des Bruders gleich auf ihn gefallen. Und Walger und seine Hochglanzklinik boten sich als potenzielle Verdächtige im Falle eines »Pilzgiftanschlags« einfach an.

Nur der Toxikologe beziehungsweise das Phänomen der sechsfachen Giftdosis hatten ihm schließlich einen Strich durch die Rechnung gemacht.

Für die Geschichte mit dieser Krebspatientin würde er sich womöglich vor Gericht verantworten müssen. Fahrlässige Tötung, schlimmstenfalls. Aber selbst wenn er dadurch seine Stelle in der Tannenklinik verlieren sollte: Er würde in die USA gehen. Dort wusste man den Wert von Chefärzten noch mehr zu schätzen als in diesem missgünstigen Deutschland. Und diese Sache mit den Reinstetters? Er kannte einige gute Anwälte – und der erste würde in weniger als dreißig Minuten hier sein. Der würde diesem einfach gestrickten Kriminalbeamten schon klarmachen, dass seine Beweise recht dünn waren. Der Rest des Amanitins, mit dem er – in einer eher schwachen Dosierung – auch in der Küche der Rehaklinik die Pilzsuppe vergiftet hatte, war bereits vernichtet. Auch sonst hatte er keine Spuren hinterlassen. Im Gegensatz zu dieser ärgerlichen Sache in Bad Dürrheim gab es hier keine Mitwisser. Nicht mal Hilbert.

Einen Fehler beging man schließlich nicht zweimal.

»Ich glaube, ich weiß, wie es war«, meldete sich Reinstetter zu Wort. »Krieg hat sich bestimmt wieder einmal bei der Dosierung verrechnet!«

»Also, Ihr Bruder isch jedenfalls für e Giftpilzopfer recht schnell g'schtorbe … Normal goht des mehrere Dag«, mischte sich Winterhalter ein.

»Ich würde jede Wette eingehen«, spann Reinstetter den Faden weiter. »Krieg hat das Amanitin falsch dosiert. Das würde zu ihm passen. Hochtrabend tun, aber dann doch pfuschen. Er ging davon aus, dass mein Bruder irgendwann im Verlauf der nächsten Tage schleichend sterben würde. Das Pilzgift sollte dabei das Organ zerstören, das mein Bruder mir spenden wollte ...«

»Dann starb er aber aufgrund der Überdosierung schon früher, weshalb Dr. Hilbert, der Nachtdienst hatte, den Totenschein ausstellte«, fiel Hummel ein. »Und der kreuzte ›unklare Todesursache‹ an ...«

Krieg schwieg. Das mit der Obduktion war wirklich nicht optimal gelaufen. Warum war dieser Hilbert auch so schnell und übereifrig vorgegangen? Hätte er selbst den Totenschein ausstellen können, wäre die Angelegenheit rasch erledigt gewesen.

Hilbert war untröstlich. »Dann bin ich mitverantwortlich für die Komplikationen, denen der Herrprofessor hier ausgesetzt ist?«

Offenbar glaubte er noch immer an dessen Unschuld.

Hummel übernahm es, die Vorgänge weiter zu rekapitulieren: »Als Professor Krieg dann für seine Verhältnisse recht früh am Morgen in der Klinik ankam, teilte ihm sein Adlatus Hilbert mit, dass Dietrich Reinstetter tot sei und obduziert werden würde. Dafür erwartete er vergeblich ein Lob. Kriegs Idee war es, den Mord und die Vergiftungen der anderen Patienten zu nutzen, um den Ruf der Fernblickklinik zu beschädigen. Die alten Kameraden verstanden sich ja offenbar nicht mehr so gut. Und die in Höchenschwand mit ihren aufwendigen Umbauten und dem einen oder anderen finanziellen Fragezeichen hätten angesichts der allgemeinen Konkurrenz unter den Kurkliniken ja wirklich Grund haben können, der Tannenklinik Übles zu wollen. Persönliche Animositäten zwischen den beiden Chefärzten taten ihr Übriges. Krieg erfand also ein Auto der Klinik, das angeblich hier gesehen worden sei. Aber natürlich erzählte er das nicht selbst herum, sondern ließ den Verdacht durch seinen Assistenten verbreiten.«

Hilbert sah sehr traurig und sehr schuldbewusst aus.

»Stimmt«, sagte Riesle, der mit vor Konzentration leicht heraushängender Zunge mitprotokolliert hatte. »Er war auch mein Informant – hatte mich angerufen.«

»Herrprofessor!« Hilbert machte nun den Eindruck, als würde er sich gleich die Spritze mit Reinstetters hepatitis-infiziertem Blut in den Hals rammen. »Sie haben mich … benutzt. Und ich hätte doch alles für Sie getan. Warum haben Sie mich nicht eingeweiht?«

Auch diesen Ausbruch quittierte der Chefarzt mit einer stoischen Miene und dem Satz: »Meine Herren – haben Sie Beweise für diese Schauergeschichten?« Er ärgerte sich, dass sein weiterer Plan nicht mehr zum Tragen gekommen war: Riesle auf verstecktem Weg eine Kopie der Klage seines Hauses gegen die Ausbaupläne der Fernblickklinik zukommen zu lassen. Das hätte den Verdacht gegen Walger verstärkt, der Tannenklinik Böses zu wollen.

Schon dieser Hilbert war Winterhalter unsympathisch gewesen. Bei Krieg musste sich der Beamte jetzt aber so richtig beherrschen. Er suchte nach einem Schimpfwort, das deftig, aber nicht justiziabel war. Letztlich hatte er sich aber doch im Griff und fragte nur: »Wie hän Sie denn des mit dem Gift genau g'macht?«

Doch aus diesem Weißkittel war nichts herauszubringen. Es würde ein Indizienprozess werden. Aber die Schlinge würde sich zuziehen, dieses arrogante Getue dem Professor schon noch vergehen, glaubte Winterhalter. Er würde gleich einen Durchsuchungsbeschluss beim Staatsanwalt anleiern und die Klinik auf den Kopf stellen …

»Ein hochwohlgeborener Chefarzt hat doch überall Zugriff und die Möglichkeit, etwas Gift in die Küche oder die Vorratskammer einzuschleusen«, vermutete Reinstetter. »Und meinen Bruder hat er vermutlich bei einer spontanen Visite während des Essens in seinem Zimmer umgebracht …

243

Wahrscheinlich hat er ihn abgelenkt und ihm dann persönlich die Überdosis in die Mahlzeit getan. «

»Erledigt!«, schaltete sich Hummel noch einmal ein. »Sie haben *Erledigt!!!* auf den Brief des Organtransplantationszentrums geschrieben. Jetzt bekommt das eine ganz neue Bedeutung! Nicht nur hatte sich die geplante Transplantation mit Ihrer Tat erledigt: Sie hatten damit auch die beiden Reinstetters sozusagen erledigt. Liquidiert!«

Der Chefarzt betrachtete ihn scheinbar völlig ungerührt.

»Eine wichtige Frage habe ich noch«, meinte Hummel weiter. »Wer von Ihnen beiden hat denn nun eigentlich mich erpresst?«

Krieg schwieg weiter, Reinstetter zuckte die Schultern – und Riesle?

Der fotografierte eifrig den in Handschellen dasitzenden Krieg, was dieser wiederum äußerlich gefasst, aber offenbar nun doch etwas aufgebracht kommentierte: »Falls eines dieser Fotos in der Zeitung erscheint, werde ich Sie verklagen müssen. Sie befinden sich hier auf dem Territorium meiner Klinik.«

Riesle fotografierte weiter, als habe er nichts gehört.

»Für Ihren ersten Artikel werden Sie ohnehin noch Probleme bekommen«, prognostizierte Krieg, der trotz allem in Tonfall und Wortwahl völlig sachlich blieb.

Da öffnete sich erneut die Tür zum Chefarztbüro, und Thomsen stürmte herein. »Das wird Folgen haben!«, polterte er in Richtung Winterhalter. »Sie sind ohne mich losgefahren und haben eigenmächtig gehandelt.«

»Sie waret halt wieder mol nit auffindbar!«

»Ich war bei den Einbruchskollegen«, erläuterte Thomsen, was Winterhalter mit einem leisen Stöhnen kommentierte. Selbst die beiden Uniformierten schauten sich an – offenbar kannten sie die Geschichte auch schon.

»Doch jetzt zu diesem Fall«, riss Thomsen das Heft wieder an sich. »Herr Hummel – ich habe hier einen Durchsuchungsbeschluss für Ihr Zimmer in dieser Klinik. Es besteht der begründete Verdacht, dass Sie der Polizei wertvolle Hinweise vorenthalten.«

Hummel schaute Riesle an, dem schwante, dass das die Folge seines versuchten Tauschgeschäftes zwischen ihm und seinem Nachbarn Thomsen war. Vielleicht war es doch keine so gute Idee gewesen, dem Kommissar dabei von dem brisanten Dokument mit der geplanten Organtransplantation zu erzählen.

»Chef«, sagte nun Winterhalter. »Lasset Sie's gut sei – der Fall isch ebe geklärt worde.«

»Diese Geschichte hier darf ich aber exklusiv verwerten«, brachte sich Riesle in Erinnerung.

Thomsen brauchte einige Sekunden, um zu verdauen, dass er wirklich zu spät gekommen war. Dann drehte er sich ganz langsam zu Riesle um. »Sie werden vor allem eine zweite Geschichte exklusiv verwerten dürfen: Journalist bricht bei Kriminalhauptkommissar ein – Fingerabdrücke entlarven den Täter!«

»Das heißt?«, wagte sich Hummel vor.

»Übereinstimmung!«, triumphierte Thomsen. »Ihr Freund war in meiner Wohnung! Und das wird Folgen haben. Er war sich seiner Sache einfach zu sicher und deshalb so freundlich, freiwillig Vergleichsfingerabdrücke abzugeben. Und die Fingerabdrücke auf dem Papiertuchspender in meinem Badezimmer stimmen überein. Ihr linker kleiner Finger war der Bösewicht, vermute ich. Wollen Sie nicht auch über den Einbruch einen Ihrer geistreichen Kommentare schreiben? Sie können ja dann das Bild des kommentierenden Redakteurs neben das Bild des Täters stellen.« Er verzog seine Gesichtszüge zu einer seltenen Grimasse, die wohl so etwas wie Grinsen ausdrücken sollte.

35. ABSCHIED

Je älter er wurde, desto mehr neigte Hubertus zur Sentimentalität. Das fiel ihm auch bei seiner Abschlussrunde durch die Flure der Tannenklinik auf. Obgleich er gerade mal eine gute Woche in dem Gebäude gelebt hatte und der vorzeitige Abbruch der Reha seine eigene Entscheidung gewesen war, fiel ihm dieser letzte Gang schwer. Die Erinnerungen stiegen in ihm auf – Erinnerungen nicht zuletzt an » Narben-Dietrich «.

» Alles gutt? «, fragte Schwester Svetlana, der auffiel, wie unfroh Hummel wirkte.

» Alles supärr «, murmelte Hubertus routiniert. Er hatte beschlossen, sich bei den Menschen zu verabschieden, die er vermissen würde. Und Svetlana gehörte ebenso dazu wie Dr. Auberle.

» Ich habe doch gewusst, dass Sie das hier nicht durchziehen «, erklärte der ihm gewohnt deutlich. » Aber dennoch muss ich mich wohl bei Ihnen bedanken! «

» Warum? « fragte Hummel verdutzt.

» Weil Sie ja offenbar dazu beigetragen haben, dass Krieg bis auf Weiteres auf Eis gelegt ist. « Er nahm die aktuelle Ausgabe des Kurier zur Hand, die auf dem Schreibtisch lag. » Zumindest, wenn man dem Artikel dieses ganz schön dick auftragenden Journalisten glauben darf. « Auberle suchte die richtige Stelle und zitierte: » › Ich habe mich meines Lebens nicht mehr sicher gefühlt ‹, sagte Patient Hubertus Hummel (47), der sich zur Reduzierung seines Übergewichts in der Tannenklinik aufhielt. Hummel hatte sich wegen der Vorgänge an unsere Zeitung gewandt. › Und dem Schwarzwälder Kurier möchte ich nun ganz herzlich für die Hilfe danken ‹, so Hummel überaus erleichtert. «

Wegen Übergewichts in der Klinik? Er hatte Herzprobleme, verdammt noch mal. Und was den Dank an Klaus betraf: von wegen!

Die Nennung seines Namens in dem Artikel hätte ihn wahrscheinlich endgültig auf die Abschussliste des einen oder anderen Klinikbediensteten katapultiert. Ein weiterer Grund, sich von hier zu verabschieden.

Typisch Klaus, das Ganze! Der strotzte wohl gerade vor Selbstbewusstsein, denn er hatte entgegen der ursprünglichen Weisung des Chefredakteurs nun doch wieder über die Vorgänge in der Tannenklinik schreiben dürfen – immerhin hatte er dem Kurier damit tatsächlich zu einer wichtigen Exklusivgeschichte verholfen. Der Artikel ging ja auch nicht mehr gegen die Klinik, sondern speziell gegen Professor Krieg. Er war auf einem Foto zu sehen, wie er in Handschellen vor der Tannenklinik stand. Die Bildunterschrift lautete: »Das hässliche Gesicht der Medizin«. Ob sich Krieg das bieten lassen würde? Riesles Selbstbewusstsein würde spätestens wieder erschüttert sein, wenn er wegen des unrechtmäßigen Eindringens bei Thomsen wirklich vor Gericht käme. Wie war denn die Sachlage, wenn man mit einem Nachschlüssel in eine Wohnung eingedrungen war, aber dort gar nichts entwendet hatte?

»Wissen Sie übrigens, wer nun kommissarischer ärztlicher Leiter der Klinik ist?«, fragte Auberle, während er Hummel ein letztes Mal auf die Waage nötigte.

»Sie?«

»Guter Witz! Nein, Dr. Hilbert«, sagte Auberle. »Vielen Dank, Sie Hornochse. Das dürfte bedeuten, dass nicht nur die Krawattenpflicht für die Ärzte erhalten bleibt, sondern wir uns wahrscheinlich bald noch in einen Frack oder etwas Ähnliches zwängen müssen, um unseren Status zu unterstreichen. Außerdem wird Hilbert keine einzige Unterschrift unter ein Dokument setzen, ohne es vorher mit Krieg abzuklären. Ob der nun im Gefängnis sitzt oder wo auch immer.«

»Wahrscheinlich kommt der eh bald wieder«, meinte Hummel resigniert. »Wird sich mithilfe seiner Rechtsverdreher rauswinden.«

»Ein unfähiger Arzt und unangenehmer Mensch, aber ein begabter Krimineller.« Auberle nickte anerkennend. »Jemanden indirekt umzubringen, indem man die Leber des Spenders zersetzt … Kein schlechter Plan.«

»Nur mit dieser Erpressungsgeschichte wegen des Kurschattens bin ich nicht weitergekommen«, bedauerte Hummel. »Können Sie mir denn nicht wenigstens jetzt sagen, wer dieser renitente Patient war und ob Sie einen Zusammenhang vermuten?«

»Sie würden den Mann ohnehin nicht kennen. Kommt irgendwo aus dem tiefen Schwarzwald. Eben ein Querulant. Ich glaube auch nicht, dass der jemanden erpresst hat. War eben ein ständig unzufriedener Charakter.«

Hummel war ebenfalls unzufrieden, verabschiedete sich aber durchaus herzlich vom Arzt.

»Wollen Sie gar nicht wissen, wie viel Sie wiegen?«, fragte Auberle, als Hummel die Klinke schon in der Hand hatte.

»Nicht unbedingt«, murmelte der.

Auberle sagte es ihm trotzdem: »120,2 Kilo. Und jetzt vergleichen wir mal mit dem Wiegen bei der Aufnahme …«

Hummel winkte ab.

»Punktlandung: Genau gleich viel«, freute sich Auberle.

»Na, dann: Danke für Nichts«, gab Hummel zurück.

»Herr Hummel, zum Schluss noch was Ernstes: Sie müssen wirklich was an Ihrem Lebensstil ändern …«

Hummel nickte schuldbewusst und wollte gerade die Tür hinter sich zuziehen.

Doch ein älterer Mann schob sich dazwischen und ließ einen Redeschwall auf den armen Dr. Auberle los. Als er dessen Dialekt hörte, wusste Hubertus, wo er den Alten schon einmal gesehen hatte: in liegender Position – und zwar im Schwarzwald-Baar-Klinikum. Im Dreibettzimmer mit dem Türken.

»I han's doch immer g'wisst«, schimpfte der Mann, der mehrere Ausgaben des Schwarzwälder Kurier in der Hand hielt: »Kranke Mensche krankes Esse serviere – des isch krank«, zitierte er. Hubertus konnte durch die geöffnete Tür sehen, wie sein schwieliger Finger auf Auberle zeigte: »I han Ihne immer g'sagt, dass des Esse hier en Fraß isch. Und dass i davon no kränker worde bin. Und hier« – er deutete auf die Zeitung – »isch de Beweis. Des gibt e saftige Klage!« Der Alte war nicht zu stoppen: »Und überhaupt: Hausverbot wollet ihr mir hier erteile? I glaub, ihr ticket nimme richtig?«

»Herr Hummel«, winkte Auberle Hubertus hilfesuchend wieder ins Behandlungszimmer zurück. »Das hier ist Herr Burger aus Schönwald. Der sympathische Herr, über den wir kurz sprachen. Sie hatten doch noch eine Frage an ihn wegen einer … was war es doch gleich?«

Erpressung, dachte Hummel, doch da ergriff der Alte schon wieder das Wort. »Jo, verdammt nomol, Sie sin doch de Herzkatheter us em Schwarzwald-Baar-Klinikum! I han Sie doch vor Kure g'warnt! Un dann au no do – in sellem Giftmischerlade! Hän Sie au mit sellem Arzt« – er deutete hinter sich, wo Auberle in einer Mischung aus Ratlosigkeit und Vergnügen stand – »zum due g'hät? Wollet Sie jetzt au die Klinik verklage?«

»Nein«, mischte sich Auberle ein. »Herr Hummel wollte Sie etwas anderes fragen.«

Hubertus wurde verlegen. Er konnte den Alten ja schlecht darauf ansprechen, ob er ein Erpresser war – so cholerisch, wie der sich hier aufführte. Also ranpirschen. Wenn er nicht Täter war, wusste er vielleicht etwas anderes über das Thema.

Auberle genoss die Situation sichtlich.

»Hmmm«, zögerte Hummel sich in die Frage hinein.

»Waren Sie ... also ... Hatten Sie in der Zeit hier auch mal einen Kurschatten? Und ... sind damit erpresst worden?«

Der Alte war fassungslos: »Was? I? En Kurschatte? Sag emol: Was bisch denn du für en Hansel?«

Hummel überhörte die Beschimpfung, verzichtete aber darauf, den Alten auch noch zu fragen, ob er als Urheber dieser Erpressung infrage kam.

Noch an der Pforte hörte er ihn schimpfen.

Auf dem Parkplatz winkte Hubertus dem Sachsen zu, hörte aber gar nicht mehr hin, was dieser ihm noch an guten Ratschlägen erteilen wollte.

Als er auf der Straße in Richtung Mönchweiler fuhr, merkte Hummel, wie sehr ihn die Geschehnisse aufgewühlt hatten. Er dachte an Krieg, Hilbert, Narben-Dietrich und dessen todkranken Bruder. Würde der außer wegen Erpressung auch als Mitschuldiger bei der fahrlässigen Tötung der Krebspatientin vor Gericht kommen, weil er die Durchführung nicht verweigert hatte? Hermann Reinstetter hatte gesagt, dass ihm eventuelle juristische Konsequenzen völlig egal seien. In seiner Situation verständlich.

Und bestand wirklich die Gefahr, dass Krieg weitgehend ungeschoren davonkam? Seinem abstoßenden Anwalt zufolge, der Winterhalter mit allem Möglichen gedroht hatte, schien das sogar wahrscheinlich.

Hubertus beschloss einen schnellen Themenwechsel, sonst übermannte ihn hier noch unbändige Wut.

Er musste sich jetzt dringend um seine privaten Belange kümmern. Sicher war er noch eine Weile krankgeschrieben. Das gab ihm die Möglichkeit, sich zu sortieren, auszuruhen, aber auch, sich ein Sportprogramm aufzuerlegen. Endgültig! Da hatte Auberle schon recht.

Er war eben nicht der Typ, der in einer Kurklinik glücklich

wurde. Er brauchte die heimischen vier Wände. Gleich morgen würde er sich ein Fahrrad kaufen. Würde im Wald joggen. Aber auch den Garten weiter pflegen, falls der Arzt ihm das schon wieder erlaubte. Die verschollenen Klassenarbeiten der 7b suchen. Vor allem aber gleich nach einer Dusche bei Carolin vorbeifahren. Ihr Unterricht musste in wenigen Minuten aus sein.

Mozarts »Kleine Nachtmusik« ertönte. Sein Handy. Die angezeigte Nummer kannte er nicht. Trotzdem rangehen? Warum auch nicht? Er fuhr in eine Parkbucht, die in einen Waldweg mündete.

»Hummel hier.«

»Ja, hallo, du, gut, dass ich dich erreiche … Hier ist die Brinda – wir beide kennen ja die Regine und den Klaus-Dieter … Und die Regine hat mich angerufen, weißt du, ich mach nämlich ganz viel Stundenastrologie und so … Und die Regine hat gesagt: Du, Brinda, du musst dich mal um den Hubertus kümmern … Und da hab ich gesagt: Du, da treffen wir uns mal alle zusammen, und dann werden wir sicher total gut harmonieren und so … Und bei dir ist es ja so, dass du, also dein Chakra, und …«

Mit einem Klick beendete er die Verbindung – was für eine Wohltat! Hubertus schaltete nach einem weiteren Anrufversuch Brindas das Handy ganz aus und nahm sich vor: In einigen Minuten, wenn Brinda es ganz sicher aufgegeben hatte, würde er Carolin anrufen.

Auch mit Elke stand ein Gespräch an. Er würde ihr ihre blödsinnige Idee mit dem Romantikessen verzeihen. Sicher war es ihr mittlerweile selbst schon ganz peinlich. An einem guten Verhältnis zu seiner Exfrau war ihm zweifelsohne gelegen. Alleine schon wegen Martina und Maximilian.

Hubertus lächelte, während er nun vom Kurviertel her

kommend die Ortsgrenze von Villingen passierte. Maxi! Und Martina! Er hatte in den letzten Tagen gemerkt, wie sehr ihm seine Tochter eigentlich am Herzen lag. Immer noch der kleine Wildfang von früher. Immer ungeduldig, manchmal zu emotional, wie er eben auch – aber im Grunde herzensgut.

Sie würden sich mal in aller Ruhe in einem gemütlichen Ausflugslokal treffen: nur Martina, Maximilian, Carolin und er. Sicher würden sich Martina und Caro prächtig verstehen, wenn erst mal die überflüssigen Hindernisse abgebaut waren.

»Jetzt wart ihr eine ganze Weile getrennt – aber nun müsst ihr doch wirklich einsehen, dass es zusammen besser geht«, sagte Martina zu ihrer Mutter, die sich zum Kaffeetrinken bei ihr eingefunden hatte. Didi, Martinas Mann, werkelte wie immer im Hintergrund herum. Er war Hausmeister und auch zu Hause immer im Dienst.

»Liebes«, sagte Elke. »Ich mag deinen Vater nach wie vor – und daran wird sich nie etwas ändern. Aber Seelenverwandte …«

»Allein schon wegen mir – und für Maxi wäre das doch auch sehr wichtig, dass ihr wieder zusammenkommt«, setzte Martina nach.

»Süße, du bist mittlerweile zweiundzwanzig Jahre alt und hast eine eigene Familie«, sagte Elke.

»Aber das kann man doch hinbekommen«, bettelte Martina wie früher, als es um ein Eis oder Schokolade gegangen war. »Wir müssen ihn aus den Klauen dieser Frau befreien! Die ist nicht gut für ihn!«

»Liebes, Hubertus muss gehen, wohin sein Herz ihn trägt. Allerdings …« – sie stockte – »mache ich mir schon auch etwas Sorgen um ihn. Warum hat er sich mit mir in diesem Triberger Romantik-Restaurant verabredet? Das war zweifelsohne seine Schrift in diesem kurzen Einladungsbrief, den er mir geschrieben hat … Und warum ist Carolin plötzlich dazugekommen?«

»Die ist eben nicht ganz dicht«, betonte Martina, die die Schrift ihres Vaters prächtig zu imitieren verstand – ebenso wie die Schrift ihrer Mutter für die Einladung, die Hubertus erhalten hatte.

»Ich werde ihn auf jeden Fall nachher anrufen oder gleich in der Tannenklinik vorbeigehen«, meinte Elke. »Pergel-Bülows kennen nämlich eine Stundenastrologin. Vielleicht kann die Hubertus helfen.« Sie tätschelte Martina die Hand. »Es ist total süß, dass du dich so um deinen Vater sorgst. Ich werde mich auch um ihn kümmern, bis er wieder ganz gesund ist – aber das sollte dich nicht zu falschen Schlüssen verleiten.«

»Vielleicht sollten wir mal wieder alle zusammen was unternehmen oder sogar gemeinsam in Urlaub fahren«, schlug Martina vor und kümmerte sich um Maximilian, der durch einen Schrei vom Spielen aufgeschreckt worden war. Es war das dritte Mal in dieser Woche, dass Didi sich mit dem Hammer auf den Daumennagel gehauen hatte.

Carolin saß am Schreibtisch ihrer Wohnung in St. Georgen. Sie blickte auf ihren Stundenplan und den Kalender, auf dem der 22. Dezember immer näher rückte. Ihr vierzigster Geburtstag …

Die Gespräche mit Pergel-Bülows hatten sie eher verwirrt und aggressiv gemacht – und mit dieser Brinda wollte sie schon gar nichts zu tun haben.

Aus Hubertus wurde sie weniger schlau denn je. Sie vermutete aber, dass er gehörig unter dem Einfluss seines Freundes Klaus Riesle und vor allem von Martina stand.

Die letzten beiden Nächte hatte Carolin kaum geschlafen. Sie hasste die Exfrau ihres Freundes. Sie hasste deren verquaste Entscheidungen und deren emotionales Hin und Her.

Sie wusste, dass Elke bereits vor wenigen Jahren einmal von zu Hause ausgezogen war und sich das Ehepaar schließlich wieder versöhnt hatte. Möglicherweise stand das nun noch einmal bevor …

Die Geschichte im Romantik-Restaurant konnte Carolin noch immer nicht richtig einordnen. Hubertus hatte in dieser absurden Runde bei ihr zu Hause gesagt, er vermute, dass Elke sie in das Restaurant gelockt habe. Es konnte aber auch noch jemand anders dahinterstecken …

Denn nun hatte auch sie in ihrem Briefkasten eine Art Erpresserbrief vorgefunden. Oder als was sonst hätte man diesen bezeichnen sollen?

»Die Ehe und die Familie stehen unter dem besonderen Schutz des Staates«, hatte darin gestanden. Und: »Du hast keine Chance.«

Sie ahnte, wessen Werk das war: Martinas oder Riesles.

Das Schlimme war: Sie hatten vermutlich recht. Hubertus war zu weich, um sich dauerhaft gegen seine Tochter durchzusetzen.

Carolin blickte wieder auf den Kalender: Noch gut drei Monate bis zum vierzigsten Geburtstag. Wenn sie noch ein Kind wollte, durfte sie nicht mehr allzu viel Zeit verlieren. Und auch wenn ihr Herz ihr in diesem Moment etwas anderes sagte: Mit Hubertus verlor sie nur Zeit. Sie brauchte einen Mann, der verlässlich war. Dessen Exfrau und Tochter nicht wie drohende Schatten über der Beziehung lagen.

Ihr Entschluss stand fest. Sie verkündete ihn standesgemäß mit schwarzer Tinte.

Lieber Hubertus,

ich habe lange überlegt, und der Entschluss fällt mir alles andere als leicht, aber ich glaube, er ist für uns beide richtig …

DIE SCHWARZWALD-KRIMIS:
BESTELLEN SIE AUCH HUMMELS ANDERE FÄLLE!

EISZEIT. HUMMELS ERSTER FALL (7,90€)
Während eines Eishockey-Spiels der Schwenninger „Wild Wings" wird ein Lehrerkollege von Hubertus Hummel auf der Tribüne erschossen.

STILLE NACHT. HUMMELS ZWEITER FALL (8,90€)
Die berühmte Schwarzwaldbahn kämpft sich durch das Schneetreiben. Für den Vorstandsvorsitzenden der „Bären Brauerei" ist es die letzte Fahrt.

MORGENGRAUEN. HUMMELS DRITTER FALL (8,90€)
Frühschwimmen im Villinger Kneipp-Bad ist gesund – allerdings nicht für eine Wissenschaftlerin der Fachhochschule, die dabei ertrinkt...

NARRENTREIBEN. HUMMELS VIERTER FALL (8,90€)
Fasnacht: Der Schwarzwald im Ausnahmezustand. Ein Bauunternehmer stirbt in seinem Narrohäs. Was bedeuten die rätselhaften Botschaften?

SCHWARZWALDRÄTSEL. HUMMELS FÜNFTER FALL (8,90€)
Ein Mühlenbesitzer wird an seinem 75. Geburtstag ermordet. Um an das Erbe zu kommen, müssen seine Kinder ein „Schwarzwaldrätsel" lösen...

RINGFAHNDUNG. HUMMELS SECHSTER FALL (9,90€)
Auf dem Trimm-dich-Pfad vor seinem Wochenendhäuschen entdeckt Hummel einen Toten. Der verschwindet – und taucht in seinem Auto wieder auf. Hummel gerät unter Mordverdacht...

AUSSERDEM IM ROMÄUS VERLAG:

Morde vor der Haustür (9,90€)
Die rätselhaftesten Kriminalfälle in Südbaden
Südbaden gilt als Provinz. Die spektakulären Verbrechen - die geschehen anderswo. Falsch: Die Autoren haben 15 besonders außergewöhnliche, rätselhafte oder Aufsehen erregende Kriminalfälle recherchiert.

Aktenkennzeichen XY ...ungelöst (24,90€)
Kriminalität, Kontroverse, Kult
Das Buch dokumentiert Vergangenheit und Gegenwart von XY. Es beleuchtet die mysteriösesten Fälle, die größten Erfolge, die Meinung Prominenter und immer noch ungeklärte Verbrechen. Das Standardwerk.

BESTELLEN SIE ALLE BÜCHER PORTOFREI UNTER
WWW.SCHWARZWALD-KRIMI.DE
ODER TELEFONISCH UNTER 0176/52 59 88 02

Alexander Rieckhoff und Stefan Ummenhofer

Honigsüßer Tod
Ein Schwarzwald-Krimi.
224 Seiten. Piper Taschenbuch

Studienrat Hummel, der immer wieder in Kriminalfälle verwickelt wird, steckt in einer handfesten Ehekrise. Seine esoterische Frau ist in ein einsames Gehöft im Schwarzwald gezogen, zu einer Sekte namens »Kinder der Sonne«. Als der dortige Imker ermordet aufgefunden wird, beschließt Hummel gemeinsam mit seinem Freund, dem Journalisten Riesle, dem Fall auf den Grund zu gehen. Im angrenzenden Dorf beäugt man die »Kinder der Sonne« schon immer mit Argwohn und glaubt nun zu wissen, dass der Täter aus den Reihen der Sekte stammen muss. Ein weiterer Todesfall bringt eine überraschende Wende. Ein besonders heikler Fall für Hubertus Hummel!

Volker Klüpfel, Michael Kobr

Milchgeld
Kluftingers großer Fall. 320 Seiten.
Piper Taschenbuch

Ein Mord in Kommissar Kluftingers beschaulichem Allgäuer Heimatort Altusried – jäh verdirbt diese Nachricht sein gemütliches Kässpatzen-Essen. Ein Lebensmittel-Chemiker des örtlichen Milchwerks ist stranguliert worden. Mit eigenwilligen Ermittlungsmethoden riskiert der liebenswert-kantige Kommissar einen Blick hinter die Fassade der Allgäuer Postkartenidylle – und entdeckt einen scheinbar vergessenen Verrat, dunkle Machenschaften und einen handfesten Skandal.

»›Milchgeld‹ ist ein Volltreffer, weil er Mentalität in Reinform verkörpert.«
Süddeutsche Zeitung